公共文化场馆轻量级智慧服务模式及服务质量评价研究

——以图书馆为例

Gonggong Wenhuachangguan Qingliangji

ZHIHUI FUWU

Moshi ji Fuwu Zhiliang Pingjia Yanjiu

——Yi Tushuguan Weili

胡剑芬　周玲元　◎著

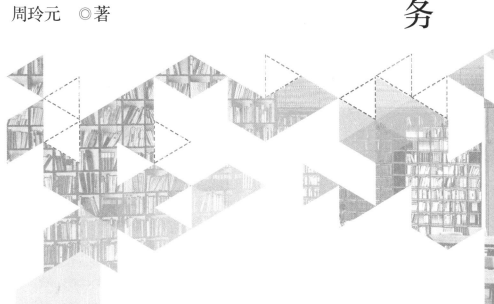

中国财经出版传媒集团

经济科学出版社

Economic Science Press

·北京·

图书在版编目（CIP）数据

公共文化场馆轻量级智慧服务模式及服务质量评价研究：以图书馆为例/胡剑芬，周玲元著． －－北京：经济科学出版社，2023.9

ISBN 978 - 7 - 5218 - 5080 - 2

Ⅰ. ①公…　Ⅱ. ①胡…②周…　Ⅲ. ①图书馆服务 - 研究　Ⅳ. ①G252

中国国家版本馆 CIP 数据核字（2023）第 162552 号

责任编辑：李　雪
责任校对：徐　昕
责任印制：邱　天

公共文化场馆轻量级智慧服务模式及服务质量评价研究
——以图书馆为例
胡剑芬　周玲元　著
经济科学出版社出版、发行　新华书店经销
社址：北京市海淀区阜成路甲 28 号　邮编：100142
总编部电话：010 - 88191217　发行部电话：010 - 88191522
网址：www. esp. com. cn
电子邮箱：esp@ esp. com. cn
天猫网店：经济科学出版社旗舰店
网址：http://jjkxcbs. tmall. com
固安华明印业有限公司印装
710×1000　16 开　18 印张　249900 字
2023 年 9 月第 1 版　2023 年 9 月第 1 次印刷
ISBN 978 - 7 - 5218 - 5080 - 2　定价：90.00 元
（图书出现印装问题，本社负责调换。电话：010 - 88191545）
（版权所有　侵权必究　打击盗版　举报热线：010 - 88191661
QQ: 2242791300　营销中心电话：010 - 88191537
电子邮箱：dbts@ esp. com. cn）

前　　言

　　智慧服务模式是图书馆发展的必然选择，也是图书馆在物联网时代背景下对用户服务的一种新理念、新方式。智慧图书馆微服务是图书馆迎合移动网络发展和智能手机终端广泛普及的积极尝试，而图书馆智慧馆舍建设与移动微服务的融合发展是智慧图书馆发展的趋势；移动环境下"智慧图书馆"微服务模式需要考虑情境要素，符合用户当前情境的微内容服务将极大增强用户黏度，对推动全民阅读有积极意义，有助于形成惠及全民的终身教育氛围。研究发现，智慧图书馆情境感知微服务内容的设计有助于丰富图书馆服务内容，推动图书馆服务不断改善。集众多资源于一体的"智慧图书馆"情境感知微服务模式，通过情境数据的共享使用，有利于推动功能整合、服务模式和服务项目创新，有利于提高公共文化服务建设能力和共享水平。

　　本书构建的公共文化场馆轻量级智慧服务模式，是以情境感知技术为支撑并借助微服务平台向用户提供满足其需求的个性化智慧服务。同时在前人研究成果的基础上并结合实践，对智慧图书馆情境感知微服务模式框架、智慧图书馆情境感知微服务模式建设、基于微信小程序的图书馆情境感知微服务模式应用、智慧图书馆情境感知微服务模式评价、智慧图书馆情境感知微服务发展建议展开研究，建构了智慧图书馆情境感知微服务模式框架，并提炼出智慧图书馆服务质量的关键影响因素，然后设计问卷并进行实地调查，以获取研究数据，最后分析收集的数据，并用可靠的数据支持结论的科学性。主要研究内容如下：

（1）高校图书馆个性化微服务应用调查分析

本书作者对高校图书馆微博、微信及 APP 客户端开展的个性化服务进行了系统研究并撰写 2 篇学术论文及专著 1 部。随着轻量级小程序与微视频应用的兴起，高校图书馆微信小程序服务与微视频服务有其独特的一面，特别是微视频通过可视化的方式展示服务流程、服务内容，是图书馆数字化服务的创新举措之一，极大地丰富了图书馆服务内涵。我们在此前研究基础上又调查了"双一流高校"图书馆的微信小程序和微视频服务现状，并对现有高校图书馆微视频服务进行了问卷调查；凝练出目前高校图书馆微服务存在的普遍性问题，并对高校图书馆开展微服务给出有针对性的提升策略。

（2）智慧图书馆情境感知微服务模式框架

本书提出了智慧图书馆的设计原则，构建了由感知层、分析层、交互层组成的智慧图书馆框架；创新性的设计智慧图书馆服务方式，并以此分别建立了微服务体系和智能实体服务体系，完善了智慧图书馆情境感知微服务内容和形式，实现了满足个性化需求的智能服务；其次从服务模式建设的服务主体、服务本体、服务技术、服务受体这四大要素分析智慧图书馆情境感知微服务模式建设机理及动力；最后提出了发展建议，以期推进智慧图书馆从概念模型向实体建设的过渡。

（3）智慧图书馆情境感知微服务模式建设

构建智慧图书馆微服务模式建设框架，主要由资源建设、服务建设、技术建设和用户感知建设四大模块组成；其中资源建设主要由信息资源、组织资源和人力资源等建设构成；服务建设主要由基于5G的个性化服务、空间感知服务、用户行为感知服务等建设构成；技术建设主要由物联网技术、移动视觉搜索（mobile visual search，MVS）技术、云计算及大数据分析技术等建设构成；用户感知建设主要有形式质量、功能质量、技术成熟质量、效用质量组成；并针对每个模块的主要构成提出具体建设策略。智慧图书馆微服务模式建设有助于丰富图书馆的服务内容，推动图书馆服务不断改善。

（4）智慧图书馆情境感知微服务模型设计与开发

首先以南昌航空大学图书馆智慧馆舍建设为例，归纳近几年国内外图书馆情境感知微服务应用现状、问题及解决方案；论证微信小程序应用到图书馆的优越性，提出一种基于微信小程序的图书馆情境感知微服务的框架结构；对智慧图书馆可能开展的主要业务进行了需求分析，并确定系统主要功能、对可能开展的个性化服务进行详细设计，最后对原型模型进行开发并实现。

（5）智慧图书馆情境感知微服务质量模式评价

研究发现当前智慧图书馆情境感知微服务缺乏较为完备的评价体系，项目组在前期调研的基础上，构建了智慧图书馆情境感知微服务模式评价假设模型，进一步由专家访谈进行了修正，然后通过问卷调查收集数据并进行分析，验证了假设模型的正确性并修改了不合理的要素，最后通过主成分分析方法确定智慧图书馆情境感知微服务模式评价模型的各个指标权重。智慧图书馆情境感知微服务模式评价模型指标权重能够很好地反映出用户期望程度，对于智慧图书馆情境感知微服务建设及评价起到了积极作用。

（6）智慧图书馆情境感知微服务模式发展建议

结合前文章节调查分析，指出了智慧图书馆情境感知微服务模式研究的局限性，进一步凝练了开展情境感知微服务存在的问题，最后对这些问题进行归纳，从资金投入及基础设施建设、技术培训及内容设计、人才队伍建设、管理模式及微服务平台与资源建设五个方面提出 18 个具有针对性的建议；共涉及合理使用资金、打造线上线下融合的文化服务中心、提升馆员业务技能和服务水平、打造专业智慧馆员队伍、加强宣传力度、建立图书馆新形象等建议。

作者

2023 年 5 月

目　　录

第 1 章

绪　　论

1.1　研究背景

早在 1995 年，比尔·盖茨就在《未来之路》（*The Road Ahead*）提出了"物物相连"的概念，即物联网。之后麻省理工学院又结合实例明确了该概念的含义，最后国际电信联盟正式提了物联网概念。物联网一经问世就得到了全世界的广泛认可，并被应用于各行各业。其中，IBM 公司在 2009 年以此为基础，提出了智慧地球、智慧城市的理念。物联网、云计算等技术的广泛应用，再加之智慧概念的普遍推广，智慧图书馆的概念便在这一背景下产生了。智慧图书馆概念问世以后，国内外学者相继将其应用于实体图书馆当中。澳大利亚昆士兰图书馆就将智慧图书馆很好的融入社区当中，以求打造智慧社区。加拿大渥太华的图书馆和博物馆也成立了"智慧图书馆"联盟，以更好地利用它们的智能服务。美国图书馆协会在 *Smart Libraries News Letter* 上专门设立专栏，用以发布智慧图书馆的最新研究动态，希望以此来吸引更多的研究者关注。2005年以来，国内公共图书馆已经引入了各种支持技术，以求建设满足国内图书馆用户需求的智慧型图书馆。与此同时，国内科研人员及机构也在提高智慧图书馆研究领域的科研实力，逐步推动国内传统图书馆服务向智慧服务的转变，满足当前国内图书馆用户的个性化信息需求。近年来，随着人工智能、"互联网＋"等各种高新技术以及各种微媒体的不断涌现，再加之世界各国都在打造自己国家的文化软实力，智慧图书馆的研究得到越来越多人的重视，以期能够打造更加全方位的智慧图书馆，随时随地为用户提供智能化的服务。

1.2　研究意义

在"智慧地球"的概念出现之前，图书馆的发展主要是以数字图书馆、移动图书馆研究为主，在数字图书馆及移动图书馆基础是有一些个性化服务的设计，称作智能图书馆，这也算智慧图书馆的萌芽阶段。智能图书馆只是把图书馆的有些服务项目照搬在移动设备上，即使在引入射频识别（Radio Frequency Identification，RFID）以后，也只是实现图书馆部分功能的自助化，但相距于真正意义上的智慧图书馆还有很大一段距离。随着"智慧"理念的不断推广和发展，再加之其被成功应用于各行各业，图书馆领域才真正开始把"智慧"理念引入图书馆的建设中，以期打造真正意义上的智慧图书馆。因此，图书馆需要转变其服务理念，建设智慧型的图书馆，为用户提供智慧服务，满足用户的个性化需求。在此背景下，本书研究了智慧图书馆情境感知微服务模式，具有一定的理论和实践意义。

（1）理论意义

本书的研究有助于创新图书馆服务内容和服务方式，增强图书馆的亲和力和影响力，为"大众创业、万众创新"提供公共文化服务平台。同时智慧图书馆通过对"数字资源"进行收集、分析及展示，对提高国民素质、弘扬社会主义核心价值观具有重要的作用。再者，本书对公共图书馆的服务模式、服务内容与服务评价等相关理论的研究，对构建现代公共文化服务体系、打造"平台＋内容＋终端"的新型传播载体和扩大公共图书馆的网络引导能力等方面具有重要理论意义。

（2）实践意义

本书的研究有助于推动各类数字资源开放、共享，促进公共文化服务体系协调发展；为实现全面小康社会提供个性化"精神食粮"。同时，智慧图书馆是数字图书馆与情境感知、人工智能、"互联网＋"等各种高新技术与微媒体的高度融合，是图书馆为了满足用户个性化信息需求的产物。此外，基于情境感知技术的智慧推荐服务是未来移动信息服务的趋势。因此，本书的研究成果能够构建一个全新的满足人们当下个性化信息需求的服务模式，从而提高图书馆微服务质量，提升信息增值潜力，夺取小康社会决胜阶段"国民素质和社会文明程度显著提高"的全面胜利。

1.3　文献综述

1.3.1　智慧图书馆微服务研究状况分析

1.3.1.1　国内研究现状

图书馆微服务在国内的研究主要集中包括以下几个方面：

（1）智慧图书馆微服务模式理论探索

国内移动网络的快速发展，特别是基于智能手机的终端应用很大程度上赶超了国外现状。国内学者对图书馆微服务更集中在智能手机终端的个性化微服务。李民[1]结合智慧图书馆微服务及推荐系统的相关理论知识，对基于智慧推荐的高效智慧图书馆服务模式进行了探讨，从推荐系统的角度拓宽智慧图书馆的服务视角。毕强[2]认为，图书馆为用户提供的细微化、个体化、差异化阅读服务；吴锦辉[3]、李民、王颖纯等[4]从多个角度对基于微信公众号的图书馆微服务进行理论探索研究；黄令贺、朱庆华[5]、郭顺利、张向先[6]分别对我国高校图书馆微博服务现状进行分析并提出改善性建议；郭文丽[7]设计并实现了基于安卓客户端的图书馆微服务系统；综上可知，国内学者从微博、微信、APP等多角度、积极地拓宽图书馆微服务内涵。

（2）智慧图书馆微服务模式构建

符玉霜[8]、李冠南[9]等分别从不同角度对图书馆APP使用情况进行了研究，发现不同模式构建的APP目的性相对单一，甚至同一个图书馆的不同微服务模式间也无法实现数据共享。比如王保成[10]等构建了微信公众平台的微服务客户端；高春玲[11]、夏立新[12]等构建基于SoLoMo的智慧图书馆微服务APP；曾子明[13]试图构建智慧图书馆的移动视频搜索模型；孙翌、李鲍[14]等探讨了微信在图书馆微服务中的应用，构建了微信图书馆的服务模式，并且以上海交通大学图书馆为例，在微信服务号平台上开发微信图书馆服务号，系统阐述了从它的设计思路到系统架构以及关键技术等问题，从它应用后的反馈效果来看还是比较令人满意的。微服务模式形式多样，功能性较为单一；迫切需要整合智慧图书馆数字资源于一体，集中实现统一检索、服务，该服务模式能实现无缝访问、共享"情境"数据，以提高服务精确度和用户满意度。

（3）智慧图书馆微服务评价及绩效考核

相比移动图书馆，微服务用户体验的影响因素更为复杂，服务质量显得尤为重要。黎春兰[15]对智慧图书馆的服务质量进行量化管理研究；傅钰[16]对微信在图书馆信息服务中的应用现状进行调研，发现当前图书馆运营的微信公众号数量不断增加，但推送内容、宣传推广方面表现不一，需要微信服务定位，制定规范的微信公众号管理制度加强宣传与推广。刘兰[17]对图书馆推广模式及保障机制进行了细致研究；蒲筱哥、乔亚铭[18]构建了基于网络分析法的高校图书馆电子资源服务绩效评价模型；刘健、毕强[19]提出基于聚类的群组 AHP 方法对数字图书馆微服务指标体系进行测评，进而构建图书馆微服务评价体系；郭文丽[20]、毕达天[21]从信息生态、人文关怀等角度进行评价。可见图书馆微服务评价体系构建，有利于评估服务水平和服务效果，改善和提高图书馆服务质量。

1.3.1.2　国外研究现状

图书馆服务在新媒体的相关应用研究中一直是国外学者聚焦点，并对此进行了较为深入的研究。主要围绕以下 3 个方面：

（1）智慧图书馆理论探索

"智慧"一词表示事物的感知化、互联化、智能化[22]，"智慧图书馆"这一词的起源是 2003 年芬兰奥卢大学图书馆学者（Aittola）发表的一篇题为《智慧图书馆基于位置感知的移动图书馆服务》（Smart Library：Location – Aware Mobile Library Service）的会议论文，在论文中他提出这一概念，认为智慧图书馆是一个不受时间空间限制的，可被感知的移动图书馆，它能帮助图书管理员和读者找到需要的资料[23]。这是国际上首篇对智慧图书馆进行公开发表的一篇文章，在图书情报界引起学者关注。然而直至 2009 年 IBM 提出"智慧地球"的概念，才真正引发各界学者对"智慧"概念的广泛关注，继"智慧地球"后，"智慧国家"和"智慧城市"等相关概念应运而生，图书馆作为传统的行业之一也积极融入"智慧"行列。智慧图书馆的概念、服务理念与实践率先出现在欧美的大学图书馆、公共图书馆和博物馆中[24]。国外学者对智慧图书馆的内涵不尽相同，但大多认为其核心为情境感知服务，比如李伟伯（Lee）[25]认为情境感知技术可以应用于图书馆图书推荐服务；宋一军（Song）[26]推出大厅灯光自动开关功能，根据用户的时间和位置决定是否提供灯光服务；希克斯（Hicks）[27]使用 QR 码链接地图和指令的标识系统，以及基于 RFID 技术的图书馆位置信息解读系统；马库斯（Markus Aittola）[28]等通过引入情境感知技术感知图书馆内外部变化，并介绍了（Smart Library）。比兰古奇（Bilandzic M）[29]从图书馆用户的角度明确了智慧图书馆的信息服务模式。卡斯塔（Castano B）等利用 RFID 技术研发出了图书馆的智能借阅系统。英姬（Younghee Noh）[30]指出当图书馆引入情境感知系统的实践应用可以实现对来访用户信息的感知识别，自动化的系统智能识别和服务可以提供感知参考服务。夏特（Shatte A）[31]指出基于移动增强现实的技术将成为智慧图书馆管理实现情境感知过程中一种很有发展前景的工具。约翰逊和贝克尔（Johnson & Adams Becker）[32]介绍了图书馆在由现代科学技术、微服务传播平台、管理者构成的创新性环境中将如何实现图书馆的智能化、个性化服务。克里斯蒂娜（Kristina M）[33]认为图书馆借助各种传播媒介提供的线上推送服务得到越来越多的关注。雅各布森（Jacobson）[34]着重于分析如何使用这种平台，提供什么服务内容，以及用户是否会更愿意接受可能涉及个人信息的情境感知微服务。研究表明通过解读用户"情境"信息提供个性化服务成为当下智慧图书馆研究热点。

（2）图书馆微服务现状及比较优势

实践表明图书馆微服务更具时效、针对性更强。牛沙（Niusha C

F)[35]通过研究吉隆坡的 22 所大学图书馆表示，基于移动社交网络的新媒体服务为图书馆主要对外沟通和服务方式；也有学者针对微服务面临的问题提出解决方案，黄杰[36]等对图书馆微服务和读者的互动问题提出了改进建议；叶夫根尼娅[37]通过总结 2006～2012 年的相关文献，收集和描述有关在图书馆学领域使用脸书（Facebook）的研究，系统地评价如何通过脸书提升图书馆服务质量，并且总结了图书馆和图书馆员在使用脸书时面临的主要问题和挑战。但是对于智慧图书馆微服务发展玛娜斯（Manes）[38]有不同的见解，他认为社会媒介有 4 个重要元素：以用户为中心、丰富的多媒体经验、社会富裕、社区创新。发达国家的社会媒体具备这些元素，而对于发展中国家的社会媒体来说却有所欠缺，还不能完全利用好社会媒体这一工具，特别是在图书馆服务这一方面，所以说在图书馆微服务领域还是存在地区差异的。

（3）新媒体背景下图书馆服务创新

移动网络的发展，特别是新媒体的兴起，给移动图书馆的发展创造了机会。克里斯蒂纳（Kristina）[39]展望未来图书馆在脸书、推特（Twitter）中可能开展的微服务；雅各布森（Jacobson）[34]研究图书馆如何使用新媒体、应该提供哪些服务、用户使用的积极性等内容。以此为契机，科研人员创新性设计并实现了诸多新媒体服务，如沃尔什（Walsh）[40]、凯恩（Kane）[41]设计并实现了基于智能手机端的二维码网址链接，并在高校图书馆中实施；阿多玛（Adomavicius）[42]设计并实现了移动网络环境下图书馆领域的个性化服务推送系统；斯沃尔（Swell）[43]认为对于图书馆运用 Twitter 这一主题的大部分文献资料都是关于信息传递方面的，只有少数研究人员尝试对图书馆推文进行内容分析，所以斯沃尔（Swell）更加注重图书馆微服务中推文的研究；姚菲[44]利用情境感知技术创新性开发并实现了虚拟参观及咨询服务；萨卡斯[45]则进一步深入，探讨了 Twitter 上的图书馆推广方法、工具建模与模拟，以及关于 Twitter 在图书馆中的营销策略，与此同时，他们认为图书馆在 Facebook、Twitter 等网站和新媒体平台上提供的推送服务对图书馆传统服务模式带来了巨大挑战。

1.3.2 智慧图书馆微服务热点研究

1.3.2.1 智慧图书馆微服务平台建设

国内外关于智慧图书馆微服务平台建设的文献不在少数，特别是图书馆 APP 或者是图书馆在微博、微信、脸书以及 Twitter 等社交软件上推文及公众号的运用。国外对于图书馆的微服务研究稍早于国内，在很多领域中社交媒体的使用已经获得了很高的认知、认可和专业用途。例如索科亚（Sokoya）[46]等调查到，研究尼日利亚农业研究人员使用社交媒体主要是与专业同事联系。研究表明，农业研究人员利用社交媒体分享知识、获取技能，并与他人合作，以进行研究和发表研究成果。狄更斯[47]认为，社交网络为图书馆提供了一种创新和有效的方式，可以与用户建立联系，并且，当社交媒体应用于图书馆时，比如说脸书可以与学生互动，并促进了图书馆内外的专业性关系的发展。

纵观近几年的文献，不少学者对关于智慧图书馆微服务 APP 以及微博、微信、脸书、推特等相关社交软件应用于图书馆的服务问题进行了研究。2007 年，脸书成为了图书馆和信息科学研究的一个主题[48]，代表了学者对新兴社会现象的兴趣。法索拉（Fasola）[49]以问卷调查的方法调查了脸书等社交媒体促进图书馆服务问题，以及影响读者对其使用的看法和接受度的因素。法索拉通过调查发现 20～30 岁的年轻人更加容易接受推特、脸书运用于图书馆，另外不管是高校图书馆，还是公共图书馆使用社交软件的比率都很高，主要用于图书馆宣传方面及线上图书馆使用。诺严（Noa Aharony）[50]对公共图书馆和学术图书馆做了项调查，旨在描述和分类脸书在美国公共图书馆和学术图书馆的使用，以便了解脸书在图书馆使用的模式。国内学者较热衷于图书馆APP平台建设及其服务的研究，探讨 Web 2.0 及大数据环境下图书馆APP平台建设及服务状况，并对此提出相关建议[51]，另外有学者以宁波大学"智慧图书馆"APP应用为例探讨了"互联网＋"高校图书馆传统借阅服务。由此可见国内外学者对智慧图书馆平台建设的研究渐渐趋向于深层次化，由单纯的平台研究转向平台服务研究。

1.3.2.2 MVS 运用于智慧图书馆

MVS（mobile visual search，移动视觉搜索）作为一种重要的信息获取方式已然成为信息检索领域的前沿研究课题。MVS 的出现将影响知识交互和知识服务模式，影响搜索引擎市场份额，并催生新型产业链及产业集群。MVS 与图书馆的结合也是信息技术发展的必然结果，MVS 能够处理海量的数据信息，它与图书馆的结合能够分散传统图书馆的信息提供中心地位，MVS 能够将公共文化产业的上下游实体结合起来，涉及出版社、书店、图书馆、电商销售企业、用户等；同时可以整合成知识信息成为一个共享源，实现信息传播的网状传输体系；MVS 在图书馆中的运用仍在初期阶段，国内外对此项研究的人数并不是很多，智慧图书馆借助 MVS 技术打造信息检索平台，用户只需在移动智能终端即可实现无缝访问，获取所需知识；然而对于 MVS 技术在图书情报领域的发展，需要注意以下两个要点：

（1）MVS 信息检索需要多样化。

（2）建立视觉对象知识库。

1.3.2.3　智慧图书馆微服务的情境感知模式研究

当前用户在享受丰富信息带来便利的同时，与之伴随的是海量信息，人们显得无所适从，从大数据中迅速而准确地获取自己最需要的信息变得非常困难。通过构建智慧图书馆情境感知微服务模式获取敏感数据采用共享机制，然后基于用户的个性化需求使得馆内资源供应与其对接，不仅可以简化读者检索信息步骤节省时间，而且能够迅速准确地寻找到满足读者个性化需求的资料信息。

（1）国外对智慧图书馆微服务情境感知技术的基础研究

国外对图书馆微服务情境感知模式研究较早，并且研究成果颇多。卡斯塔诺等（Castano. B et al.）在基于实验的基础上，利用 RFID 技术，研发出了图书馆的智能借阅系统，SCHILIBNT 在 1995 年提出了情境感知技术的概念。马库斯（Markus Aittola）[28] 认为智慧图书馆是指通过情境感知技术感知图书馆内外部变化，并且不受时间和空间限制的可移动的图书馆，并介绍了 Smart Library，一种运用于奥卢大学的移动图书馆定位服务软件。该服务为书籍提供基于地图的指导，Smart Library 是完全基于软件的解决方案，该解决方案可以安装在无线局域网的顶部互联网，没有任何额外的硬件。彼兰克（Bilandzic M）[29] 以 State Library of Queensland 为研究对象，从图书馆用户的角度，明确了智慧图书馆的信息服务模式，研究智能空间技术的设计策略，以提升图书馆作为联系和非正式社会学习的场所特性。

（2）情境感知技术在国外图书馆服务中的应用研究

2012 年 Lee. Jeong - Mee[52] 提出情境感知可应用到图书馆中，并且通过一些例子介绍了情境感知计算的概念及提出了在图书馆和信息服务中情境感知技术的应用。Younghee Noh[30] 指出图书馆应用的情境感知系统可以识别进入图书馆的用户，为新老用户提供适合每种情况的最佳服务。此外，基于情境感知的知识库可以提供基于情境感知的参考服务，研究空间和各种其他信息空间中的其他用户需求。基于情境感知还可以通过检测用户的行为、移动路径和温度等来识别需要紧急援助的用户。雅各布森（Jacobson）[32]着重于研究如何使用这种平台，提供什么服务，以及服务用户的热情。芝尼各（Chrnigo）[53]指出了推特、脸书等新的社交媒体对图书馆传统服务方式提出的挑战；牛继腾（Nuijten）[54]等研究了脸书、推特等新媒体是如何在图书馆微服务当中应用的，并且取得了一定的成果。

（3）图书馆情境感知服务内容设计贴近读者需求

洪彤（HK Moon）认为图书馆智能座位预定功能就是图书馆情境感知服务内容设计的一种尝试，同时探讨了智慧图书馆可以向用户提供的智能服务；李（Lee）[25]结合情境感知技术，设计了一种基于位置感知的图书借阅查询服务，用户提出查询需求，系统展示图书的具体位置并结合用户位置给出导航路径服务；英姬（Younghee）[52]认为智慧图书馆在传统数字图书馆服务基础上，还可以融入情境感知技术提供线上图书馆座位预定、感知用户行为判断身体健康状况等其他服务；还有一些高校依靠情境感知技术构造智慧校园，在智慧校园基础上设计了相关服务内容[55]。也有一些图书馆实现了无线语音自动识别和认知功能，为用户进入图书馆带来了很大的便利，也增加了许多新鲜体验。

（4）更加追求用户体验

智慧图书馆使用了大量的新技术，这些技术都可以构建相对应的个性化服务；所以个性化服务内容设计往往和信息技术结合在一起。阿比德（T Abade）[56]设计了 3D 体验服务，依靠 APEX 技术实现的相关服务形式；莫雷诺（EA Moreno）[57]利用地理空间技术接线位置感知，通过 Android 系统和 Web 浏览器即可查看图书所在位置，帮助用户查找图书。相对国内，国外图书馆情境感知服务内容设计更倾向于满足用户个性化需求体验。

（5）国内注重基于情境感知的图书馆个性化服务研究

国内对智慧图书馆微服务情境感知的研究晚于国外，但发展迅速。比如 2005 年上海图书馆率先开设了手机图书馆；在澳门，首次使用 RFID 自助图书借阅系统的图书馆并且提供自助打印机、字体放大机、自助式图书消毒机等自助设备，以方便用户使用。直到 2014 年谢芳系统阐述了智慧图书馆的先进性、开放性、系统性和智能性。2015 年，在深圳建立了第一个全面的智能化图书馆。胡文静[58]建构了基于上下文感知的数字图书馆体系构架。袁静[59]论述了图书馆微服务评估指标体系具有现实意义并且具有一定的可操作性。通过以上的文献分析可知国内学者研究的重点主要是利用情境感知技术，为数字化图书馆读者提供个性化的服务。在实践中，这些学者所提出的理念也得到了部分实现，例如国内大多数高校都在使用的学习通移动图书馆就能实现部分图书和文献智能推荐功能。

（6）积极拓展图书馆智慧化服务

苏云[60]提出了智慧图书馆服务的框架设计并对每一层进行了功能分析；蔡豪源[61]针对残障人士的个性化服务进行了设计，探讨了利用虚拟现实和人工智能方法设计智能化服务为视障用户服务；洪亮[62]等探讨了利用大数据进行图书馆智慧服务重新设计的业务流程，重构电子资源及服务平台的建设和发展；王雯霞[63]利用二维码技术设计了图书馆扫码服务，融合了 Beacon 技术在图书馆中的发展；这些研究充分说明国内研究人员对于图书馆与新技术的融合研究比较深入。

（7）情境感知服务应用澎湃发展，但不成体系

文献研究显示厦门大学图书馆是国内最早实现座位预订的，上海图书馆推出虚拟图书馆服务，这些积极尝试极大拓展了数字图书馆的服务功能，但还没有利用到情境感知的关键技术。宋毓[64]对情境感知

服务内容进行了探讨，构建了基于情境感知的图书馆智慧服务模式实现方案；然而国内研究呈现点状、碎片化形式，还没有形成很系统性的研究。智慧图书馆情境感知微服务内容设计是智慧图书馆外化的具体体现，服务内容设计的新颖性可以极大拓展现有的服务方式及内涵，更有利于提升用户体验。总体来说国外服务内容设计融入情境感知技术较好，更贴近用户生活需求，也一定程度上满足了用户的个性化需求；国内服务内容设计对情境感知技术的融合还不系统，呈现点状、碎片化形态。所以智慧图书馆情境感知内容设计是本书的研究重点，追求服务的个性化是本书内容设计的特色。

智慧图书馆情境感知的研究朝着更加系统化、规范化发展。情境感知技术在图书馆的推广是因为这项技术能给用户的生活带来便利化和智慧化，纵观近两年来学者对智慧图书馆情境感知的研究，对于情境感知技术运用在图书馆过程中出现的问题提出了相关见解。如洪亮[65]结合智慧图书馆的资源布局及退送特征，为智慧图书馆设计一种基于情境感知的个性化资源推荐方式，并设计一种 WSSQ 算法构建用户信任的网络，改进智慧图书馆中情境感知推荐系统。张卫东[66]分析了基于用户需求的数字图书馆情境感知服务的影响因素，从用户的角度出发探讨数字图书馆情境感知的精益服务水平，着重探讨基于情境感知框架和实现过程的数字图书馆精益服务模式，以提高当前数字图书馆信息服务水平。刘炜、刘圣婴[67]通过对智慧图书馆框架进行分层体系来分析情境感知微服务模式，基于"角色、行为、目的"三个角度来分析不同层次的功能模块，并提出完善的智慧图书馆情境感知微服务模式构建的标准规范体系。

1.3.2.4 大数据背景下智慧图书馆微服务的用户信息保护研究

微信息时代在给人们带来无限便捷与乐趣的同时也给个人信息安

全带来巨大威胁，人们能够使用各种软件的前提是需要注册登录个人账号，其中隐含了大量的个人信息，而在大数据时代这些个人信息随时会面临着泄露的危险。所以图书馆开展微服务的同时需要保护读者的个人信息不受侵犯。

（1）国外重视对智慧图书馆微服务下用户的信息保护并且相关法律较完善

国外的法律文化中比较崇尚个人的权利至高无上，所以非常关注个人的信息保护，另外加上国外的信息科技早发展于国内，以致研究图书馆微服务用户信息保护的课题早在 20 世纪 90 年代已受关注。戴维斯[68]英国大学图书馆资助的研究为基础，研究了英国大学图书馆和信息服务中与数据保护管理有关的一系列问题，认为英国虽然有对数据保护立法，但是关于图书馆个人信息的保护最好的做法是个人及图书馆要提高对个人信息保护的认识。拉夫堡大学信息科学部的法律和政策研究小组正在进行一项由 Resource 资助的关于数字图书馆环境中用户隐私问题的实质性调查。保罗[69]希望在调查的基础上制定关于信息专业人员隐私问题的准则。云计算的发展使得商业信息的未来将包括更大的可移植性和个性化，商业信息的这两种特点都会对隐私提出挑战，保罗（Paul Pedley）[70]从企业图书馆及其用户的角度考虑隐私问题，认为解决该问题的策略包括供应商管理以及隐私数据保护审计。在过去的十年中，图书馆利用新兴技术提供了新的搜索工具，帮助用户更有效地查找信息和资源。佩卡拉[71]在研究中发现，用户与发现工具进行交互的网络性质大大降低了图书馆控制顾客隐私的能力，读者追求基于用户数据的个性化的搜索结果，图书馆似乎被迫在提供用户期望的发现体验和保护用户隐私之间做出选择，并提出了图书馆搜索工具未来设计中解决这些问题的可能策略。总体上来看，国外对于图书馆个人隐私权的研究成果渐趋成熟和完善。

（2）国内学者从法律、图书馆机构和管理角度看待用户信息保护

2007 年国家通过专家组的研究拟定了《个人信息保护法》，个人信息保护问题被提上法律日程。刘青、黄圆圆[72]在 2007 年针对即将出台的《个人信息保护法》对图书馆信息服务中用户信息的保护，分析了图书馆信息服务中可能存在的侵害用户信息安全的行为，对图书馆信息服务所涉及的用户信息收集、分析利用、存储传播等过程的影响，从立法保护、机制改革、技术改进等方面探讨了适用的对策。赵培云[73]从数字图书馆建设中出现的隐私权问题出发，通过其危害性的分析，提出了通过立法建立个人信息保护制度应注意的有关问题。谢珺[74]认为图书馆法中应明确图书馆对读者个人信息保护的义务及法律责任，并在法律条文中规定图书馆个人信息保护的基本职责，违反法律承担相应的责任。国内学者大多关注从法律角度来探讨用户信息的保护策略，对于个人信息保护池媛[75]有不同的见解，她从图书馆核心价值视野中分析读者个人信息保护，论述了个人信息保护与利用的具体形式，并认为个人信息保护与利用两者之间是平衡的。北京大学信息管理系李国新教授[76]提出图书馆是一个掌握着大量个人信息的公共教育机构、读者的借书记录、所借书目种类的记录、浏览记录等都是读者的重要个人信息，图书馆一个重要的职业操守就是要保守读者个人信息。不同的视角，对于图书馆服务中个人信息保护的研究也会得出不同的看法。如宛玲、马守军[77]等从管理的视角提出了数字信息服务中个人信息保护的研究框架，数字信息服务中个人信息保护的研究内容包括个人信息保护的基本问题研究、需要与认知研究以及管理机制研究，认为数字信息服务的深化与个人信息保护管理应同步发展。

1.3.3 智慧图书馆情境感知微服务研究难点及趋势

1.3.3.1 智慧图书馆情境感知微服务的研究难点

（1）平衡提供的个性化服务和信息保护

智慧图书馆情境感知微服务所提供的个性化服务与用户信息保护相矛盾，如何平衡这两者的关系是智慧图书馆情境感知微服务发展的关键。智慧图书馆为了能更好地为用户提供量身定制的服务，就需要利用情境感知技术尽可能地收集用户的相关信息，比如所借书的种类，借书的次数，经常浏览的栏目等，根据所收集的用户浏览习惯和浏览痕迹，图书馆微服务才能给用户推送个性化的服务。但是与此同时，图书馆微服务所提供的个性化服务又会侵犯给用户的个人信息：一方面图书馆微服务利用情境感知技术跟踪用户浏览习惯，通过系统检索完成用户信息收集使得用户信息失真；另一方面，大数据，云计算等技术提高了图书馆与其他机构对用户信息的传输效率，并且增加了传输环节，加大了泄露用户个人信息的威胁。到目前为止还没有一套完善的方案能够解决图书馆情境感知微服务提供的个性化服务与用户信息保护之间的矛盾。

（2）缺乏智慧图书馆情境感知微服务中如何运用 MVS 技术的相关研究

面对 MVS 技术的发展，传统的图书馆为了顺应时代发展的潮流，也需要引入 MVS 技术。应用这一技术主要是由于：第一，图片、视频等这些信息载形式的海量视觉数据逐渐成为图书馆大数据资源的重要组成部分，MVS 以移动智能终端采集的视觉数据作为检索对象并获取关联信息，已经成为"互联网＋"时代下数字图书馆的新型信息检索模式[78]；第二，传统的图书馆管理模式和资源存储存在高成本、低效率、高风险数据存储等问题，而智慧图书馆的 MVS 资源管理具有高效率、低耗能、智慧型等优点，所以说 MVS 技术的应用能为智慧图书馆情境感知微服务起到保驾护航的作用。有研究者试图把 MVS 技术引入图书馆情境感知微服务中，但关于这一技术在图书馆中具体应用还未出现相关措施。

（3）缺乏图书馆情境感知微服务模式评价研究

用"图书馆微服务 + 情境感知 + 评价体系"作为关键字（或类似的关键字）对中国知网、万方数据库等进行搜索，尚无对图书馆情境感知微服务效果综合评价的研究。国内外在智慧图书馆、情境感知在数字图书馆的应用、图书馆微服务等方面都有一定的研究成果，尤其是国外学者在情境感知方面的研究更加成熟。但是由于情境感知技术起源于国外，所以国内的学者对情境感知技术在数字图书馆的应用的研究相较于国外还有待完善，尤其是国内关于智慧图书馆、情境感知和图书馆微服三者结合在一起的研究成果比较少。

1.3.3.2　智慧图书馆情境感知微服务的研究趋势

新兴的科技融入图书馆服务中，图书馆情境感知微服务研究成为图情领域近些年的研究热点课题之一，本书通过以上国内外智慧图书馆情境感知微服务文献的分析，总结出研究现状、热点及难点，发现智慧图书馆以后的研究趋势有如下几点：

一是随着各大图书馆微服务的相继开通，学者对智慧图书馆情境感知微服务研究不断深入，智慧图书馆情境感知微服务的概念将会更加清晰。虽然国内在图书馆微服务研究的初期对图书馆微服务的概念进行过相关探讨，但是目前这一概念还是比较零散，没有系统的归纳，尚未统一的定义，也没有解决类似如图书馆微服务的内容是什么，有哪些机制，通过哪些平台来实现等问题。今后将会进一步对智慧图书馆情境感知微服务的概念开展系统理论的研究。

二是虽然目前智慧图书馆理论探索已经取得了一定成果，但智慧图书馆微服务理论体系尚不完善，急需创新性深入研究，特别是结合情境感知的智慧图书馆微服务模式设计、应用及评价研究还未见到相关论著。

三是目前图书馆情境感知微服务创新研究涌现了许多微服务模式，但往往目的性单一、往往是数字图书馆往移动图书馆的业务平移，且图书馆实体与线上联系不紧密；今后智慧图书馆微服务模式研究应该加强资源整合，实现"敏感"数据的共享，形成线上与线下结合的开放式服务载体。

1.4 研究方案

1.4.1 研究目标

（1）明确智慧图书馆微服务内涵

作为"智慧中国"的有机组成部分，明确智慧图书馆的微服务内涵是极为必要的，为打造"平台＋内容＋终端"传播载体提供理论支持。

（2）构建线上与线下相结合的智慧图书馆情境感知微服务模式

符合情境的推送服务将极大增强用户黏度，提升图书馆的亲和力和影响力，引导和净化网络环境。

（3）提出智慧图书馆的情境感知微服务模式评价体系

图书馆微服务模式评价体系构建，有利于评估服务水平和服务效果，进而改善和提高服务质量。

1.4.2　研究内容

本书的研究对象是"智慧型"图书馆，充分利用现在物联网及情境感知技术构建智慧图书馆微服务模式框架，并在此基础上设计实现情境感知微服务模式，提高图书馆服务水平和服务质量。智慧图书馆情境感知微服务模式的研究是一个复杂的系统工程，本书分为以下几个部分来进行研究。

第 1 章：绪论。

本章首先介绍了相关的研究背景与研究意义；然后对智慧图书馆及智慧图书馆微服务进行了系统的文献综述，对其研究现状、热点难点及研究趋势进行了归纳总结；并详细阐述了本书的研究方案，涉及项目实施方法、主要研究内容及技术路线图等问题，最后凝练了本书的创新点。

第 2 章：相关概念及技术。

本章论述了在研究过程中涉及的智慧图书馆、图书馆微服务、情境感知等基本概念及其特征，并深化其内涵；同时说明了本书研究的图书馆服务模式的应用现状，指出研究内容的必要性。

第 3 章：高校图书馆个性化微服务应用调查分析。

本书负责人对高校图书馆微博、微信及 APP 客户端开展的个性化服务进行了系统研究并撰写 2 篇学术论文及专著 1 部。随着轻量级小程序与微视频应用的兴起，高校图书馆微信小程序服务与微视频服务有其独特的一面，特别是微视频通过可视化的方式展示服务流程、服务内容，是图书馆数字化服务的创新举措之一，极大地丰富了图书馆服务内涵。本章对高校图书馆微信公众号、微信小程序、图书馆 APP 及微视频服务现状进行了系统调查，并对现有高校图书馆微视频服务进行了问卷调查；凝练出目前高校图书馆微服务存在的普遍性问题，并对高校图书馆开展微服务给出有针对性的提升策略。

第 4 章：智慧图书馆情境感知微服务模式框架。

提出了智慧图书馆的设计原则，构建了由感知层、分析层、交互层组成的智慧图书馆框架；创新性的设计智慧图书馆服务方式，并以此分别建立了微服务体系和智能实体服务体系，完善了智慧图书馆情境感知微服务内容和形式，实现了满足个性化需求的智能服务；其次从服务模式建设的服务主体、服务本体、服务技术、服务受体这四大要素分析智慧图书馆情境感知微服务模式建设机理及动力；最后提出了发展建议，以期推进智慧图书馆从概念模型向实体建设的过渡。

第 5 章：智慧图书馆情境感知微服务模式建设。

构建智慧图书馆微服务模式建设框架，主要由资源建设、服务建设、技术建设和用户感知建设四大模块组成；其中资源建设主要由信息资源、组织资源和人力资源等建设构成；服务建设主要由基于 5G 的个性化服务、空间感知服务、用户行为感知服务等建设构成；技术建设主要由物联网技术、MVS 技术、云计算及大数据分析技术等建设构成；用户感知建设主要有形式质量、功能质量、技术成熟质量、效用质量组成；并针对每个模块的主要构成提出具体建设策略。智慧图书馆微服务模式建设有助于丰富图书馆的服务内容，推动图书馆服务不断改善。

第 6 章：智慧图书馆情境感知微服务模型设计与开发。

本章首先以南昌航空大学图书馆智慧馆舍建设为例，归纳近几年国内外图书馆情境感知微服务应用现状、问题及解决方案；论证微信小程序应用到图书馆的优越性，提出一种基于微信小程序的图书馆情境感知微服务的框架结构；对智慧图书馆可能开展的主要业务进行了需求分析，并确定系统主要功能、对可能开展的个性化服务进行详细设计，最后对原型模型进行开发并实现。

第 7 章：智慧图书馆情境感知微服务质量评价研究。

研究发现当前智慧图书馆情境感知微服务缺乏较为完备的评价体系，本章在前期调研的基础上，构建了智慧图书馆情境感知微服务模式评价假设模型，进一步专家访谈进行了修正，然后通过问卷调查收集数据并进行分析，验证了假设模型的正确性并修改了不合理的要素，最后通过主成分分析方法确定智慧图书馆情境感知微服务模式评价模型的各个指标权重。智慧图书馆情境感知微服务模式评价模型指标权重能够很好地反映出用户期望程度，对于智慧图书馆情境感知微服务建设及评价起到了积极作用。

第 8 章：智慧图书馆情境感知微服务发展建议。

本章结合前文章节调查分析，指出了智慧图书馆情境感知微服务模式研究的局限性，进一步凝练了开展情境感知微服务存在的问题，最后对这些问题进行归纳，从资金投入及基础设施建设、技术培训及内容设计、人才队伍建设、管理模式及微服务平台与资源建设五个方面提出 18 个具有针对性的建议；共涉及合理使用资金、打造线上线下融合的文化服务中心、提升馆员业务技能和服务水平、打造专业智慧馆员队伍、加强宣传力度、建立图书馆新形象等建议。

第 9 章：结论。

本章总结了本书的主要内容，概括了本书的主要研究总结，并对未来智慧图书馆的发展进行了展望。

1.4.3　研究方法

本书拟采用下列研究方法：

（1）归纳和演绎

通过综合归纳，掌握研究动态，把握学术前沿，厘清中外学者图书馆微服务研究的思想和当前融入情境感知的应对措施现状；通过演绎法，设计融入情境感知的图书馆微服务模式框架结构。

（2）实地调研

选择已开展微服务评价工作的典型企事业单位进行访谈调研，获得定性资料，以进一步完善理论模型。

（3）问卷调查

确定图书馆开展微服务的显著影响因子以及影响因子的特质、变化规则、因子之间的关联以及各因子的子因子之间的关联。

（4）结构化程序设计

结合软件工程思想，设计并实现基于微信小程序的图书馆微服务原型模型。

（5）模糊综合评价

利用问卷调查和专家访谈，完善情境感知微服务模式评价的影响因素，确定指标体系，主观赋权和专家咨询法确定权重，选择合适的隶属函数，对情境感知微服务进行综合评价，进而提出合理的政策建议。

1.4.4 技术路线图

本书的研究思路是：文献综述→智慧图书馆情境感知微服务相关理论及背景→智慧图书馆情境感知微服务模式架构研究→智慧图书馆情境感知微服务模式建设→智慧图书馆情境感知微服务模式应用→智慧图书馆情境感知微服务模式评价→发展建议→结论。具体的技术路线图如图 1-1 所示。

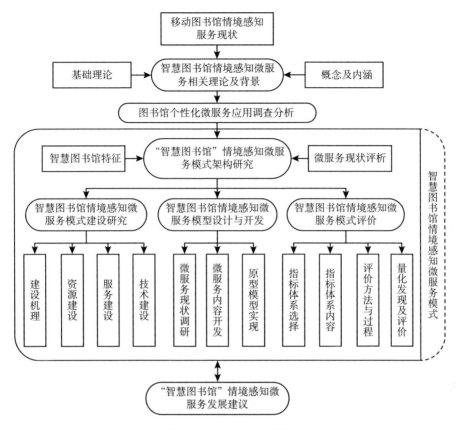

图 1-1　项目技术路线

1.5　项目创新点

（1）智慧图书馆情境感知微服务内容设计

融入情境感知的图书馆微服务内容设计领域研究文献少有发现，本书对智慧图书馆情境感知微服务内容设计的系统研究是这一领域的新探索，以期形成能指导公共图书馆开展情境感知微服务的应用型理论；结合情境感知技术从位置感知（包括旅游指南、居家休闲、学习资源推送等服务），空间感知（3D/4D体验、手势控制虚拟图书馆、智能座位预约等服务）以及用户行为感知（基于学习交流的图书馆线上朋友圈服务、线上课堂、互联互通资源共享等服务）这三个方面进行了服务内容设计研究。

（2）设计与开发线上线下相结合的图书馆情境感知微服务原型系统

针对目前国内外对图书馆微服务模式研究存在的目的性相对单一、在线与离线整合不够、微服务模糊杂乱不统一等问题，本书通过利用情境感知技术感知用户"敏感"数据，并将其嵌入微信小程序以共享，再以微信客户端进行实时推送，最终实现线上线下相结合的"平台＋内容＋终端"的创新性传播载体，为用户提供高质量的图书馆服务。

（3）智慧图书馆情境感知微服务模式评价

研究发现当前智慧图书馆情境感知微服务缺乏较为完备的评价体系，我们在前期调研的基础上，构建了智慧图书馆情境感知微服务模式评价假设模型，进一步专家访谈进行了修正，然后通过问卷调查收集数据并进行分析，验证了假设模型的正确性并修改了不合理的要素，最后通过主成分分析方法确定智慧图书馆情境感知微服务模式评价模型的各个指标权重。智慧图书馆情境感知微服务模式评价模型指标权重能够很好地反映出用户期望程度，对于智慧图书馆情境感知微服务建设及评价起到了积极作用。

第 2 章

相关概念及技术

智慧图书馆情境感知微服务是一种新型服务模式，广泛利用物联网、人工智能等技术实现"敏感"数据自动获取、分析及使用。

2.1 基本概念

2.1.1 智慧图书馆

（1）智慧图书馆含义

学术界目前对于智慧图书馆的概念依旧没有一个很明确的定义。国内学者勾丹和崔淑贞[80]认为智慧图书馆是以物联网、云计算、大数据等现代技术作为支撑，对海量的图书馆信息资源、用户的需求进行匹配，实现一种更具有社交化、个性化的智慧服务模式。姚宁、席彩丽[81]等则提出智慧图书馆是基于不同负责机构和实施部门之间智能交互来实现基础运作的，通过对读者、资源、场馆之间的信息交流来形成全新的服务机构，然后用自动感知以及分析处理数据的相关技术来提供智能服务的信息平台，使用户能够享受更加精准的信息服务。李婴[82]则认为智慧图书馆的理念与"互联网＋"是相通的，它们都是以用户的需求为中心，特别侧重于对个性化需求的解读和服务，根据不同的专业背景满足不同的需求信息。学者们对智能图书馆有不同定义的原因是他们的研究视角不同，从实体图书馆建设的角度，智慧图书馆就是在图书馆中安装新的技术和先进设备；从人性化服务与管理角度，智慧图书馆是运用最新技术来实现图书馆的智慧化服务和智能化管理；从大数据和无处不在的学习角度来看，智慧图书馆是数字图书馆、智能传感设备、大数据分析和无处不在的学习空间集成。总之建立在现代信息技术基础上的智慧图书馆可以有效地利用业务数据提升用户服务质量、有效提高用户使用体验，甚至进一步促进图书馆的服务转型，极大提高图书馆的教育及科研支撑力度。

智慧图书馆不仅是数字化图书馆植入信息技术这么简单，而且是以客户为中心、以数据为中心，全面构建自动化、智能化的数字服务体系。智慧图书馆是实体图书馆与数字图书馆的数字沟通桥梁，有效地实现线上线下的无线连接，全方位实现全域性、整体业务数字化画像，使无论是管理人员、服务人员、用户都能够更为轻松、融洽地融入其中，极大地提升用户体验舒适度、降低管理及运营成本。在"互联网＋"迅速发展的今天，它是在现代科学技术的支撑下，通过对用户信息中"敏感"数据的提取，再通过馆内共享机制进行信息交互，及时分析、处理读者的信息需求，并将其与馆内资源进行匹配，最后完成了满足其需求的智能信息服务的模式。

（2）智慧图书馆特征

作为图书馆未来的发展趋势，智慧图书馆对智能技术提出了更高的要求。它是物联网技术、情境感知技术、大数据分析等智能技术与数字图书馆的结合，所以相较于传统图书馆和数字图书馆，智慧图书馆除了具有前两者的一般特征之外，还具有其独特的特征：①更加敏锐的感知功能。智慧图书馆可以通过传感器节点、RFID 阅读器、WiFi 热点等设备对用户的需求进行全方位的感知，以获取更加准确的数据信息；②实现了信息共享。当用户信息一旦被馆内其中一个机构系统读取，馆内其他系统也能够通过共享机制及时捕捉到该用户的信息，实现信息的及时共享；③完善的分析、匹配模型。智慧图书馆获取用户的信息之后，会对数据进行系统的分析，再利用匹配模型对用户需求信息和馆内资源做出匹配；④更智能的服务模式。智慧图书馆为满足用户个性化需求，针对不同的用户读取其中的"敏感"数据，然后基于馆内系统对数据信息的匹配，实现个性化的推送服务模式。

2.1.2　情境感知

（1）情境感知的概念及其应用

"情境"的定义至今已有很多，初始情境信息是指信息检索中的语境研究。情境来源于"Context"，早在 1994 年，希尔伯特（Schilibnt）等就已经使用了这个词。他认为情境是指在一定时间内人和物周围的环境，以及他们所产生的变化。在这之后希尔伯特（Schilibnt）对情境进行了深入的研究，他将情境用一些具体的因素来表示。克里斯琴森（Christiansen）从用户的角度定义了情境：我们使用的所有感知或察觉"与别人互动时的东西"。另外，斯诺登（Snowdon）和格拉索（Grasso）在多个级别定义情境：个人级别、项目级别和组织级别。情境感知来自 Context-awareness，是指把外部情境信息传送给电脑，通过一定的技术设备进行识别和应对。戴伊（Dey）给情境感知定义为：系统能够感知情境，并且能够利用情境为用户提供个性化服务。本书在前人研究的基础上，对情境感知的定义是：智能系统通过传感器以及其他感应技术，感知用户的内外部情境信息，并对获得的情境信息进行分析和处理，最后为其提供针对其需求的个性化的智能服务。

情境感知技术被引入国内以后，被应用于各行各业并都起到了一定的促进作用。国内数字图书馆界自从引进了情境感知技术，其所提供的服务相对于传统服务，更加智能化和人性化。学术界近年来对于情境感知技术在数字图书馆的应用，也取得了一定的研究成果。李静云[83]在情境感知的基础上，构建了图书馆推荐系统框架，使图书馆能够为读者提供个性化的智慧服务；郭顺利和李秀霞[84]利用情境感知技术设计了图书馆用户信息需求模型，以期提高其资源服务质量；黄传慧[85]论述了图书馆智慧推荐系统的理论，并且对该系统进行了设计以及介绍了实现过程；曾子明和陈贝贝提出了一种融合情境感知的智慧图书馆个性化服务模型，分析了该服务模型的构建方法，探讨了将情境感知应用于智慧图书馆的可能问题；徐慧[86]探讨了如何提高当前图书馆的服务水平。以上国内学者研究的重点主要是利用情境感知技术，为数字化图书馆读者提供个性化的服务。由于情境感知技术起源于国外，所以国外的学者对情境感知技术在数字图书馆的应用的研究相比较于国内更加成熟。朱斯蒂（MRD Giusti）提出了基于本体的情境感知系统来识别用户的情境，这个系统使图书馆员能够扩展用户的个人信息，而不仅是用户使用的信息；英姬（Y Noh）从理论上详细地探讨了情境感知技术在数字图书馆应用情况；卓娜（Zohreh Dehgani）则讨论了在数字图书馆中如何有效地设计和实现情境感知的推荐系统，此外还对未来学术推荐系统研究的提出了几点建议。

（2）移动情境感知服务及其特点

对于情境感知服务的定义，学者们各自有其自己的观点。莫尔斯等（Morse D R et al. ）[87]等定义的情境感知服务是：用户做出一系列的举动，且这些举动与目标任务有联系；莫娜和多罗希（Moran & Dourish）[88]将情境感知服务表述为：获取并利用一个设备的情境信息，提供适合于特定人群、地点、时间等的服务；范勒森等（Van Leusen P M et al.）[89]认为：情境感知服务系统根据传感器感知到的移动智能终端"敏感"数据，如地点、时间、空间、温度等，权衡"敏感"数据的权重信息，根据重要程度做出适度反应。结合不同学者的研究成果，本书对移动情境感知服务的定义为：智能系统通过移动智能终端利用传感技术获取用户的情境信息，并对情境信息进行分析和处理，再通过移动智能终端为用户提供个性化的信息需求。相比较于以往的情境感知服务，移动情境感知服务有其自身的特点：①强感知性：情境感知服务系统依靠各种感知设备获取终端"敏感"数据，并且可以辨别"敏感"数据的重要程度；②强识别性：情境感知服务系统能够精准识别用户，并根据用户偏好进行合理推送信息服务；③实时性：移动环境下，用户的偏好可能会受到周围环境的影响而临时改变，情境感知服务系统要求能够实时捕捉情境信息的改变，并结合用户历史习惯进行合理推送；④敏感性："敏感"数据权重的变化是很细微的，多个"敏感"数据之间的重要程度随着情境变化而不停切换，这就需要情境感知服务系统敏锐感知这些细节的变化而适时做出调整。

2.1.3　图书馆微服务

（1）图书馆微服务定义及特征

微服务本身没有严格的定义，但是学者们一致认为微服务是可以通过 API 访问的、单一用途的小程序。常见的微服务平台有 Twitter、Facebook、新浪微博、微信、支付宝。本书在结合不同学者观点的基础上，认为图书馆微服务是指以用户为中心，利用各类高新技术，通过移动智能终端为用户提供移动信息服务。

在"互联网＋"的背景下，微服务相对于传统图书馆服务有其自身的特点，其特点概括如下：①流动性：可以概括为一个典型的"3A"特征，即 Anywhere（位置的灵活性）、Anytime（时间随时性）、Anybody（用户的广泛性）；②社会性：是内容生产与社会关系之间的纽带，指内容生产与社会网络的结合；③碎片化：是描述当前社会交际语境的一种比喻方式，即对信息进行简单的综合和提取，合成短信息；④个性化：图书馆微服务满足用户的个性化需求，使不同的用户可以根据自己的需要和不同的信息行为获取各自的目标信息源；⑤互动性：是指移动智能终端能够实现人与机的双向互动，并且重视双向互动功能的有用性设计；⑥共享性：即共享情境信息，用户的情境信息不仅系统内各个数据库可以共享，用户间相同的情境信息也可以共享，发挥信息内容的最大价值。

（2）图书馆微服务应用现状

2003 年的在线社交网络是国外图书馆微服务的开端。2006 年，巴思斯（Barnes）建立了 SNS。劳里等（Laurie et al.）在 2007 年对高校师生关于社交网络在图书馆的应用效果进行了调研。穆罕默德（A. Muhammad）[90]在 2012 年讨论了网络 2.0 技术在图书馆中的应用形式和可扩展性。2014 年，朱利欧（A. AJulio）[91]等分析了网络工具在大学图书馆中的应用，并通过获取用户信息使用模式提高了大学图书馆提供的信息服务质量。另外，村五（S. K. W Chun）等通过对亚洲、欧洲以及北美等 140 家图书馆的研究，发现了图书馆馆员对社交网络实际应用性能和对图书馆所带来的挑战的态度，并且找出了影响移动社交网络的主要因素。黑伯格（G. I. Hebrang）论述克罗地亚公共图书馆在 Facebook 上以何种形式出现以及出现的频率。牛沙等（C. F. Niusha et al.）对马来西亚 22 所高校图书馆和 3 个重点研究小组的研究表明，脸书、博客和 YouTube 是图书馆的主要社交网络媒体。以马内利（Emmarmel B E）等通过对非洲 140 所大学图书馆的研究，表明对于非洲大学图书馆管理员来说，最常用的是脸谱网、即时消息和推特来与读者进行交流。综上所述，国外学者对图书馆微服务研究的关注点是其在实体图书馆的应用。这主要是由于之前的国外社交网络的发达，同时也可进一步说明图书馆微服务方式在国外的应用已经比较成熟，基本涉及国外所有用户使用频率较高的社交网络。

国内学者翟晓娟[92]构建了图书馆的微服务模型。郭劲赤[93]基于用户的关注和用户黏性，对微服务的应用效果进行了评价。邢文明[94]分析了微博图书馆开放时间的基本情况和内容，微博出版物的数量，以及 39 所"985"大学的更新频率。张宁[95]通过对"211"大学微信图书馆服务内容，运营管理和互动设计的调查，了解了微信大学图书馆的现状。刘健和马卓从微观服务主体和客体、微服务质量、微服务技术和环境等方面评价了图书馆微服务的应用效果。通过以上学者的研究成果可以看出，图书馆微服务在国内的应用研究主要集中在微服务平台的构建、微内容开发和微服务效果评价几个方面，而主要的微服务应用平台有：微博、微信、微信小程序、移动图书馆 APP 等。

2.2 相关技术

2.2.1 RFID 技术

RFID（radio frequency identification）技术，又称无线射频识别技术，是一种通信技术，可通过无线电讯号识别特定目标并读写相关数据，而无须识别系统与特定目标之间建立机械或光学接触[96]。RFID 系统是由读/写单元和电子收发器两部分组成。阅读器是由天线发出电磁脉冲，收发器接收这些电磁脉冲并发送已存储的信息到阅读器作为响应。这就是对数据进行收集、处理和反馈的全部过程。目前，"智能标签"是 RFID 技术的一项重要实践。它包含了特殊的 RFID 电路，这种电路是由 RFID 射频部分和一个超薄天线环路的 RFID 芯片组合而成，这个天线是与一个塑料薄片一起嵌入标签内，一般在这个标签上会贴上纸质说明（包含这个标签的一些重要信息）。当前的智能标签的大小可以随着应用的领域不同进行调整，形状也可以是方形、圆形等多种形状。将 RFID 的这种"智能标签"应用于图书馆，可大幅减轻管理人员的工作负担并能提高运作效率，降低成本，因此 RFID 技术是构建智慧型图书馆服务的一个重要技术，也是智慧图书馆向前发展的重要基石。

RFID 技术应用于图书馆一般采用三层结构的模式，包括 RFID 系统层、RFID 中间件层和图书管理系统层。RFID 系统层主要包括相关软、硬件设备及系统，中间件层是图书馆管理系统与 RFID 系统连接的纽带，能够保证不同数据格式、应用接口的吻合，主要包括相关数据的各种处理组件和接口。图书管理系统层就是图书馆本来的管理系统，用来与其他系统互联、无缝连接和共享数据。

国内的 RFID 技术正在快速发展，也受到了众多人的关注。尤其是在中国台湾的 RFID 领域技术，已经在全球有着不可或缺的地位与技术能力。比如由高雄市立图书馆，台湾中山大学产学营运中心与仰哲科技股份有限公司共同合作构建的"捷运智慧型图书馆"就能够充分地说明 RFID 技术在图书馆方面的成熟运用。图书馆设备是通过整合 RFID 的相关技术，先进设备以及物联网技术等建立的高效互联的图书馆，馆藏资源丰富，符合经济效益，提供无人自助式的图书借、还服务。可以通过 RFID 技术自动定位图书的位置以及获取简要信息，可人性化的同时借、还图书馆内所有的书籍，不再需要图书馆工作人员读取条码进行操作。因此用户可以不受一般图书馆营业时间的限制，这样既节省了人力服务时间也加速了借阅的效率。

在国内还提出 EMID 智慧图书馆系统解决方案，它是一种将 EM 磁条与 RFID 标签结合在一起的图书馆系统，将标签转换子系统、图书清查子系统和图书安全保护子系统等其他子系统完美结合在一起，实现了便捷的图书馆管理功能。这一方案的提出受到国内为众多的好评，是使图书馆走向智能化的关键一步。

2.2.2　NFC 技术

NFC（near field communication）技术，又称近场通信技术，是一种短距高频的无线电技术，在 13.56MHz 频率运行于 20 厘米距离内。其传输速度有 106Kbit/秒、212Kbit/秒和 424Kbit/秒三种。NFC 有两种读取模式，分别为主动和被动两种，是由 RFID 技术及互联互通技术升级演变而来，它可以结合感应式读卡器、感应式卡片和点对点多种功能集一身，能够在较短距离内通过使用兼容设备进行识别和数据交换。目前这项技术在日本和韩国应用的比较广泛。他们通过配置了支付功能的手机就可以在全国范围内通畅行走，并使用在多种领域（如机场登机验证、公共场所的门禁钥匙、城市交通一卡通、信用卡等），这样极大地方便了使用者的出行。同样，将 NFC 技术应用于图书馆更加可以提高图书的借还与支付等动作的效率，还能够使读者更加清晰容易地了解每本图书资料的内容。NFC 技术可以说是 RFID 技术的升级，将这项技术应用到图书馆中同样可以减轻图书馆工作人员的工作负担，它相比于 RFID 技术更好的地方是效率更高并且提供了图书借阅的支付功能，所以 NFC 技术在图书馆智慧化发展的过程中也拥有重要的地位。在电子设备逐渐普及的情况下，网络上就可以看到想要的书籍。为了顺应时代的潮流，日本饭能市的市立图书馆采用 NFC 技术并且整合了其他先进技术，帮助用户用快速且容易的方式了解书架上每本书的重要内容。图书馆内的用户可以在每本书上发现一个精致的书签，如果有支持 NFC 技术的智能终端设备，就可以轻松地了解每本书的相关内容（如作者、书名、摘要以及借阅时间安排等详细信息），用户也可以通过设备提前预订想要看的书籍以及使用时间。所以 NFC 技术的实现为用户提供了更加周到的服务。由此可见，图书馆智能化发展会提供越来越多高质量的服务。

2.2.3　二维码技术

（1）二维码简介

二维码是某种特定的几何图形，按照一定规律在平面上分布的黑白相间的矩形图案上存储数据信息的技术。二维码不仅在宽度上记录数据信息，而且在长度上也记录着数据信息，它有着一维码没有的容错机制和锚点，其容错机制在即使在条码不能清晰辨识时，也可正确地恢复条码上的信息。

二维码的种类很多，其中比较常见的二维码有 QR 码、汉信码、PDF417 码等。二维码在辨识时通过它所具有的三个锚点所提供的，从各个方向看都可以对二维码进行扫描处理，而其所存储的数据信息非常多，如文字、网址、音视频等多种形式的信息。

（2）二维码在生活中的应用

其实二维码并不是一项新技术，在过去由于读取设备所限，未能得到普遍的应用。随着相关技术的进步，二维码迎来的更多的机遇。其应用领域非常广泛，体现于生活的很多方面，比较常见的例子如下。

①多媒体广告、个人名片：使用手机二维码扫描，可得到详细的信息，让用户更加清晰地了解。

②手机客户端下载：通过扫描二维码，直接下载客户端，让用户享受快捷的下载体验。

③手机网址登入：通过使用二维码扫描，可以直接快速地登入所要进入的网址，便捷地浏览网页等。

④QQ 异地电脑登入：在异地 PC 机上登入 QQ，需要本人手机扫描设备锁二维码进行登入，这样就可以防止在外登入 QQ 时被盗。

⑤网络内容分享方面：将自己感兴趣的网络资源信息及时生成二维码，分享到各种平台上，让其他人参与评论互动，丰富人们的网络乐趣。

⑥签到应用：将二维码签到模式应用到了会议、论坛等，更加地便利，多样化。

⑦网络支付：目前，电子商务支付已经扩展到了使用二维码的扫描支付，更加地多样化、安全系数更高，图书馆业务推广方面使用也越来越广。

2.2.4　微信小程序

微信小程序是一种即插即用的程序，具有"无须安装、触手可及、用完即走、无须卸载"的特性，由于其文件很小，下载安装的时间几乎可以忽略，占用手机内存也很少，同时依托于微信平台，屏蔽了多操作系统、多终端手机平台、多应用的差异性；而且通过微信授权，可以免除反复登录；大大简化了用户的操作流程和使用成本；由于微信用户量巨大，其导入流量也相当可观，经过近些年的发展，吸引了众多开发者推出了不同类型、不同领域的小程序，涵盖了绝大多数领域，发展前景巨大。微信小程序的特点有：

（1）操作简单，而且使用体验持续上升

从用户友好度角度看，微信小程序几乎不需要下载和安装，相对于 APP 的下载和安装来说降低了很大负担。用户在微信中查找目标小程序，直接点击使用就可以，这极大地方便了用户的使用。如果是 APP 使用，除了下载安装还需要注册、登入等一系列操作；而且很多 APP 不是频繁使用，会占用大量手机空间，所有这些问题对微信小程序都不复存在。

（2）微信小程序开发准入条件更低

一般的应用开发都需要考虑众多的平台差异（iOS、android 等），开发完成之后的测试、维护、升级等费用居高不下；这极大限制了应用程序的推广。而微信小程序依靠微信天然地屏蔽了这些差异，可以有效降低开发者的成本，也进一步促进了应用程序的推广，吸引更多地从业人员加入微信小程序的开发；众多优势条件集于一身，使得其开发生态更加良好。

（3）更方便地实现跨平台互动

微信小程序的注册登入采取微信授权方式，就可以完成 APP 系统的注册登入烦琐操作；特别是不同平台之间的切换更显示了这种授权操作的便利，只需要在微信平台下切换小程序就好；而 APP 则需要退出当前 APP 再进到另一个 APP。微信可以跨平台跨系统的实现各种服务，实现无缝切换，这是 APP 应用不敢想象的。

第 3 章

高校图书馆个性化微服务应用调查分析[①]

　　本书对高校图书馆的微博、微信及 APP 客户端进行了系统且翔实的调研工作，作者发表了 2 篇论文及 1 部专著：《二维码技术在移动图书馆个性化服务中的研究》《"双一流"高校图书馆 APP 应用现状调查研究》和《数字文化场馆个性化服务模式研究——以图书馆为例》，对高校图书馆微博、微信及 APP 客户端开展的个性化服务有了初步掌握。随着轻量级小程序与微视频应用的兴起，高校图书馆微信小程序服务与微视频服务有其独特的一面，特别是微视频通过可视化的方式展示服务流程、服务内容，是图书馆数字化服务的创新举措之一，极大地丰富了图书馆服务内涵。在此前研究基础上又调查了"双一流高校"图书馆的微信小程序和微视频服务现状，并对现有高校图书馆微视频服务进行了问卷调查；凝练出目前高校图书馆微存在的普遍性问题，对高校图书馆开展微服务给出有针对性的提升策略。

---

　　① 此内容出自已公开出版或发表的阶段性研究成果。

3.1 调查方法及调查内容

高校学生是信息时代的"弄潮儿",是信息技术的第一批用户。高校图书馆为了满足广大高校大学生的信息需求,往往率先在业界采用和推广新技术,特别是相关科研人员有很大一部分就是高校教师,很多创新性理论都是在高校图书馆展开的;"智慧图书馆微服务"的研究和实践也不例外,很多科研成果都扎根于高校图书馆。所以本书围绕"智慧图书馆"微服务的调查内容立足于高校图书馆的"三微一端"进行,即微信公众平台、微信小程序、微视频以及 APP 客户端;本次 APP 客户端调查内容主要是"双一流"高校图书馆是否有移动图书馆 APP、APP 的开发模式、学校图书馆网站主页或者其他网站是否提供 APP 下载,以及 APP 客户端支持哪些移动终端[97];微信公众平台的调查内容是"双一流"高校图书馆微信公众平台提供的服务功能及相关制度建设、资源建设;微信小程序的调查内容是"双一流"高校图书馆微信小程序提供的服务内容、和微信公众平台及 APP 客户端服务内容的差异性比较分析;微视频调查内容主要围绕新浪微博、高校图书馆主页、高校图书馆微信公众平台以及高校图书馆 APP 都是高校图书馆提供微视频服务。

3.2 "双一流" 高校图书馆 APP 应用调查

本次调查起止时间为 2017 年 1 月 30 日~2017 年 3 月 30 日,并于 2020 年 2 月 28 日~2020 年 3 月 5 日进行了第二次调查;根据第一次的调查结果形成表 3 - 1，可以发现 36 所高校图书馆都有移动图书馆 APP 服务，普及率为 100%，可见移动图书馆 APP 在"双一流"高校中的普及还是相当高的。

表 3 - 1　　　　　"双一流"高校移动图书馆应用软件开发与应用

高校名称	APP 软件名及合作开发公司	网页是否标识或提供 APP 下载	安卓客户端	IOS客户端	平板兼容
北京大学	移动图书馆（北京书生公司）/移动图书馆（超星公司）	√（有二维码，可下载 APP）	√	√	√
清华大学	移动图书馆（北京书生公司）/移动图书馆（超星公司）	√（有二维码，可下载 APP）	√	√	√
上海交通大学	上海交通大学图书馆主页	√（有二维码，不可下载 APP）	√	√	
复旦大学	复旦大学移动图书馆（北京书生公司）	√（有 APP，可下载 APP）	√		√
武汉大学	移动图书馆（超星公司）"KM 武大"	√（有二维码，可下载 APP）	√	√	√
浙江大学	浙大图书馆（超星公司专门定制）	√（有二维码，可下载 APP）	√	√	√
中国人民大学	移动图书馆（北京书生公司)/移动图书馆（超星公司）	√（有二维码，可下载 APP）	√	√	√
南京大学	掌上图书馆（江苏汇文公司)/学习通（超星公司）	√（有二维码，可下载 APP）	√	√	√
吉林大学	吉林大学移动图书馆（超星公司专门定制）	√（有二维码，可下载 APP）	√	√	√
中山大学	移动图书馆（超星公司）	√（有二维码，可下载 APP）	√		√
北京师范大学	移动图书馆（超星公司)/北京师范大学图书馆（北京书生公司）	√（有二维码，可下载 APP）	√	√	√

高校名称	APP 软件名及合作开发公司	网页是否标识或提供 APP 下载	安卓客户端	IOS客户端	平板兼容
华中科技大学	移动图书馆（超星公司）	√（有二维码，可下载 APP）	√	√	√
四川大学	移动图书馆（超星公司）	√（有二维码，可下载 APP）	√	√	√
中国科技大学	学习通（超星公司）	√（有二维码，可下载 APP）	√	√	√
南开大学	移动图书馆（超星公司）	√（有二维码，可下载 APP）	√	√	√
山东大学	移动图书馆（超星公司）	√（有二维码，可下载 APP）	√	√	√
中国海洋大学	移动图书馆（超星公司）	√（有二维码，可下载 APP）	√	√	√
中南大学	移动图书馆（超星公司）	√（有二维码，可下载 APP）	√	√	√
厦门大学	移动图书馆（超星公司）	√（有二维码，可下载 APP）	√	√	√
哈尔滨工业大学	移动图书馆（超星公司）	√（有二维码，可下载 APP）	√	√	√
北京航空航天大学	移动图书馆（超星公司）	√（有二维码，可下载 APP）	√	√	√
同济大学	移动图书馆（超星公司）	√（有二维码，可下载 APP）	√	√	√
天津大学	移动图书馆（超星公司）	√（有二维码，可下载 APP）	√	√	√
华东师范大学	移动图书馆（超星公司）	√（有二维码，可下载 APP）	√	√	√

高校名称	APP 软件名及合作开发公司	网页是否标识或提供 APP 下载	安卓客户端	IOS客户端	平板兼容
东南大学	掌上图书馆（江苏汇文公司）	√（有二维码，可下载 APP）	√	√	
中国农业大学	移动图书馆（超星公司）	√（选项内有 APP 下载）	√	√	√
华南理工大学	移动图书馆（超星公司）	√（有二维码，可下载 APP）	√	√	√
西北工业大学	移动图书馆（超星公司）	√（有二维码，可下载 APP）	√	√	√
大连理工大学	掌上图书馆（江苏汇文公司）	√（有二维码，可下载 APP）	√	√	√
北京理工大学	移动图书馆（超星公司）/北京理工大学图书馆（北京书生公司）	√（有二维码，可下载 APP）	√	√	
重庆大学	移动图书馆（超星公司）	√（有二维码，可下载 APP）	√	√	
兰州大学	移动图书馆（超星公司）	√（有二维码，可下载 APP）	√	√	
电子科技大学	移动图书馆（超星公司）	√（有二维码，可下载 APP）	√	√	
中央民族大学	移动图书馆（超星公司）	√（有二维码，可下载 APP）	√	√	
国防科学技术大学	移动图书馆（超星公司）	√（有二维码，可下载 APP）	√	√	√

由表 3-1 可知，有 4 所高校独立开发了移动图书馆 APP，一所高校具有自己的大学综合服务性 APP（"KM 武大"）。除上海交通大学、复旦大学、浙江大学、吉林大学 4 所高校外，其他高校都在推广与使

用超星移动图书馆、超星学习通或掌上汇文移动图书馆 APP 服务。北京大学、华中科技大学、吉林大学 3 所高校，不仅拥有独立开发的移动图书馆 APP，还拥有合作开发的移动图书馆 APP。北京大学、清华大学、中国人民大学、南京大学、北京师范大学、北京理工大学 6 所高校与 2 家软件公司合作，同时拥有两款移动图书馆 APP。除复旦大学外，其他 35 所高校的移动图书馆 APP 均支持安卓系统和 IOS 系统的手机和平板电脑。

根据开发主体的不同，36 所高校移动图书馆 APP 开发模式主要分为独立开发、综合服务型开发和合作开发三种[98]。①独立开发，指高校图书馆不借助第三方软件供应商或软件管理平台的协助，利用自有的资源和技术独立开发移动图书馆 APP 并向用户提供服务。②综合服务型集成开发，指高校图书馆与本校的校园综合服务性 APP 相结合而推出的一种服务模式。③合作开发，指高校图书馆与数据库开发商整合数字资源和技术资源，借助软件平台向高校用户提供移动信息服务。

2020 年 2 月底进行的第二次"双一流"高校第一批次 36 所高校图书馆的 APP 调查发现，18 所院校图书馆竟然没有官方开发设计的移动图书馆 APP，包括清华大学、北京大学图书馆在内占比达 50%；13 所高校图书馆 APP 与超星移动图书馆合作，只剩下 3 个左右高校图书馆维持自己开发的状态；与此同时，"双一流"高校第一批次 36 所高校图书馆全部开设了微信公众服务号，里面涵盖的服务越来越丰富，同时 10 所院校还开设了微信小程序功能服务；可以发现高校图书馆的移动微服务正从 APP 转移到微信公众号及微信小程序上来。

3.2.1 "双一流"高校图书馆 APP 功能分析

"双一流"高校图书馆的移动 APP 的功能介绍如表 3 – 2 所示。

"双一流"高校移动图书馆 APP 的主要功能是：馆藏查询、借阅信息、学术资源、"扫一扫"等，具体功能分析如下。

表 3－2　　　　　　　　高校移动图书馆 APP 功能分析

移动图书馆类型	馆藏书目检索	个人借阅情况管理	中外文期刊文献检索	电子图书阅读	电子书下载	报纸文章阅读	观看学术视频	自习室查阅	扫描二维码与条码	新书推介	在线阅览	馆藏资源	消息中心	我的收藏	信息公告	有声读物
超星移动图书馆	√	√	√	√	√	√	√		√	√	√	√	√	√		√
移动图书馆客户端（北京书生）	√	√							√			√	√			
超星学习通	√	√	√	√												√
汇文掌上图书馆	√	√	√							√					√	
复旦大学移动图书馆	√	√	√									√				
浙大图书馆	√	√	√							√					√	√
有书（华中科技大学图书馆移动 APP）	√															
KM 武大（武汉大学校园综合服务 APP）	√	√						√								
吉林大学移动图书馆	√	√	√	√	√	√			√		√	√	√	√	√	

（1）服务内容大同小异，个性化服务不多

移动信息时代下的图书馆用户早已不再满足于普通检索，他们更趋向于获取经过精细处理、满足自己个性化需求的信息。调查发现，大多数"双一流"高校图书馆使用超星移动图书馆 APP，但其服务内容与超星的 WAP 版并无多大差别，更多的只是访问形式的变换[99]。"双一流"高校移动图书馆 APP 存在的问题，普遍是个性化服务内容缺失。

（2）功能界面单调，人性化交互不够

对于移动图书馆 APP 而言，界面布局的合理性、页面色彩搭配的协调性、功能区域划分的易用性等都反映了移动图书馆的服务质量[98]。两次调查发现"双一流"高校移动图书馆 APP 都存在以下问题：界面布局不合理、页面区域划分不明显、常用功能模块不易找到、色彩搭配单调。

（3）APP 应用鲁棒性差，不同终端表现差异大

高校图书馆移动 APP 服务平台的最终目的，是让用户随时随地在移动互联网环境下方便快捷地获得书目检索、图书续借、在线阅读等信息服务。如果图书馆用户很难访问 APP，用户就会倾向于认为该移动平台不具备有用性和易用性，转而使用其他图书馆。本节通过调查发现，部分图书馆 APP 有时会出现链接速度慢的现象，少数 APP 存在打不开或者部分功能无法正常使用，并出现用户在不同时间段体验结果不一样的问题。此外，当界面加载信息过多或操作比较频繁的时候，还有少数图书馆 APP 易出现系统卡顿的现象。

3.2.2 高校移动图书馆 APP 应用存在的问题分析

通过 2 次调研可以看出，"双一流"高校移动图书馆 APP 在特定时期起到了一定的促进作用，但在开发与应用的过程中仍然存在许多问题，50% 的"双一流"高校图书馆不再提供 APP 服务就是明证。如果 APP 不能提供差异化、情境感知的个性化服务，则可能进入历史倒计时阶段。现归纳现有 APP 功能存在的共性问题如下：

（1）图书馆应用程序 APP 成本较高，用户体验差

①技术成本较高。在进行应用程序 APP 开发的时候，需要针对不

同的系统进行相应的开发：对于 Android 系统开发的时候需要至少一名 Android 开发工程师，对于 iOS 系统开发的时候需要至少一名 iOS 开发工程师。除此之外，还要配备对应的 UI 和美工，以及需要配备项目统筹以及测试人员。在 APP 开发的调试阶段，还需要根据不同的机型需要进行不同的调试，以进行相应的优化，这使得开发成本大大提高。②时间成本较高。目前 IT 行业的时间成本很高，而开发一款应用程序 APP 所需要的时间较长，且后续的维护更新花费金额也非常大。加上目前公共图书馆绝大多数主要采用委托开发的方式来进行应用程序 APP 的开发，所需花费巨大。另外，高校图书馆因为教师多数时候有教学和科研任务，也不能有很多时间来开发应用程序 APP。即使是由教师职工来进行开发，所需要的时间很多，开发出来的应用程序 APP 的功能和效果也得不到保障。③用户普遍反映图书馆应用程序 APP 体验差。以 APP Store 里面的国家数字图书馆 APP 为例，国家数字图书馆 APP 作为官方客户端，从 1.0 到目前的 5.0.2 版本，已经有 7 年的发布历史，但是下载量较低，并且用户评价体验感较差，所给评分较低。在 APP Store 里面中目前共有 139 个有效评价可以发现用户对于国家数字图书馆这一 APP 的 5 星评价占比仅为 15.8%，这说明大部分用户对于这一款 APP 是不满意的，并且大多数用户也仅仅只是认为其免费、方便以及丰富。而与此形成鲜明对比的是有 58.3% 的用户只给出了 1 星，最绝大多数原因是 APP 登录不稳定，会出现闪退现象。并且在其他评分星别中，用户仍给出了诸如体验差、界面差以及提出有待改善等评价，这说明国家数字图书馆 APP 的开发没有取得很好的效果。

（2）拓展功能不足，应以用户需求为导向，提供个性化服务

通过调研发现，各高校的移动图书馆 APP 基本都有和传统图书馆网站上一样的功能，但其他的拓展功能不足。国际知名大学图书馆移

动 APP 除有馆藏检索、借阅信息、学术资源等功能外，还有在线展览、资源推送、社区等拓展功能[100]。拥有一个个性化的图书馆 APP，不仅可以吸引更多用户，也能展现高校文化底蕴，提升院校形象。高校图书馆应对本馆用户需求进行调研，在充分做好数据收集、技术控制和成本管理的基础上，挖掘用户潜在需求，提供多层次信息服务；还可以结合实际开发具有自身特色的移动服务，因此 APP 当中可以考虑增加情境感知个性化服务功能。其次"双一流"高校移动图书馆 APP 的宣传推广力度主观上意愿不是很大。高校图书馆今后可考虑采用多种渠道对移动图书馆 APP 进行宣传和推广，如微信公众号、图书馆微博、学校贴吧等线上宣传方式；图书馆定期摆放宣传广告、师生口碑相传、举办图书馆知识竞赛等线下宣传方式，让用户知道移动图书馆 APP、APP 的获取途径和 APP 的使用方法。

（3）高校移动图书馆 APP 之间合作性不强、功能模块目标设计不清晰

虽然大多数高校都使用商业化移动图书馆 APP，但这仅能实现"任何用户"和第三方系统之间的交流。而处在同一系统内的众多高校图书馆之间没有任何的交流和合作，各自独立。三大商业移动图书馆 APP 之间也没有合作，APP 功能之间有很多的重复。鉴于此，在移动图书馆 APP 的开发过程中，各个高校图书馆间、第三方软件公司之间、各个高校图书馆与第三方软件公司之间都要不断地加强沟通和合作。虽然自主建设的移动图书馆 APP 特色性强，呈现出分散的局面，缺乏和其他移动图书馆 APP 之间的交流与合作。通过上述调研结果可以看出，我国"双一流"高校移动图书馆 APP 的功能只是对图书馆网站主页上已有功能的照搬照抄，这也表明目前"双一流"高校图书馆 APP 移动服务内容针对性不强[101]。移动图书馆 APP 的开发者，需要对读者真正的需求做深入的调查和研究，设计并开发迎合读者需求的 APP

功能模块。

3.3 "双一流"高校图书馆微信公众平台服务调查

本节采用网络调查法对高校图书馆微信公众平台进行调查。主要选取有代表性的 42 所"双一流"高校的图书馆微信公众号平台进行网络调查与分析，从而找出高校图书馆微信平台微服务微组织体系的缺点与不足，并针对性地提出解决方案，完善高校图书馆微服务体系建设。

3.3.1　平台管理制度建设调查分析

目前，高校图书馆微服务最为常用的微平台主要有微信、微博和图书馆 APP 三种形式，其中微信公众平台是微平台中关键的一环，本节对 42 所"双一流"高校图书馆的微信公众平台展开网络调查，具体情况如表 3 - 3 所示。

表 3 - 3　　　　　　　　　微信公众号服务功能调查

高校名称	微信公众号功能
清华大学	"动态"和"服务"2 个栏目；动态包括：最新消息、资源动态；其中资源动态指的是电子资源订购、试用情况。服务包括常见问题、图书馆热线、开馆时间、馆藏布局、帮助
北京大学	搜索"图书"和"我的"2 个栏目；搜索"图书"：输入书名、扫描二维码；"我的"包括：绑定用户、借阅状态、我的预约、我的收藏
北京航空航天大学	"微图书馆"和"图书馆动态"2 个栏目；"微图书馆"包括：高级检索、热门借阅、图书推荐、绑定证件、读者荐购、已借续借、预约信息、违章欠款、我的书架等；"图书馆动态"包括：中国云图书馆、通知公告、资源动态、图书馆使用指南、自助打印复印说明；资源动态指的是电子资源订购、试用情况

高校名称	微信公众号功能
北京师范大学	"我的"、"资源"和"服务"3个栏目;"我的":借阅续借、预约图书、账号绑定及注销、座位预约;"服务":通知公告、开馆时间、入馆指南、常见问题、自助打印;"资源":馆藏查询、信息素养、京师书韵、BNU朗读者
中国人民大学	"我的"、"资源"和"服务"3个栏目;"我的":借阅续借、借阅历史、账号绑定及注销、座位预约、研修室预约;"服务":通知公告、微服务online、人图领读者;"资源":我要找书、新书品鉴、畅享阅读、宝岛直通车、QQ阅读
中国农业大学	"服务门户"、"读者中心"、"其他"3个栏目;"读者中心":我的电子证、空间服务、在线书城、公开课、专业视频;"其他":扫码续借、扫码荐购、test;"服务门户":高级检索、热门借阅、图书推荐、绑定证件、读者荐购、已借续借、预约信息、违章欠款、我的书架等
中央民族大学	"服务门户"、"服务指南"、"民图战疫"3个栏目;服务门户:高级检索、热门借阅、图书推荐、绑定证件、读者荐购、已借续借、预约信息、违章欠款、我的书架等;服务指南:本馆概况、入馆须知、开馆时间、联系方式、荐购扫码;民图战疫:读书打卡、限免资源、校外访问、重要通知
北京理工大学	无
哈尔滨工业大学	"我的lib"、"云资源"、"服务"3个栏目;我的lib:高级检索、热门借阅、图书推荐、绑定证件、读者荐购、已借续借、预约信息、违章欠款、我的书架、活动预约、预约座位等;云资源:博看、名师讲坛、云阅读、云发现、主题书柜;服务:扫码荐购、全景VR、我的朗读、入馆教育
吉林大学	"我的图书馆"、"云阅读"、"常用服务"3个栏目;我的图书馆:新闻公告、馆藏查询、借阅历史、账号绑定及注销;云阅读:博看、QQ阅读、京东阅读、图图荐书、超星公开课等;常用服务:信息素养课、图图欢迎你、馆藏分布及服务、开馆时间、移动图书馆
大连理工大学	"资源服务"、"@我的"、"常用服务"3个栏目;资源服务:图书检索、资源发现、图书推荐、直接荐购、扫码荐购;@我的:绑定解绑、已借续借、预约委托信息、扫码续借、我的朗读;常用服务:读者培训、研究间预约、通知公告、更多
南开大学	"读者服务"、"资源推荐"、"文化推广"3个栏目;读者服务:图书检索、预约续借、研修间预约、智能咨询、自助借还;资源推荐:影音空间、讲坛/课程、故物流芳、战疫书柜、丽泽;文化推广:名家读经典、好书100、读书协会、名师领读、书海

续表

高校名称	微信公众号功能
天津大学	"服务大厅"、"动态资源"、"服务指南" 3 个栏目；服务大厅：读者证绑定、个人中心、书目检索、图书续借、借阅排行榜、学术资源、新闻公告等；动态资源：培训公告、好书推荐、书香天天、文化沙龙、知学；服务指南：微信校园卡、研究厢预约、读者反馈、常见问题、咨询小图
复旦大学	"服务"、"看历史"、"活动" 3 个栏目；服务：借阅服务、文献提供、学科服务、开放时间、名师讲坛；看历史：小图历史消息、复旦大学图书馆；活动：经典诵读、图书馆的一百年、微信打卡
上海交通大学	"资源导航"、"服务速递"、"我的" 3 个栏目；资源导航：查询图书、思源悦读、新冠竞答；服务速递：最新动态、滚动培训、创客空间、常见问题、微信打印；我的：借阅信息、空间信息、预约讲座、学科服务、语音导览
同济大学	"我的书"、"我的服务"、"信息资源" 3 个栏目；我的书：学术搜索、图书查询、荐购图书、借书续借、预约图书；我的服务：入馆人脸授权、我的违章、研修室预约、座位预约、我的打印；信息资源：其他电子资源、超星、新闻公告、阅览室余座、电子阅览室余座
华东师范大学	"读者服务"、"资源推荐"、"活动推广" 3 个栏目；读者服务：馆藏查询、预约续借、自助印刷、研修室预约、自助视频；资源推荐：特色书展、战疫书柜、超星学术视频、培训/课程、丽娃共读；活动推广：天堂电影院、读书会、文化展览、我的朗读、活动预约
山东大学	"资源检索"、"服务导航"、"我的" 3 个栏目；资源检索：学术搜索、图书查询、中文资源发现、电子书在线读、学术视频；服务导航：战疫不孤读、空间预约、讲座培训、捷阅通、委托借阅；我的：我的借阅、图书馆门户、意见与反馈、山大图苑、新生指南
中国海洋大学	"我的图书馆"、"云悦读"、"常用服务" 3 个栏目；我的图书馆：选座系统、我要找书、我的借阅、绑定/注销证件；云悦读：好书推荐、公开课、热门图书、Cadal 图书检索、杂志精选；常用服务：行之远搜索、新生专栏、在线咨询、最新动态、客户端下载
南京大学	"我"、"微视频"、"活动咨询" 3 个栏目；我：证号绑定、资源荐购、个人信息、我的借阅、我的请求、修改密码、新书通报、分类浏览；微视频：快闪、微电影、奇妙夜、古籍修复；活动资讯：新生攻略、读书节回顾、2018 微数据、2018 大事记

高校名称	微信公众号功能
东南大学	"我的"、"服务"、"新知计划"3个栏目；我的：常见问题、空间预约、借阅续借、馆藏查询、至善搜索；服务：新生专栏、讲座培训、新闻资讯、智能咨询、我的图书馆；新知计划：读书战疫、东南朗读、书乐园、书香东南、微期刊
浙江大学	"我的图书馆"、"服务导航"、"悦读求知"3个栏目；我的图书馆：借阅信息、绑定解绑、我的朗读、欠款查询、借书权限激活；服务导航：馆藏查询、移动图书馆、读者荐购、空间预约、微课堂、FAQ、学术搜索、芸悦读、资源动态；悦读求知：悦读求知月活动、2019回忆之书、资源服务推介、浙大师生必备、讲座信息
中国科学技术大学	微主页1个栏目；包括掌上阅读、服务指南、我的三部分；掌上阅读：知识视界、QQ阅读、历史文章、e博在线、微阅读；服务指南：校车时刻表、开放时间、馆藏布局、悦读活动；我的：个人图书馆、存包柜、研讨室、留言板
中山大学	"我的图书馆"、"云阅读"、"微服务"3个栏目；我的图书馆书目查询、续借图书、借阅记录、预约记录、解绑读者证；云阅读：好书推荐、杂志精选、期刊悦读、视频公开课、移动图书馆；微服务：超期教育、新生激活、自助复印、常见问题、图书导读
华南理工大学	"资源推荐"、"微服务"、"使用资源"3个栏目；资源推荐：中科考试库、新东方微课堂、库克音乐图书馆、国图移动阅读平台、研习书柜；微服务：馆内WiFi、研修室预约、开馆时间、个人阅读报告；试用资源：畅想之星电子书、中邮期刊、书香微阅读、战疫书柜
武汉大学	"我"、"信息服务"、"寒假教学科研"3个栏目；我：账号绑定解绑、借阅续借、查找书刊、座位预约；信息服务：新生开卡游戏、新生必修课、小程序、我的朗读、通知公告；寒假教学科研：电子资源、信息素养、征集活动、通知公告
华中科技大学	"资源"、"服务"、"我"3个栏目；资源：书目搜索、扫码查书、电子资源、本馆新闻；服务：阅读推广、微讲座、新生培训、物联医学馆、微信帮助；我：我的座位、我的朗读、我的借阅、我的账号
中南大学	"资源搜索"、"读者服务"、"个人空间"3个栏目；资源搜索：馆藏查询、中文搜索、外文搜索、数据库导航、电子资源；读者服务：通知公告、新生入馆教育、座位管理系统、研修小间、问题反馈；个人空间

高校名称	微信公众号功能
厦门大学	"我的"、"查询"、"服务"3个栏目；我的：图成长、在借书、预约委托、违章欠款、阅览座位；查询：书刊查询、电子资源、公告信息、最新讲座、学术成果；服务：常见问题、南强读书、云打印、博看朗诵、账号解绑
四川大学	"馆藏资源"、"个人中心"、"其他服务"3个栏目；馆藏资源：查询与预约、移动图书馆；个人中心：绑定解绑、我的借阅、研讨间预约；其他服务：龙源期刊、明远学习榜、智能咨询
电子科技大学	"服务大厅"、"个人中心"、"服务预约"3个栏目；服务大厅：馆藏检索、好书分享、热门借阅、到馆新书；服务预约：空间预约、讲座预约；个人中心：我的信息、我的借阅、我的预约、我的分享、我的荐购、送书记录
重庆大学	"资源信息"、"智慧图书馆"、"信息快递"3个栏目；资源信息：弘深搜索、云资源、京东买书、博看朗读亭、虚拟图书馆；智慧图书馆：当前借阅、我的预约、当前欠费、自助借书；信息快递：通知公告、学术头条、推荐购书、读者指南
西安交通大学	"我"、"思源搜索"、"图快讯"3个栏目；我：借阅信息、流通通知、我的图书馆状态、绑定解绑；思源搜索：馆藏书目、学术发现、中文资料、图书荐购、空间预约；图快讯：云图有声、最新消息、座位预约、借阅规则、常见问题
西北工业大学	微站1个栏目；包括：概况、服务、个人中心3个板块；概况：最新公告、借阅规则、开馆时间、馆藏布局、机构设置、新生必读；服务：书目检索、资源发现、研修间预约、原文传递、科技查新、查收查引、自助文印、在线咨询、VR展示；个人中心：我的信息、借阅信息、违章欠款、信息通知
兰州大学	"我的馆藏"、"翠英探索"、"资讯速递"3个栏目；我的馆藏：绑定解绑、如何绑定、馆藏找书、借阅续借、座位预约；翠英探索：书香中国、读者荐购、云图有声、博看书院、QQ阅读；资讯速递：讲座培训、通知公告、阅读推广、帮助指南、常见问题
国防科技大学	"微服务"、"资源"、"读者天地"3个栏目；微服务：图书借阅、外文发现、中文发现、新闻通告、学科服务；资源：重要通知、移动阅读、远程访问、新远程访问、资源指南；读者天地：活动报名、活动签到、新生专栏、读者荐购、名人与图书馆

续表

高校名称	微信公众号功能
东北大学	"我的微图"、"新知快讯"、"服务互动"3个栏目；我的微图：馆藏查询、续借预约、新书荐购、心愿书单、最爱 eresourc；新知快讯：公告动态、微图学堂、好书时间、微刊阅听、微考试；服务互动：本馆概况、新生专栏、我的捐赠、我的朗读、联系我们
郑州大学	"我的"、"资源搜索"、"在线咨询"3个栏目；我的：优谷朗读、研讨间预约、座位预约、借阅信息；资源搜索：博看微刊、图书查询、启明探索、数据库导航、手机图书馆
湖南大学	"微服务大厅"、"馆内动态"、"资源服务"3个栏目；微服务大厅：扫码签到、微服务大厅（新生指南、个人中心、书目检索、图书续借、借阅排行榜、数字资源、活动报名、微信录脸等）；馆内动态：座位管理、最新动态、培训讲座、在线阅读；资源服务：数字资源、环球英语、线上新书闪借、学习研讨空间、博看微期刊
西北农林科技大学	"我的图书馆"、"资源搜索"、"服务动态"3个栏目；我的图书馆：馆藏查询、已借续借、图书馆藏分布、常见问题、绑定解绑；资源搜索：学术资源、数据库总览、公开课、移动图书馆、在线书城；服务动态：本馆公告、图书馆概况、排行榜、阅创空间、联系我们
云南大学	"微服务大厅"、"微资源"、"图书馆网站"3个栏目；微服务大厅：新生入馆培训、我的空间、书目检索、图书续借、借阅排行榜、资源导航、新闻公告、新书通报等；QQ阅读、战疫书柜、京东读书校园版、新语听书、书舒朗读亭
新疆大学	"我"、"读者服务"、"新生指南"3个栏目；我：我的信息、我的借阅、我的图书馆、我的阅读报告；读者服务：读者荐购、书目检索、开馆时间、常见密码问题；新生指南：新生寄语、新生入馆教育考试、图书馆自助机使用介绍

通过表3-3可知，"双一流"高校图书馆微信公众平台主要可分为个人中心、服务、资源、活动专栏4大板块，其中个人中心、借阅服务、空间预约、最新动态几大板块在42所高校中，建设率分别为81%、71%、71.4%和75.6%，建设比较完善；而特色资源、打印服务、活动专栏板块的建设率投入比低。同时可以发现，各个高校图书馆微服务内容越来越多，越来越丰富；不仅涵盖了传统业务，还设置

了不少符合移动终端的个性化服务。图书馆微服务内容的多样化供给一定程度上方便并分流用户访问、降低了工作人员的劳动强度，并且实现了与用户端对端的直接沟通，极大提高了用户满意度。本书在网络调查的过程中发现同样的服务内容在不同高校图书馆属于不同的模块，在服务内容多样化的情况下，由于功能模块设置的不规范很容易迷惑用户，从而导致移动端用户体验不佳，在一定程度上反映出规范化模块功能区分制度的缺失。

3.3.2　资源管理制度建设调查分析

对馆藏资源的有效使用一直以来是图书馆的业务重点。图书馆的馆藏资源涉及纸质图书、数字资源以及外购数据库等；在基于移动环境的微服务体系框架下，对这些资源的有效开发利用，可以有效提升资源使用价值。不同高校进行各种有益的尝试，本节通过网络调查归纳如表 3-4 所示。

表 3-4　　42 所"双一流"高校图书馆微信公众平台资源管理内容

高校名称	资源管理内容
清华大学	包含电子资源动态、图义格式的最新消息推送
北京大学	分为馆藏资源、特色资源、最新资源，其中馆藏资源包括大套丛书展示与资源利用案例等
北京航空航天大学	主要为馆藏资源与图文格式的资源更新动态
北京师范大学	有专门的资源板块，包括馆藏资源、京师书韵以及音频格式的 BNU 朗读者
中国人民大学	有专门的资源板块，包括馆藏资源、新书品鉴以及具有推荐与排行功能的畅想阅读
中国农业大学	无资源管理内容

高校名称	资源管理内容
中央民族大学	无资源管理内容
北京理工大学	无资源管理内容
哈尔滨工业大学	博看、名师讲坛、云阅读、云发现、主题书柜
吉林大学	无资源管理内容
大连理工大学	资源服务：图书检索、资源发现、图书推荐、直接荐购、扫码荐购
南开大学	资源推荐：影音空间、讲坛/课程、故物流芳、战疫书柜、丽泽
天津大学	动态资源：培训公告、好书推荐、书香天天、文化沙龙、知学
复旦大学	有专门的资源板块，包括纸质资源、电子资源、特藏资源、常用数据库、随书光盘以及资源动态
上海交通大学	有专门资源导航板块，包括查询图书、思源阅读 APP，资源动态
同济大学	有信息资源板块，包括电子资源、新闻公告等
华东师范大学	有资源推荐板块，包括特色部分（特色书展、书香华东师大、丽娃共读等）和超星学术视频
山东大学	有资源检索板块，包括馆藏资源、学术资源等以及信息推送
中国海洋大学	无资源服务
南京大学	含有微视频板块，信息推送
东南大学	无资源服务
浙江大学	资源服务推介、资源动态
中国科学技术大学	只有一个页面，涉及掌上阅读、服务指南、我的个人信息管理。无资源管理
中山大学	有云阅读板块，包含特色资源、学术视频、期刊杂志、资源推荐等部分
华南理工大学	资源推荐（4 个数据库）和试用资源 4 个
武汉大学	有云阅读板块，包含特色资源、学术视频、期刊杂志、资源推荐等部分
华中科技大学	书目搜索、扫码查书、电子资源和本馆新闻
中南大学	馆藏查询、中文搜索、外文搜索、数据库导航、电子资源
厦门大学	包括馆藏资源、学术资源
四川大学	查询与预约、移动图书馆
电子科技大学	无资源服务

高校名称	资源管理内容
重庆大学	弘深搜索、云资源、京东买书、博看朗读亭、虚拟图书馆
西安交通大学	无资源服务
西北工业大学	只有微站，打不开
兰州大学	无资源管理服务
国防科技大学	重要通知、移动阅读、远程访问、新远程访问、资源指南
东北大学	无资源管理
郑州大学	博看微刊、图书查询、启明探索、数据库导航、手机图书馆
湖南大学	数字资源、环球英语、线上新书闪借、学习研讨空间、博看微期刊
西北农林科技大学	学术资源、数据库总览、公开课、移动图书馆、在线书城
云南大学	战"疫"书柜、QQ阅读、京东读书校园版、新语听书、书舒朗读亭
新疆大学	无资源服务专栏

　　通过表 3-4 可知，在调查的 42 所高校中，11 所大学图书馆的微信公众平台未涉及资源管理使用的内容，这说明绝大多数高校重视图书馆的资源管理工作。其中有些高校图书馆微信公众平台做得非常好，涉及的业务很全面，从借阅数据分析到讲座信息、个人评论；从读者荐购到个人书架、活动预约等，几乎涵盖了所有的传统业务，但就是没有资源管理和使用板块，比如中国农业大学图书馆微信公众平台；由于数字资源的使用涉及数字版权问题，与开放访问存在很大的冲突；也可见数字资源的管理和使用在移动终端全面开放依旧是一个难题，急需从顶层设计等相关制度层面突破解决。在样本数据看，只有 11 所高校包含特色资源的内容，占比 26.2%；微视频是传递资源的一种有效方式，但在 42 所样本高校中只有南京大学建设了微视频板块；这也说明在特色资源和微视频资源开发方面，各个高校图书馆还有很多可以开发的业务。

3.3.3 高校图书馆微信公众平台服务建设存在的问题

通过对调查数据的分析可得高校图书馆微服务体系存在以下几个方面的问题：

3.3.3.1 平台建设方面

（1）平台建设板块不明晰

图书馆微信平台不同板块之间的差异明显，图书馆微信公众号个人中心、借阅服务、最新动态板块建设相对完善与专业化，而其他的微服务板块相对薄弱；某些高校图书馆微信公众号模块分类不清晰，致使用户无法快速找到自己所需的功能选项，某些功能板块互相掺杂，致使用户体验度差，例如，某些图书馆的资源分类掺杂在其他功能板块中，导致用户无法快速找到自己想要的资源；同一功能在不同模块中出现，使人混淆等。

（2）平台服务个性化、专业化程度不高

图书馆微服务平台的个性化服务是微服务平台建设的创新部分，不同高校的图书馆微服务平台应依托自身特色建设个性板块，提升服务水平，但是事实上某些样本高校图书馆微信公众号未依托自身高校特点开发特色功能板块，个性化程度低；其次在专业化程度方面，样本高校图书馆的微信平台大多由图书馆信息部或咨询部的馆员兼职管理，尚未建立专业的微服务团队。

（3）平台建设无法及时更新

随着图文技术的不断进步与发展以及微服务团队的创新性想法，出现了一些未在传统微服务平台出现的服务功能，如果在微服务平台中新添这些新出现的服务功能，则能更好地满足用户的个性化需求，提升图书馆微服务平台的用户满意度与创新性，但是许多高校图书馆微服务平台并未切实实现这一点，在研究的高校图书馆微信平台中，3D 打印服务与活动专栏是比较新颖的部分，但是开设这两个板块的图书馆公众号对应的高校相对较少。

3.3.3.2 资源管理方面

资源是用户对图书馆微服务的重要需求之一，资源管理是图书馆微服务体系的重点建设内容。资源管理主要包括资源展示和资源深加工。资源展示是向用户展示馆藏资源，包括数据、图片等，资源深加工主要是以用户为中心，对馆藏资源或用户提供的信息进行整合和专题化建设。通过对样本高校图书馆微信公众号调查分析，可以看出不同高校图书馆的资源管理的内容有所差异，存在以下问题：

一是高校图书馆对资源管理的重视程度不足，开发力度欠缺。资源管理开发建设工作是实现有效资源管理的基础，图书馆微服务中的资源管理是微体系中重要的一环，在对样本高校图书馆微信公众号调查分析后发现，某些高校图书馆对资源管理的开发力度不足，例如样本高校中国农业大学与中央民族大学资源管理建设不完善，甚至无有关资源管理的内容。

二是高校图书馆资源分类不明晰，资源管理未形成一个统一的模式体系。统一标准的资源分类模式有利于用户更方便快捷地获取到自己所需要的资源，而且方便管理人员的管理，调查显示不同高校的资源管理没有统一的资源分类标准，导致图书馆资源管理混乱。

三是高校图书馆微平台动态信息整合与推送不及时、更新慢，信息发布形式以图文为主，受用户青睐的音频和微视频内容较少，且发布频率规律性不强，致使对用户的吸引力不大，浏览量和关注度不高。

3.4 "双一流"高校图书馆微信小程序服务调查

目前高校图书馆微服务最为常用的微平台主要有微信、微博和图书馆 APP 三种形式，由于图书馆 APP 需要安装、升级等操作起来不是很方便，两次网络调查显示图书馆 APP 正在逐渐衰退，许多高校图书馆并不提供 APP 服务，转而开发轻量级小程序服务。本节采用网络调查法对高校图书馆微信小程序服务进行调查。主要选取有代表性的 42 所"双一流"高校的图书馆微信小程序进行网络调查与分析，找出高校图书馆微信小程序微服务微组织体系的缺点与不足，从而有针对性地提出解决方案，完善高校图书馆微服务体系建设。具体情况如表 3 - 5 所示。

表 3 - 5　　　　42 所"双一流"高校图书馆微信小程序服务调查

高校名称	微信小程序
清华大学	重要通知、最新消息、获取渠道（让用户获知数据库校外访问方式）
北京大学	搜索图书、我的（绑定用户、借阅状态、我的预约、我的收藏）
北京航空航天大学	资讯、服务、日程、大厅、我的 5 个栏目；资讯：新闻、官微、公告；大厅：排队取号、排队查询、办理登记、可预约大厅；服务：教学服务（成绩查询、学习进度查询、空教室查询、考试查询、扫码签到）、办公服务（邮件账号注册、邮件服务）、网络服务（北航云盘、网络保修、上网账号激活、购买流量、查询流量、修改密码和终端数、离校转账）、生活服务（车辆信息查询、地库车位查询、校车服务、一卡通招领、失物招领、修改手机号、寒假服务指南）、图书服务（图书检索、热门图书、当前借阅、我的书架、图书预约、违章信息、个人图书信息）、党建服务（两学一做）、互动服务（签到助手）、统计服务（诉求统计、交工签到统计）；我的：个人数据中心、个人流量、我的收藏、运动排行、意见反馈
北京师范大学	无

续表

高校名称	微信小程序
中国人民大学	无
中国农业大学	无
中央民族大学	图书馆简介、馆藏分布、入馆须知、联系我们
北京理工大学	无
哈尔滨工业大学	无
吉林大学	无
大连理工大学	无
南开大学	无
天津大学	四个栏目：首页、分类、书架、我的；首页包括每日精读、主题书单、活动、打卡等，分类包括看书、听书、视频、精读等栏目分类，书架包括听说、看书、课程等，我的包括借阅证、勋章、书券兑好礼、消息、记录等；每个栏目服务项目特别齐全
复旦大学	无
上海交通大学	座位预定系统
同济大学	无
华东师范大学	无
山东大学	课表、图书馆、校车查询、校历、考试安排、自习室、成绩查询、校园卡等
中国海洋大学	读者手册、小视频、馆内导航
南京大学	无
东南大学	无
浙江大学	无
中国科学技术大学	无
中山大学	无
华南理工大学	无
武汉大学	座位预定、借阅/续借、借阅排行、通知公告；教学培训、新生专栏、移动数据库等栏目众多
华中科技大学	无

高校名称	微信小程序
中南大学	四个栏目：首页、分类、书架、我的；首页包括每日精读、主题书单、活动、打卡等，分类包括看书、听书、视频、精读等栏目分类，书架包括听说、看书、课程等，我的包括借阅证、书券、优惠券、任务、消息、记录等；每个栏目服务项目特别齐全
厦门大学	无
四川大学	无
电子科技大学	无
重庆大学	无
西安交通大学	无
西北工业大学	无
兰州大学	无
国防科技大学	无
东北大学	无
郑州大学	4个栏目：主页、课表、蹭课、关于；其中主页包括：学在郑大、住在郑大、玩在郑大等内容，每个栏目底下还有很多细分项
湖南大学	四个栏目：首页、分类、书架、我的；首页包括每日加油站、主题书单、活动、打卡等，分类包括看书、听书、视频、精读等栏目分类，书架包括听说、看书、课程等，我的包括借阅证、勋章、书券兑好礼、消息、记录等；每个栏目服务项目特别齐全
西北农林科技大学	无
云南大学	无
新疆大学	四个栏目：首页、分类、书架、我的；首页包括每日精读、主题书单、活动、打卡等，分类包括看书、听书、视频、精读等栏目分类，书架包括听说、看书、课程等，我的包括借阅证、勋章、书券兑好礼、消息、记录等；每个栏目服务项目特别齐全

调查发现开展微信小程序服务的"双一流"高校图书馆只有12所；绝大多数高校图书馆还没有开展相关服务。在已开展微信小程序的高校图书馆中包括了清华大学、北京大学、北京航空航天大学、武

汉大学、天津大学等高校，特别是微信小程序的轻量级应用，无须安装，直接使用且用完就退出等优点，都可以窥视出微信小程序将是未来图书馆可以拓展的业务领域。

12 所已经开展微信小程序的"双一流"高校图书馆所涉及的业务还仅仅是微信公众平台服务的扩展和补充，甚至是微信公众平台的复制版或删减版，这也说明当前高校图书馆并没有完全区别微信公众平台和微信小程序，从目标定位和功能设计就没有考虑清楚，进而导致一定程度上的重复建设。

微信小程序功能设置最齐全的是北京航空航天大学图书馆，整个业务整合进航空航天大学微信小程序中，除此之外还有生活服务、网络服务、教学服务等栏目；涵盖了学生在校学习、生活的方方面面，甚至考试教室查询、上课扫码签到等都包括在内。由于北航微信小程序丰富的服务内容、个性化服务方式等满足了学生的日常需要，已然成为北航学生的必备软件。这也为其他高校图书馆微信小程序的开发提供了一个可供参考的模板。

3.5　"双一流"高校图书馆微视频服务调查

微视频是指个体通过 PC、手机、摄像头、DV、DC、MP4 等多种视频终端摄录、上传互联网进而播放共享的短则 30 秒、长则 20 分钟左右，内容广泛，视频形态多样，涵盖小电影、纪录短片、DV 短片、视频剪辑、广告片段等的视频短片的统称[102]；本节对"双一流"高校图书馆微视频服务进行了网络调查，通过在图书馆官网主页、图书馆 APP 新浪微博以及微信公众平台上检索相关微视频来进行分析；凝练出现有高校图书馆微视频服务的普遍性问题，并对南昌航空大学学生进行了问卷调查，通过学生对微视频服务的使用感受并对结果进行反馈研究，试图将清微视频服务对提高图书馆服务质量及服务水平的定性关系；分析学生对微视频服务的期望、目的，进而为高校图书馆微视频服务发展提供决策支持。

3.5.1 "双一流"高校图书馆微视频服务现状分析

3.5.1.1 微视频服务提供方式调查

新浪微博、高校图书馆主页、高校图书馆微信公众平台以及高校图书馆APP都是高校图书馆提供微视频服务的主要来源平台。本节通过大量调研以上平台的数据，得到"双一流高校"图书馆微视频服务现状。由于目前一些高校图书馆在"超星移动图书馆"APP上开通了本校图书馆的移动服务，但是其功能依赖于超星移动图书馆的设置。多数高校没有自己的图书馆APP，在调查的42所"双一流高校"图书馆中，只有两所高校提供了自己的图书馆APP的微视频服务，故图书馆APP不计入本次图书馆微视频服务现状结果统计。详情如表3-6所示。

表3-6　　　"双一流高校"图书馆各平台微视频服务调查

高校名称	新浪微博	图书馆主页	微信公众号
北京大学	▲	▲	▲
中国人民大学	▲		▲
清华大学	▲		
北京航空航天大学			
北京理工大学			

高校名称	新浪微博	图书馆主页	微信公众号
中国农业大学	▲		
北京师范大学	▲	▲	
中央民族大学			
南开大学	▲		
天津大学	▲		
大连理工大学			▲
吉林大学	▲	▲	▲
哈尔滨工业大学	▲	△	
复旦大学	▲		▲
同济大学	▲	▲	▲
上海交通大学	▲	▲	
华东师范大学	▲		
南京大学	▲	▲	▲
东南大学	▲	▲	
浙江大学	▲	▲	
中国科学技术大学	▲	▲	
厦门大学	▲	▲	
山东大学	▲	△	
中国海洋大学			
武汉大学	▲	▲	▲
华中科技大学		▲	▲
中南大学			
中山大学	▲	△	▲
华南理工大学		▲	
四川大学	▲		
重庆大学	▲		
电子科技大学			
西安交通大学	▲	▲	

高校名称	新浪微博	图书馆主页	微信公众号
西北工业大学			
兰州大学	▲	▲	
国防科技大学		▲	
东北大学			
郑州大学	▲		
湖南大学	▲		
云南大学		▲	
西北农林科技大学			▲
新疆大学			
总计	27/42	17/42	11/42

注："▲"：指的是高校图书馆在该平台有微视频服务。
" "：指的是高校图书馆在该平台没有微视频服务或该高校图书馆没有此平台服务。
"△"：指的是高校图书馆主页无法查看。

根据表3-6调查研究发现，有的高校提供了大量的微视频服务，例如武汉大学、吉林大学；很多高校图书馆开设的微视频服务不多；有的高校甚至没有图书馆微视频服务，例如华南理工大学等。许多高校微视频服务大多来自新浪微博，原因是新浪微博的学生注册率、使用率较高，高校图书馆也利用这一特点在新浪微博发布相关内容，容易吸引注意。图书馆主页虽然有的高校设置了网络限制，但是显然图书馆主页的微视频服务并不理想。高校图书馆在微信移动平台发布的消息大多为图文形式，微视频较少。可能是由于软件本身特点，公众号一般发布相关信息而不涉及视频形式，且多数高校图书馆没有官方APP。

3.5.1.2 微视频服务内容调查

微视频的内容也是本章调查研究的一大重点，因此接下来本节具体分析高校图书馆所提供的微视频服务内容；将表 3-6 的调查结果中没有图书馆微视频服务的高校删去，详细分析剩下 33 所高校的图书馆微视频内容。详情如表 3-7 所示。

表 3-7　　　"双一流高校"中 33 所高校图书馆微视频服务内容

高校名称	微视频服务内容
北京大学	新浪微博中多为校内活动视频，图书馆主页与微信公众号主要是学术视频库网站的链接
中国人民大学	新浪微博中有学校宣传、校内活动和图书馆公益广告，微信公众号中为相关学术影片
清华大学	新浪微博主要是校内活动视频以及图书馆公益广告
中国农业大学	新浪微博有学校宣传和转发的热门视频
北京师范大学	新浪微博中转载他馆视频，图书馆主页中链接其他数据库学术视频以及学校经典电影
南开大学	新浪微博中有校内活动以及热门视频
天津大学	新浪微博中主要是热门视频
大连理工大学	微信公众号中有一些学术视频库网站的链接
吉林大学	新浪微博中有校内活动、馆内宣传以及热门视频，在公众号和图书馆 APP 中有学术视频，图书馆主页中链接到网络课程网站
哈尔滨工业大学	新浪微博中有校内活动和他馆视频
复旦大学	新浪微博中校内视频以及热门视频，在公众号中有学校宣传视频
同济大学	新浪微博中有热门视频和馆内活动，在图书馆主页和微信公众号中有学术视频库网站的链接以及图书馆宣传的微视频
上海交通大学	新浪微博中有学校宣传以及馆内宣传，图书馆主页有学术视频库网站的链接
华东师范大学	新浪微博中有馆内宣传以及热门视频
南京大学	新浪微博中有学校宣传以及网络视频，图书馆主页有影视学术视频链接，微信公众号中有图书馆使用帮助视频
东南大学	新浪微博中有馆内服务、馆内宣传以及热门视频，图书馆主页有学术视频库网站的链接

续表

高校名称	微视频服务内容
浙江大学	新浪微博中转发热门视频，图书馆主页中链接到学术视频网站，图书馆APP中有学术视频库网站的链接
中国科学技术大学	新浪微博中有校内宣传以及热门视频，图书馆主页中有学术视频的链接
厦门大学	新浪微博中有校内活动、热门视频以及馆内活动，图书馆主页中有学术视频库网站的链接
山东大学	新浪微博中有校内活动
武汉大学	新浪微博中有校内活动和热门视频，图书馆主页有网上课程以及学习资源，微信公众号有馆内服务和学术视频库网站的链接
华中科技大学	微信公众号有学术视频，图书馆主页中含有学术视频
中山大学	新浪微博中有热门视频，微信公众号有学术视频
华南理工大学	图书馆主页中有学术视频库网站的链接
四川大学	新浪微博中有校内宣传以及热门视频
重庆大学	新浪微博中有学校宣传、馆内活动以及热门视频
西安交通大学	新浪微博中有馆内宣传以及他馆视频，图书馆主页有学术视频库网站的链接
兰州大学	新浪微博中有热门视频，图书馆主页有网络资源以及影像资源
国防科技大学	图书馆主页中有学术视频库网站的链接
郑州大学	新浪微博中有学校宣传和热门视频
湖南大学	新浪微博中有热门视频
云南大学	图书馆主页有学术性网络资源
西北农林科技大学	微信公众号中有学术视频库网站的链接

　　对以上调查结果进行分析可知：①"双一流"高校图书馆提供的微视频服务渠道少、视频量少、内容单一且专业性不强。除武汉大学、吉林大学图书馆开放了众多平台提供微视频服务以外，其他"双一流高校"图书馆的调查研究结果并不理想。如复旦大学在其图书馆官方微博中有发布2104条内容，检索其中视频类型只有5条，而且都为网

站链接视频。②"双一流"高校图书馆所开设微视频大多集中于学术视频库网站的链接以及网络热门的转载视频，而非自己院校的特色视频，内容缺乏原创性，凝聚力不强。以北京大学为例，其图书馆主页中开设了多媒体资源的数据库，其中主要为学术视频网站的地址链接，如"知识视界"视频教育、ASP 学术视频在线数据库（academic video online database）的网址链接，完全没有本馆、本校原创的微视频。③以学校宣传、学校活动宣传为目标的微视频也占了较大比重。而与图书馆相关的图书馆介绍、馆内宣传、馆内制度、服务方式的微视频很少被提供。由此可知，目前高校图书馆的微视频服务存在较大问题，服务质量水平低下，服务效果不容乐观。

同时，由于图书馆微视频服务提供平台的特点，微视频的内容也有所差异。新浪微博是大学生使用较多的网络平台，根据《2016 微博用户发展报告》[103]的数据显示，与上年同期相比，2016 年第三季度微博短视频播放量增长高达 740%，同时高等学历的微博视频用户高达 74.7%，微博用户的兴趣偏好前三大类分别是搞笑、媒体和影视方面的具有原创性和凝聚力的视频。而转载视频的点击率明显低于原创视频的点击率，目前多媒体时代网络传播技术发展，很多人可以在第一时间获取第一手信息，这就使得人们对转载视频的兴趣度下降。以上可知微博视频受到相当一部分大学生的喜爱，而且大量视频都是趣味性视频以及网络热门视频。图书馆主页属于高校图书馆的官方网站，而且是在校师生重要的使用工具，具有较高的专业性。在表 3 - 7 的调查结果中，几乎所有高校图书馆主页中的微视频都是学术视频链接以及网络课程的链接。这与当前新媒体环境下在线课程学习平台的发展也有很大关系。微信公众号更多提供馆藏资源的查询，图书的借还、自习座位的预定等方面的服务。只有少数高校图书馆在微信公众号中提供了图书馆的宣传以及使用介绍方面的微视频，如南京大学在其微信公众号提供的微视频中介绍了图书馆使用说明。微信作为大学生主要的社交软件，在图书馆微视频的传播上具有优势，但目前高校图书馆大多忽略了在微信平台投放微视频内容。

随着当前网络化的日益发展，提供微视频服务已成为高校图书馆提高服务质量的必然要求。但我国高校图书馆提供微视频服务的目的和方式尚不明确，提供微视频的方式尚不成熟。只有几所高校图书馆提供了特色的、专业的微视频服务，大多高校图书馆缺乏学生对微视频服务的认知调研，从而导致图书馆微视频的点击量、满意度不高。因此本节接下来针对大学生对待微视频服务的态度做问卷调查进行分析，从而指导高校图书馆的微视频服务建设。

3.5.1.3 图书馆微视频服务建设及规划需要得到重视

本节从 42 所"双一流"高校中挑选出了 16 所在图书馆微视频服务中具有代表性的高校，针对高校图书馆的经费投入、人才队伍以及学科支持这三大方面，确定出图书馆的年度投入经费、电子资源购置费用、馆长研究领域、在编员工数量、馆员硕博比例以及图书情报与档案管理一级学科博（硕）士点 7 个指标进行数据搜集、整理和分析。具体结果如表 3-8 所示。

表 3-8　　　　　　　　16 所高校图书馆主要统计数据

高校名称	经费投入		人才队伍			学科支持	
	年度经费投入（万元）	电子资源购置费用（万元）	在编员工数量	馆员硕博比例（人数）	馆长专业研究领域	图书情报与档案管理一级学科博士点	图书情报与档案管理一级学科硕士点
吉林大学	—	—	386	18%（70）	历史研究	●	●
北京大学	5022	1573	157	55%（86）	图书馆学	●	●

高校名称	经费投入		人才队伍			学科支持	
	年度经费投入（万元）	电子资源购置费用（万元）	在编馆员工数量	馆员硕博比例（人数）	馆长专业研究领域	图书情报与档案管理一级学科博士点	图书情报与档案管理一级学科硕士点
南京大学	2723	1085	133	—	国际关系	●	图书馆学二级学科
同济大学	4157	1775	172	—	情报学	○	○
浙江大学	4018	2056	176	34%（60）	经济	○	○
武汉大学	4564	2146	275	—	图书馆学	●	●
北京师范大学	3477	1588	112	65%（73）	哲学	○	●
复旦大学	4357	1323	193	28%（54）	中国文学	○	图书情报专硕
中山大学	4551	1513	267	—	图书馆学	图书馆学二级学科	●
兰州大学	1607	672	117	—	会计学	○	○
清华大学	2873	1826	144	49%（71）	核物理	○	○
大连理工大学	759	309	102	—	水利工程	○	○
华东师范大学	3370	1273	125	58%（72）	中国文学	○	●
重庆大学	2053	1299	122	30%（36）	材料科学	◡	●
北京理工大学	1437	1125	62	—	化学	○	●
新疆大学	5	0.06	107	—	物理学	○	○

注：①表中所有数据来源于高校图书馆官网公布数据以及2015年教育部高等学校图书馆事实数据库[104]。

②高校排名以表1调查结果既微视频服务水平进行排序。

③"－"表示该高校该数据无法得到，"●"表示该校具有该一级学科博士（硕士）点授予权，"○"表示该校没有该一级学科博士（硕士）点授予权。

通过对表3-8进行分析，可知资金投入、内部人才队伍的建设以及学科支撑对于高校图书馆微视频服务具有重要的意义。在对可调查得到的数据进行分析，得到以下结论：

（1）高校图书馆的经费投入对图书馆微视频建设有很大影响，但不是决定性因素

由表 3-8 可知，知名度高，处在发达地区的高校资金投入较大，如北京大学、武汉大学等；一些中西部高校的投入资金较少，如兰州大学、新疆大学等。经济发达地区高校可利用的资源多，图书馆的微视频建设水平自然要高；落后地区没有大量的资金支持，这就要求当地政府和相关机构对高校建设加以支持和保障。但是资金的投入也并非是图书馆微视频建设的决定性因素，资金的投入和使用存在隐患也会是高校图书馆微视频服务发展滞后的一大阻碍。①高校重视程度影响资金投入。一些知名度较高、综合实力较强的高校，如清华大学、北京理工大学等，对于图书馆的投入资金却相对较少，这些高校并不重视图书馆的服务建设以及图书馆微视频的服务建设。②高校图书馆缺乏完善的顶层设计规划。一是学校对于图书馆的建设资金投入力度不大，二是即使投入大量资金建设，图书馆领导对于图书馆微视频服务重视程度不够也都导致图书馆微视频服务能力的落后和服务水平的低下。如清华大学图书馆馆长专业研究核物理领域，可能缺乏对图书馆建设的专业能力；③资金使用存在不合理现象。对图书馆年度经费投入和电子资源购置费用进行对比，发现经费投入高不一定代表着电子资源购置费用多，高校图书馆其他方面的建设费用可能占有较大比例，但也可能存在资金使用是否合理的问题。高校图书馆微视频服务的提高离不开资金的支撑，但在实际使用过程中也要注意合理使用的问题，避免造成资金浪费、资金落实不到实处，以致图书馆发展滞后的问题。

（2）人才队伍对于图书馆微视频服务具有重要影响，甚至是决定性因素

①图书馆馆长作为图书馆的领导核心，其重要位置决定了图书馆的发展方向和发展水平。如吉林大学图书馆馆长王剑作为省图书馆学会副事长、省高校图书馆工作委员会主任，长期从事图书馆事业现代化研究，所以吉林大学图书馆微视频服务水平先进于其他高校；北大图书馆馆长朱强、武汉大学图书馆馆长王新才以及同济大学图书馆馆长慎金花等都在研究图书馆学、情报学的方向，所以该校图书馆微视频服务也处于领先水平。②图书馆工作人员的数量与素质水平直接影响到图书馆的服务质量。从表 3 - 3 我们不难发现，图书馆微视频服务的好坏与图书馆馆员业务素质有很强的正面促进关系，微视频服务好的图书馆其员工学历及数量都比较好，比如吉林大学和武汉大学的数量及员工学历硕博比例都靠前，北京师范大学图书馆馆员硕博比例高达 65% 及北京大学图书馆馆员硕博士学位比例达到了 55% 就清晰的说明了这个问题；也有不少高校图书馆并没有注重人才队伍的建设，包括图书馆馆长都是其他专业的领导平调过来，馆员队伍素质参差不齐，导致微视频服务相对较差；图书馆对于人才队伍的建设应该常抓不懈，同时注重培养馆员业务素质，人员梯队建设等去打造优秀健壮的图书馆人才队伍。

（3）学校图书情报专业学科建设好坏与高校图书馆服务创新没有必然逻辑关系

调查结果显示，一些图书情报专业学科建设较好的大学恰好图书馆微视频服务水平较高，如吉林大学、北京大学都具有图书情报专业的一级学科博硕士授权点，可能是一部分高等学历的专业人才会毕业留校在图书馆从事图书馆建设工作，但这不是图书馆微视频建设水平高的唯一因素。总体来看图书情报专业学科建设好坏与高校图书馆服务水平并没有必然的逻辑关系，根据逻辑推理，专业学科建设好，相应的图书馆创新服务建设的好；然而现实情况并非如此，如图书馆微视频服务建设的好的浙江大学、同济大学在专业学科建设方面有欠缺，而华东师范大学与重庆大学图书情报专业学科建设得不错，但其图书馆服务创新建设却比较落后。图书情报专业学科与图书馆实际建设之间没有实现知识共享、部门共建，而这两者之间的良性互通必定会促进图书馆的服务创新建设，加快高校图书馆微视频服务建设水平的提高。

3.5.2 高校图书馆微视频服务存在的问题

3.5.2.1 高校大学生图书馆微视频使用期望问卷调查

为了解大学生对待高校图书馆的微视频服务的态度，本节所用调查问卷紧紧围绕学生对于目前图书馆微视频的使用情况、对于微视频服务的态度和期待以及图书馆微视频服务应包括什么内容这三大重点展开。

（1）问卷调查概述

接受问卷调查来自南昌航空大学本科学生，在 2017 年 10 月制作问卷并进行发放，11 月初对数据进行整理分析。总计发放问卷 160 份，收回有效问卷 130 份。本次问卷共计 25 题，包含三个方面内容：个人资料（3 题）、使用现状（6 题）、态度体验（6 题）以及使用期望（8 题）；具体如表 3-9 所示。

表 3-9 高校图书馆微视频服务调查问卷设计说明

概括	使用现状	态度体验	使用期待
问题 1：性别	问题 1：是否关注使用过图书馆微视频服务	问题 1：图书馆微视频内容是否专业	问题 1：偏好获取图书馆微视频的渠道

概括	使用现状	态度体验	使用期待
问题2：年级	问题2：通过何种渠道使用图书馆微视频服务	问题2：图书馆微视频内容是否全面	问题2：图书馆微视频的偏好更新时间
问题3：专业	问题3：观看图书馆微视频次数	问题3：图书馆微视频服务是否能满足需求	问题3：图书馆微视频的偏好时长
	问题4：图书馆微视频提供数量	问题4：开展图书馆微视频服务的必要性	问题4：图书馆微视频的偏好形式
	问题5：图书馆微视频提供内容	问题5：制作水平对图书馆微视频使用的影响	问题5：图书馆微视频偏好内容
	问题6：使用图书馆微视频的动因	问题6：图书馆微视频是否应拓宽内容延展度	问题6：影响图书馆微视频的使用因素
			问题7：对图书馆微视频的参与意愿
			问题8：其他意见建议

（2）调查结果分析

①高校大学生意识到图书馆微视频服务的必要性，对图书馆微视频服务期望值很高，但对该服务的使用率却很低。

调查结果显示，有85%的人认为图书馆开展微视频服务是有必要的，但只有24%的人表示关注或使用过图书馆的微视频服务。大学生往往愿意去接受新鲜事物，先进的技术。然而调查结果揭示大学生并没有积极使用过图书馆的微视频服务，主观上没有对图书馆微视频服务的认同感是图书馆微视频服务使用效率低下的主要原因。

②图书馆与学生对微视频服务的认知及态度不一致，导致所提供的微视频服务与学生偏好有差异，进一步造成学生感知上的失落。

在对网络调查结果的分析中，目前多数高校图书馆提供的微视频服务中，发布渠道主要集中于新浪微博，形式多为转载其他网站的专家教授讲述式学术视频。而对学生的问卷显示，有54%的人更喜欢与在微信公众平台获取微视频资源，而喜欢使用新浪微博观看图书馆微视频的仅有6%的人。当代大学生更喜欢也更容易接受新颖的、趣味性高的事物。有36%的人喜欢原创形式的微视频，31%的人喜欢漫画形式的微视频。有44%的人对图书馆微视频很高的参与意愿。相比于转载其他网站的视频，人们更喜欢亲自参与到图书馆微视频的制作、发布当中。我们很容易发现，高校图书馆没有契合学生的使用意愿，在微视频服务的提供上面没有满足学生的需求，造成了目前高校图书馆微视频使用效率低下的结果。

③图书馆现有微视频服务是广播公告式推送，没有进行专业、年级等要素的差异化处理。

在对样本随机抽取进行深入访谈中发现，目前图书馆提供的学术视频与学生的专业不相符。学生更期待提供针对性的微视频服务。视频推荐、课程推荐、图书服务解读等微视频潜在服务有待现有移动图书馆的开发实现。随着技术的发展，图书馆微视频服务应该个性化、差异化的服务，比如根据学生的专业年级、用户偏好、结合用户需求和历史数据定制个性化信息等。

3.5.2.2 高校图书馆微视频服务存在的问题分析

（1）高校图书馆微视频服务缺乏主动宣传

当前高校图书馆的各项服务一直以来缺乏主动宣传，只习惯被动提供服务，微视频服务也不例外。在此次调查过程中，24%的大学生表示知道并关注过微视频服务，特别是当前各种微视频平台火热发展，更凸显了高校图书馆微视频服务的平淡，展示的微视频没有特色，也没有用心去宣传这方面的内容，或者更没有把微视频当作一项专栏去运作。这就造成图书馆不去了解用户的使用情况、也谈不上修正提高，从而导致用户对这部分内容没有特别的概念而降低了使用频率；图书馆应该从态度上积极主动，加大自我宣传力度，拓展使用空间，发展潜在用户，提高服务效率。

（2）服务态度和服务方式与学生期望不一致，导致学生没有使用意愿

当前移动网络的快速发展，特别是微视频的迅速崛起，导致学生的移动端学习方式有一部分转移到视频上。但由于移动终端的屏幕太小导致观看时间一般比台式计算机短很多。此次网络调查发现，目前很多图书馆提供的微视频内容居然是专家教授讲述式学术视频，这种视频时长一般以小时计算，完全不适合当前移动手机端的观看；而学生问卷反馈显示，有 54％ 的人更喜欢与在微信公众平台获取微视频资源，喜欢图书馆微视频仅 6％。对喜欢微视频资源的用户进一步分析发现，大多数喜欢新颖的、原创性的视频；这就要求图书馆对现有的微视频服务要重新认知，以年轻的视角、态度制作微视频、提供微视频资源链接等，甚至以微视频方式提供相关服务内容改变目前高校图书馆微视频使用效率低下的结果。

（3）微视频缺乏配套机制，导致效用低下

很多高校图书馆的微视频仅是提供咨询、公告或者帮助类信息，各个微视频之间没有什么逻辑关联，也没有清晰的分类栏目，各个孤立的微视频散落于网站的各个角落，很难系统性地激起用户的持续关注。图书馆没有根据用户的不同特质进行分门别类的制作微视频资源，如根据不同年级、专业、性别等属性制作不同的资源并提供给用户，用户对该视频的喜好肯定是不一样的。时代的发展导致用户的偏好发生了变化，图书馆微视频制作及服务方式、服务内容也应该有所不同，积极拓展视频解读、慕课视频、图书推进讲解、真人图书馆在线等栏

目，丰富微视频潜在服务朝着个性化差异化方法发展。

（4）缺乏顶层设计，学生没有参与制作的渠道，微视频服务还属于盲区

在问卷调查中，学生自我表达的欲望很强烈，有44%的人对图书馆微视频很高的参与意愿，但图书馆对此部分内容态度却很淡然。由于微视频制作、微视频展示等和图书馆传统业务关联性不大，导致图书馆在这个领域的投入极低。没有专任负责这个模块，更没有激励等相关规章制度去保障，属于自生自灭的状态。当前完全可以吸收学生来做相关内容，以学生为主力打造图书馆的微视频服务体系，甚至联系学生会、校电视台、教务处开设专栏，围绕学生所需，学生也更乐意参与微视频的制作过程，有了学生的参与，微视频的趣味性和原创性就不再是问题，而这一点也有赖于图书馆的功能开放。

3.6 "双一流"高校图书馆个性化微服务发展建议

随着移动网络的快速普及和多媒体技术的不断发展，有力地促进了图书馆微服务的产生。目前图书馆的服务存在被动提供的现象，图书馆一味地提供各种服务，却没有深入了解其使用效率、用户满意程度等问题；本章对"双一流"高校图书馆微服务进行了详细的网络调研，凝练出共性问题；并针对这些问题进行了问卷调查，以期发现用户期待与现实之间的偏差，并提出了针对性提升策略，从而指导高校图书馆的微服务建设。具体如下：

（1）注重顶层设计，区分各个平台功能定位，避免重复建设

调查结果显示，图书馆微服务还属于初级阶段，主要体现在"三微一端"，轻量级小程序开发也在蔓延。通过调查可以发现当前"双一

流"高校图书馆涉及的所有微平台服务内容基本是雷同的；APP 和微信公众平台内容基本雷同，微信小程序当前是微信公众平台服务内容的复制版、增减版，并没有体现实质上的差异，微视频内容很多都是链接，或者是学术型讲座性质资源，不适合移动终端的播放；图书馆也缺乏完备的规章制度推广微服务等问题不胜枚举。同时微服务业务的开展需要经费和人员投入，更离不开激励机制的支撑，所有的这些都需要加强顶层设计。这也要求图书馆必须明确微服务平台及其服务内容的目的及意义，在此基础上制定相关制度完善微服务体系机制；只有这样才能更好地推动图书馆微服务的开展，尽可能避免资源的重复建设。同时图书馆也要开展一定程度的宣传推广工作，让微平台及其相关服务走出图书馆，走进用户中去。只有让用户使用，获取用户需求和反馈信息，才可以不断地更新提高。做好图书馆微服务的营销与宣传，也是提高图书馆微服务建设的重要步骤。

（2）微信公众平台具有很强的渗透性，需要开发出个性化服务内容

通过调查发现现有图书馆微服务都是相似的，很少具有个性化的服务内容，有些图书馆微信公众平台推出了自助打印、座位预定、人脸授权、电影院等服务方式方便读者。如果能在了解用户需求的前提下，积极主动的拓展服务内容设计，丰富个性化服务内容将极大满足用户需求，提升用户的满意度。特别是更进一步推出具有地方特色的微服务资源，依靠原创性设计吸引用户的关注。同时依靠智慧图书馆的底层感知技术，自动识别用户的"敏感"数据推送相关微服务资源。①优化微服务平台板块需要使微服务平台规范化发展，微时代背景下建设规范化的图书馆微服务平台尤为重要，规范的微服务平台可以使用户快速找到自己所需要的功能服务，而且方便微服务平台管理人员的管理工作，以图书馆微信公众号为例，可以将微服务平台分为规范的个人账户、资源、服务、特色四个方面的特定板块，分别填充相应

的功能链接，方便用户使用。各板块之间界限分明，读者在使用微服务平台时能够更加高效查找所需资源。②结合学校主流学科及本校特色，制订图书馆微服务发展的顶层设计方案。高校图书馆可依托高校自身历史、文化、教学等特点建设凸显本校特色的平台板块，这直接将图书馆与高校相联系，使图书馆不再孤立于高校之外，同时也可以让学生在使用图书馆微服务平台的同时，了解本高校的文化及特点。③创新是事物生存发展的必要前提，给予图书馆创新的发展环境，鼓励图书馆创新；对于微服务平台有创意的发明给予肯定，勇于尝试新服务新模式，制定相关制度对于创新突出者进行物质与精神奖励，激发图书馆管理者的创新性；对于一些新兴的图文功能或者开发团队研发的创新功能，要及时在微服务平台上进行更新，如虚拟图书馆、个人书画展、个性化书评评选等。

（3）微信小程序具有很好的发展前景，可以成为微信公众平台的有益补充

微信公众号、微博公众号基本上是以一种被动的方式对用户进行服务，与用户之间的交互非常少，所能提供的微服务有限；而应用程序APP所能支持的服务可以有很多，与用户之间进行交互的空间很大，但由于开发成本太高正逐渐处于弃用边缘。微信小程序作为一种轻量级的应用，用户可以非常便捷地进行操作，不需要获取和安装APP，就可以获得和原生态APP同样的服务，并且能够获得的服务内容相对于微信服务号和应用号而言要多很多，带给用户的体验感和交互性极强。微信小程序可以与微信公众平台形成有益补充，应用于图书馆领域，其核心目的就是要为用户提供更优质的服务。图书馆微信公众平台和微信小程序的服务体系的功能设计、规范统一、有序运行、创新改良都离不开顶层制度的支撑，高校图书馆首先应该重视顶层制度的制定，培养微服务规范统一的意识，其次应与管理团队、技术团队、

馆员相配合共同制定、发布和实施一整套有关图书馆微信小程序与微信公众平台服务的规程、制度等，以实现两者的有效支撑和互补。

（4）注重微视频人才队伍建设，引导用户参与微视频建设，优化微视频原创质量

调查显示，图书馆微视频服务还处于摸索阶段，各项机制不健全且资源投入有限，应逐步建立专门的人才队伍建设；在经费投入有限的情况下可以考虑引入用户参与微视频内容建设，由此可以接收到用户的真实声音，了解到用户需求，这样才能更好地实现图书馆微视频内容的前期制作与推广。如果能做到"从用户中来，到用户中去"那么微视频建设一定能走上健康的发展道路；将用户资源整合到微视频建设队伍中来，将非常有利于增加微视频队伍建设的创新能力、开拓原创思路的源泉，从而提高图书馆的服务水平。应该在智慧图书馆用户联系方式的基础上拓宽反馈机制，如设置视频点赞、评论、转发等，甚至是微视频内容打赏功能，让参与其中的用户有渠道表达自己的情感，也让微视频制作者感受到自己成果所带来的成就感。这些反馈机制的建立有利于维护用户和图书馆之间的良性互动，而良好的互动机制有利于吸引用户参与图书馆相关事务的建设，同时相关企事业单位及地方政府也可以和图书馆结合起来，让微视频辅助图书馆丰富的馆藏及知识能够发挥作用，真正实现走进社区、服务人民的宗旨。

（5）开发丰富的服务内容，提供个性化、情境感知服务方式

相对于互联网金融产品、知识付费、直播平台内容设计、电子商务等诸多互联网产品而言，"互联网＋图书馆"的内容产品单一，不能满足图书馆用户多样化的需求。高德地图、美团等客户端的情境感知服务为消费者带来了智能化的服务，方便了人们的出行及购物，融合情境感知技术的智慧图书馆服务也将会为用户带来新的体验和个性化服务。①目前我国图书馆提供的服务内容较为传统，现有推荐服务中

存在智慧推荐和非智慧推荐两种服务模式。比如书目智慧推荐的特点表现为：读者在图书馆输入资料检索信息，系统会根据输入内容提供读者"您可能要查找的书目""该书作者的其他书目"以及展现在"豆瓣书评""微博热读"中其他读者对该书的评价，便于读者了解该书的内容与评价。除了推荐相关的书籍外，智慧推荐系统也会根据读者的阅读喜好向读者提供"高分好书""热门推荐""新书上架"等服务。非智慧推荐则是面对所有用户推荐相同的书籍类别，例如"最新上架""热门书籍"等。②图书馆智慧化空间建设相对滞后。根据调查显示，我国高校图书馆基本上都已经提供了在线座位预约服务，但学习空间服务的占比不高。调查过程中发现，上海交通大学提供了较为全面且服务方式多样的学习空间服务，如24小时学习教室，高端投影设施。同时针对人数不同而划分各类研究室，并提供网上预约座位与研究室的服务。清华大学图书馆特别设置了一定数量的单人研读间和一些3~10人讨论间。但总体而言我国图书馆提供学习空间和预约服务比例不高。③图书馆可以采纳应用一些新技术，如3D打印机、可穿戴设备等在图书馆中的应用率不高，还需要进一步加快技术升级，提高服务水平。如北京大学图书馆提供了3D打印服务，将设计图形打印成实物，也将读者的设想变为真实存在的实物利于培养读者的创新能力，引领创新潮流。就调查结果显示，随着当前网络化的日益发展，提供智慧服务已成为我国图书馆从传统图书馆模式向智慧图书馆模式转型的必然要求。但智慧图书馆的构建不是高科技设备的堆积，而是利用这些新技术，获取和分析用户的情境数据信息，为用户提供更加人性化和个性化的服务。

（6）构建微服务组织机构及相关配套规章制度，规范信息资源及服务更新机制

首先在制定图书馆微服务的规章时可借鉴其他高校图书馆或公共

图书馆的规章制度，结合自身的发展形成自己的规章标准。建立微服务制度后应要完善与之对应的反馈机制，让读者与管理者参与其中，在实施的过程中共同发现问题，找出纰漏，及时反馈问题信息，进一步完善规章制度，最终形成自己的微服务标准。同时高校图书馆要重视信息的整合、更新与推送工作，要及时更新微服务平台或图书馆网站的动态信息，切实保障信息发布的规律性与时效性，信息发布形式从图文形式向音频形式过渡，增加音频与微视频内容，提升用户的关注度。最后，由馆方主导的资源采购转换为读者为主导的资源采购模式，读者是微服务的服务受体也是微服务建设的主体，图书馆在购入资源、设置服务时可采取用户导向型模式，在微服务平台界面设置"用户反馈"板块，让用户输入所需资源及服务并提交申请，管理者根据用户的需求程度来采购资源和进行个性化服务开发。

第 4 章

智慧图书馆情境感知微服务模式框架

由第 3 章可知，当前图书馆个性化微服务平台建设缺乏顶层设计，个性化服务内容设计单一等问题比较突出。基于此，本章提出了智慧图书馆的设计原则，构建了由感知层、分析层、交互层组成的智慧图书馆框架；创新性的设计智慧图书馆服务方式，并以此分别建立了微服务体系和智能实体服务体系，完善了智慧图书馆情境感知微服务内容和形式，实现了满足个性化需求的智能服务；最后提出发展建议，以期推进智慧图书馆从概念模型向实体建设的过渡。

4.1 智慧图书馆设计原则

智慧图书馆相较于传统实体图书馆及数字图书馆，更为智能化、数字化及自动化，通过人工智能、数据挖掘及物联网等相关技术实现服务模式的自我感知。本书认为智慧图书馆的建设框架应围绕数据感知、数据分析、数据管理及使用等涉及数据全生命周期管理为主线，相关实现技术以云计算、物联网、智能设备为核心要素的建设原则。

其中物联网在智慧图书馆建设过程中起到联系图书馆、用户、资源及服务间的通信；云计算是对物联网传输数据进行分析、挖掘有价值的信息；而智能设备能够精准识别用户、个性化信息服务也依靠智能设备进行展示，它能够为用户带来更好的体验。如图 4 - 1 所示为智慧图书馆以物联网、云计算及智能设备为三大核心要素展开的构建原则。

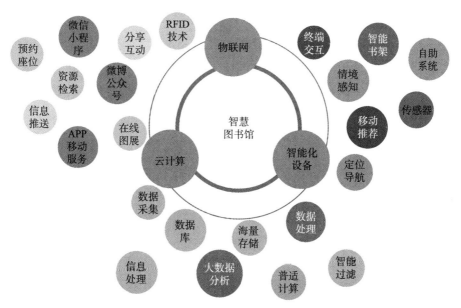

图 4 - 1　智慧图书馆设计原则

一是物联网是指利用各种技术将物体连接到互联网当中，使用互联网数据对物体进行随时随地的追踪，它是智慧图书馆建设的基础。在智慧图书馆中物联网技术可以实现读者与馆内资源的通信，主要是通过 RFID 芯片技术和系统管理，使得图书馆内的书籍资源都携带可读取的 RFID 标签或芯片，读者可以通过 RFID 自动化管理系统检索和借用各种资源信息。物联网也使得微服务平台提供的各种服务成为现实，读者可以登录相应的微服务平台移动终端检索馆内资源、查看借阅记录以及历史留言等信息，微信或微博也可以建立智慧图书馆的公众号或小程序，以此分享和推送图书馆的信息和动态，建立在移动终端的微服务模式，实现图书馆读者之间的交互。

二是云计算和大数据分析技术是智慧图书馆的重要支撑技术，智慧图书馆的过程数据处理很大程度依赖于云计算及相关数据分析技术。智慧图书馆从数据分析中挖掘得到有价值的信息，过滤掉绝大多数的噪声数据和冗余数据。云计算的本质功能是在用户历史数据中心，通过感知技术获取用户行为，结合历史数据预测用户偏好及可能的行为，在此技术上进行个性化信息推送。整个过程全是自动化、无人干预下完成的，这极大地节省了时间和节约了馆员的工作量；更为关键的是更加精准有效地为用户提供信息。云计算和大数据分析技术通过对数据的采集、预处理、存储、分析及使用极大地提升了图书馆识别用户性格偏好的能力，促进了图书馆的快速发展，激发读者阅读兴趣，使得文化建设形成一个良性循环的机制。

三是智能化设备包括很多类型，比如 RFID 传感器、智能手机、平板电脑、监视设备、智能空调、WiFi 服务器等设备，这是构建智慧图书馆的必备硬件设施。从用户进入实体图书馆开始或者从用户登入网上图书馆开始，所涉及的硬件及其软件背后的硬件支撑设备很多都可以归纳到智能设备里；比如图书馆门口的门禁系统就可以自动识别用户身份信息及历史借阅数据，或者传感器感知其所在位置、所在位置的温度信息等，正是依靠这些智能化感知设备才能为用户提供精准的个性化服务。智慧图书馆还需要拥有一套完整的自助服务设施，方便用户进行自助服务。例如智能书架采用 RFID 技术识别图书，可以完成图书馆图书监控、库存、查询定位、误统计等功能，既方便了用户，也减少了图书馆员的工作量。总之，智能化设备的支撑可以很大程度减少馆内员工的工作量，提高智慧图书馆运行效率。

4.2 基于情境感知技术的智慧图书馆框架构建

传统的图书馆服务之所以不能满足当前用户的信息需求，主要有以下两点原因：①无法准确获取用户信息。这些信息不仅包括读者自身的信息，还包括读者使用图书馆服务时内外部环境信息。②信息不能共享。图书馆不同平台之间数字资源不能共享，有的平台甚至根本不能调用图书馆底层数据库信息。同时，读者只要走出图书馆的局域网范围，图书馆所提供的很多服务就不能享受。一个典型的例子是，在图书馆局域网外，图书馆用户无法免费浏览和下载相关数据库的信息（如中国知网、万方数据库等）。为解决以上传统图书馆服务存在的问题，本书构建的智慧图书馆技术支撑框架结构，以期能够用新一代的信息技术更好地实现图书馆的智能化，为读者提供服务。本框架结构主要由基于情境感知、大数据智能分析、交互应用三部分构成，第一部分旨在能够从多方面感知用户信息和情境数据；第二部分旨在通过信息过滤共享读取数据，基于行为分析技术将用户行为转化为用户需求，再调用图书馆的数字资源，用情境模型计算出满足其需求的匹配信息；第三部分通过虚拟现实技术和终端设备进行个性化推送，以此实现了读者信息、图书馆数字资源之间的对接。本书基于情境感知的智慧图书馆框架如图4-2所示。

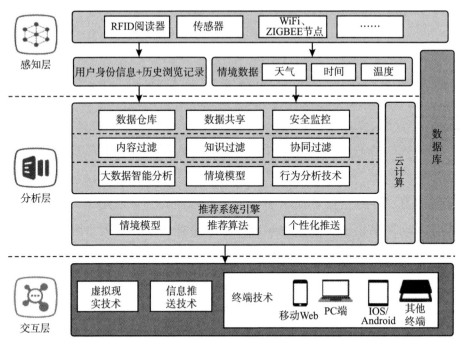

图 4 - 2　基于情境感知技术的智慧图书馆框架

　　由图 4 - 2 可知，支撑智慧图书馆的情境感知技术框架结构主要包括感知层、分析层、交互层三个层次。智慧图书馆感知层通过 RFID、传感器、WiFi 热点等技术感知用户信息和图书馆内外部环境变化，再把感知到的信息通过移动通信网、无线局域网等传输到分析层进行计算和应用处理，最后把处理结果传送到智慧图书馆的交互层，为读者提供智能的服务，为图书馆员提供智能的管理。智慧图书馆在技术框架的支撑下，不仅能够根据读者的内外部环境变化，为读者快速提供其所需的服务，还能够向读者智能推荐一些其所需要的数字资源，解决了用户搜索图书馆数字资源不精准、时间长等问题，也减少了图书馆员的工作量。

（1）自动感知层

这一层是智慧图书馆的"皮肤"，通过智慧图书馆各种感知设备（RFID、GPS、温度计、摄像头等）获取外界事物特征及其相关信息。所获取的信息大概分为 5 大类：一是用户情境感知，包括用户的性别、年龄等概要信息，也包括性格、爱好等内化信息；二是环境信息感知，包括各个实体的温度、空间位置、光线等信息；三是系统性信息感知，包括网络环境、网络流量、适配程度、安全性等信息；四是图书馆规则个体化感知：个人积分可享受什么等级服务、一次性借多少书等信息；五是终端设备感知，如设备类型、屏幕大小、电量、交互方式等信息；情境信息越具体，情境感知服务越精确，自动感知层需要尽可能多地获取场馆相关数据。

（2）分析层

该层是智慧图书馆的"神经中枢"，包含多个功能模块，主要功能就是对从感知层接收到的用户信息进行分析和处理。图书馆在运行过程中产生了大量的历史数据，特别是智慧图书馆在建设过程中，随着各种智能设备的应用，产生的数据量非常多；对这些数据的分析和有效使用能够提升智慧图书馆的服务效率。如果数据分析处理结合精准的情境信息，那么个性化推送服务将非常有效。所以分析层利用知识库和数据库技术，在历史数据分析的基础上，结合自动感知层的情境数据，再通过网络运送到服务器端进行集成，集成结果进行优化性处理并经交互层可视化方式展示。

（3）交互层

这一层是智慧图书馆的应用服务层，用户通过智慧图书馆能够得到的具体服务，主要包括智慧图书馆的两大服务体系（实体服务模式和数字微服务模式），实体服务模式是指在传统借书还书服务之余，图书馆依靠各种智能硬件开展的自助服务，或者建立在数据分析技术上的智能实体服务；数字微服务模式指户通过网络登入智慧图书馆数字信息系统所获取的各种信息服务，也包括数字图书馆所提供的的借书还书业务，但本书更倾向于情境感知服务，通过获取情境感知数据针对性的提供信息推送服务。

4.3 智慧图书馆服务体系

智慧图书馆在现代高新信息技术支持下，最大限度利用数据分析进行智慧服务可以提高服务效率和服务水平，如图4-3所示，智慧图书馆服务体系大致可以分为两大部分，即智能实体服务和数字化微服务：实体服务就是图书馆依靠先进的智能硬件设备开展智能化服务，带给用户不同寻常的阅读体验；数字化微服务是指图书馆引入新技术，

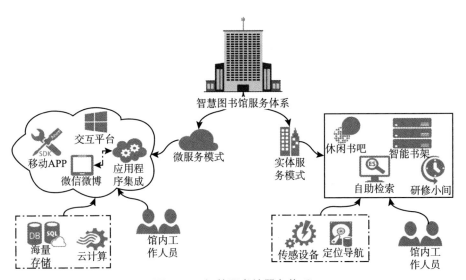

图4-3 智慧图书馆服务体系

打造微平台开展相关智能服务，包括在线阅读、自助查询及个性化信息推荐等交互平台，实现图书馆线上线下融合发展，以及用户之间、用户与图书馆之间的通信。

智慧图书馆是图书馆未来的发展趋势，其具有自身的明显特征，主要包括：智能性、知识性和理念性。智能性就是当下图书馆内正在应用的各种硬件设备服务于读者。例如在智慧图书馆中普遍存在的RFID 阅读器等设备，在读者进入图书馆时，需要经过门禁系统，但是RFID 设备或者自动刷脸等智能设备的应用就可以智能读取来访读者的身份信息，通过门禁系统的验证或者信息核对功能就可以实现自动开关门禁，这种无须人工工作的自动化服务模式可以节省馆员的时间和精力，也可以提高读者进出图书馆的便捷性。知识性是智慧图书馆从知识服务向智慧服务的转变，但这种智慧服务依然是以知识服务作为基石，通过智能的服务模式更好的帮助读者搭建起获取知识的桥梁。所以智慧图书馆的服务模式就是一种更高级嵌入现代科学技术的知识服务，是具有知识性的学问智慧。理念性的服务模式则是智慧图书馆人文气息的表达。馆内工作人员积极进取的创新观念促进图书馆的发展，在工作中不断定位服务方式，及时发现和完善智慧图书馆的体系和结构，是他们在自己的职业精神领域和价值理念拥有坚定的进取信念，推动智慧图书馆个性化服务的进程。

4.3.1　智慧图书馆微服务模式

随着微时代的到来，以微信和微博为媒介的零散信息传播方式已被越来越多的人所接受。新浪微博是国内微服务的开端，它以一种全新的碎片化方式将信息传播给人们。微信是移动互联网以及移动智能终端快速发展的产物，它是一种能够引领碎片化阅读的重要支撑服务方式，也促进了一种新的文化现象的产生，即微信息文化，越来越多的人喜欢上这种微信息传播方式。智慧图书馆针对用户这种全新的信息需求方式，也开始开拓"微服务"在图书馆中的应用。智慧图书馆微服务是基于各种移动智能终端和微媒体，向用户传播信息的一种全新的微信息服务方式。本书基于当前信息环境与碎片化阅读需求以及学者们已有的研究成果，构建了智慧图书馆微服务体系框架（见图4-4）。

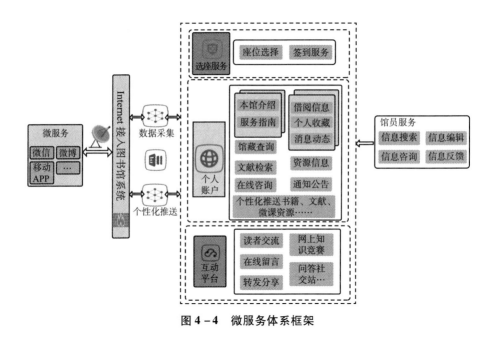

图4-4　微服务体系框架

图书馆微服务是将先进技术融入信息服务中，通过微信公众平台、微博、微信小程序等平台开展信息传播，使得信息服务方式更加自由与便捷，提供更加高效的信息服务来顺应微时代趋势的要求。微信和微博作为人们常用的信息获取平台，可以将各种内容以视频、语音、图片等形式呈现，既方便了人们获取各种信息又促进了人们之间的沟通交流。智慧图书馆在微信、微博或者移动 APP 等微服务平台上可以有效拓展图书馆自身服务范围，为用户提供形式多样的微服务内容，以提高图书馆的服务质量。如图 4 - 6 所示，当用户在微平台接入互联网，校验身份信息登入个人账户之后就可以在微服务平台上操作各项服务内容。

个人中心里存有个人信息、借阅信息、历史记录、动态消息等菜单，个人身份信息的确定主要是一卡通绑定手机号或者身份证信息，这样当用户进入图书馆之后通过门禁系统或者借阅系统就可以被获取用户信息；借阅信息就是用户借还图书的历史记录，在系统中会通过自动识别借阅书籍的数量并发出借阅提醒，该类提醒信息也将发送在个人账户的动态信息菜单上，读者可以轻松了解到已借阅数量和可借阅数量等信息。历史记录是针对读者进入图书馆系统后的操作，例如在意见反馈箱里投递个人建议，或者在阅读之后在留言板里记录下个人的心得体会，这些个人印记都可以在历史记录里面查找到。除此之外本馆信息和服务指南也是一种读者在线上对图书馆的一种了解渠道。微服务的另一项重要工作是查询检索功能，馆藏资源查询和文献检索都是读者获取有限信息的重要途径，可以轻松便捷的获取具有价值的资源信息。

智慧图书馆微服务最具有创新性的方面是利用微媒体对信息进行个性化推送服务，把传统图书馆的被动服务转变为主动的智慧服务。微媒体公众号是最具有用户聚焦效应的发布平台，图书馆通过在此编辑和发布图书馆最新动态，使之可以迅速地扩散信息内容，还可以有效实现图书馆宣传工作，促进更多读者了解和关注图书馆动态，激发来访兴趣，这些都将有利于智慧图书馆微服务模式的发展。由于微媒体具有信息精准推送优势，根据用户登录服务平台之后的相关操作，就可以获取来自不同读者的行为信息。用云计算、数据分析等相关技术就可以分析出不同用户的个性化需求，最后向其推送满足其需求的个性化服务。

图书馆选座系统是根据不同用户来设计的服务模块，由于不同的来访读者进入图书馆内都有不同的需求，例如携带电脑或其他移动终端的用户就需要网络和插座兼备的自习座位，为了避免读者到达图书馆后却找不到合适的自习座位，就可以先在线查找是否有剩余的自习座位，根据检索结果用户选择适合自己的位置，提交信息并按照规定时间到达指定位置，网上提交签到信息；这项服务全程需要系统校验，如果用户信用良好可优先选择；如果出现不能准时到达图书馆签到的情况，个人信用会被降低；整个流程及操作和电影院网上购票系统一致。

互动平台使得读者的多方位互动成为了可能。智慧图书馆通过建立线上公众号提供读者之间相互交流的平台，当读者在线阅读之后还可以在线留言，针对阅读之后心得体会记录下来可以作为书评，当下一位读者读到这本书的时候就可以通过留言板的记录间接分享给其他读者。在线阅读到精彩的内容时还可以转发分享给好友，实现即时的阅读互动。除此之外，图书馆还可以通过开展网上知识竞赛的形式激发读者的学习兴趣，当遇到阅读相关的问题，也可以在问答社交站提问，馆内工作人员就会做定期的答疑。关于阅读内容的困惑，读者在问答社交站留下自己的疑问之余也可能会收到来自阅读同一本书的读者的解析。总而言之，微服务不仅可以充分发挥线上图书馆的互动优势，加强用户与图书馆之间的沟通交流，还能加强用户之间的活动，使图书馆服务功能得到很大的延伸。

4.3.2 智慧图书馆实体服务模式

实体服务是智慧图书馆的核心业务之一，不仅包含了传统实体业

务，而且开创性地设计了融入情境感知技术的相关实体馆服务，主要
是基于智能设备和移动终端进行展示的实体服务，很直观地给用户带
来不同的阅读感受。实体服务根据图书馆定位可以构建娱乐性、休闲
性、学术性的不同场所，再根据相关历史数据配置相适应的辅助服务，
可以给图书馆增添不少吸引力，如图 4 - 5 所示。

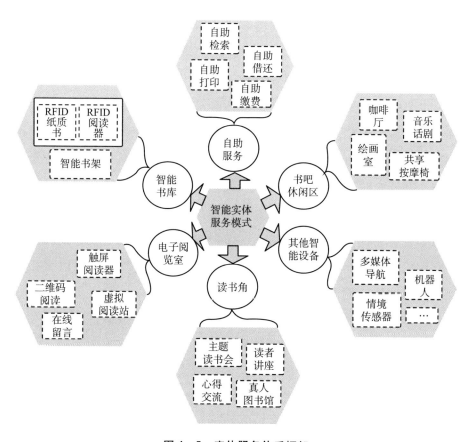

图 4 - 5　实体服务体系框架

　　实体服务内容需要对图书馆有合理的定位，在先进设备的支撑下
开展智能服务，首先自助服务是智慧图书馆发展的趋势，也是提供馆

内工作效率的重要设备，自助服务系统包括很多，自助打印、自助借书还书，自助查询及缴费等。24 小时自助借还机是在无须馆员人工向借阅系统登记录入读者信息，只需要借助自助设备用户就可以自己完成借还操作，当读者出现超期借阅的情况也需要通过自助缴费机缴纳相应的费用。自助检索系统可以在读者进入图书馆后搜索馆藏资源，并迅速检索出自己需要的有效信息。智能书库是利用 RFID 技术创建书籍可以携带的芯片，将馆藏书籍资源的基本信息都记录在书籍携带的芯片里，并且所有的芯片中存储的信息都会在图书馆的数据库中备份，然后在每一类藏书科目的进出口都有识别读取情境数据的 RFID 读卡器，并且智能书架无论在书本被借还是被还的状态都可以感应到，并在藏书系统中做到及时的借阅书籍数据的修改操作。智能书库就是图书馆管理馆藏书籍重要的方式之一，可以自动感知图书所处位置及其状态，并能实时更新，从而减少了人工操作带来的误差，更关键的是降低了管理工作量和减少读者查找图书的时间。电子阅览室将各硬件设备如智能阅读器、二维码阅读、虚拟阅读站等应用于服务读者的智能化阅览室。目前越来越受欢迎的扫码阅读，因为二维码可以直接链接到资源地址，不需要复杂的查询检索步骤，可以给用户带来了很好的阅读体验。智能阅读器能在二维码阅读的基础上根据自己的阅读速度、兴趣偏好推送出更多个性化的有吸引力的内容。除此之外，越来越多的智能设备被引进智慧图书馆来提高实体服务的效率，例如定位导航系统的指引，可以让读者在浩瀚如海的馆藏书籍中轻易地找到所想的资源信息。情境传感器会自动检测识别来访读者身份信息、历史记录，对于当前环境的感知是通过温度、湿度等情境数据自动控制馆内温度的平衡。实体服务除了智能设备的服务端，休闲区的规划、读书角开展的讲座等实体服务也是提高用户体验的途径之一。在图书馆内设置书吧休闲区，在图书馆有限的空间里合理规划出读者休闲娱乐的地方，音乐室或者咖啡厅的环境氛围总是给人放松休闲的感受，可以有效调节学习过程中的疲倦，将学习与休闲娱乐相融合。

近几年来国内外越来越流行"真人图书馆"的这种创新型服务模式，它通过真人阅读的方式可以与读者面对面的交流分享，将读者置身于一个完全互动的环境中，并实现隐性知识转移的过程。真人书服务方式之所以被广大读者所接受不仅是因为它是一种很轻松的获取知识的方式，而是对于读者来说不再是像传统的单方面接收书本上的知识，可以与真人书互动，甚至通过真人书无声的肢体语言获取很多隐性知识。当图书馆配有一系列休闲的生活设施服务，用户就可以在其中体验到以各种系列为主题的休闲服务，如电影院、餐厅、游乐园等各项娱乐项目，以此来提高用户体验，激发读者的来访兴趣，更是为促进智慧图书馆的发展提供有利条件。

智慧图书馆的个性化服务是尽可能实现实体服务和移动端微服务的无缝衔接访问，这也是符合时代发展趋势的。本书只是在阐述上述内容是时进行了生硬的切割以方便区分；当前各种虚拟经济都在尝试线上线下融合发展，智慧图书馆自然也不例外。各种实体服务如何更好地迎合，或者融入移动微服务中去，是当前智慧图书馆服务内容设计时需要考虑的问题。与此同时，无论是实体服务还是微服务都应该更好的注重历史数据的分析和使用，也需要尽可能地使用到当前用户的"敏感"数据，进行个性化的服务推送。所以智慧图书馆的服务应该是建立在历史数据的分析和使用上的智能服务，也应该是对当前用户信息感知获取和使用的过程；它不仅仅实现线上线下服务的融合发展，也实现了历史数据和当前"敏感"数据的融合使用。

4.4 智慧图书馆情境感知微服务模式建设机理研究

4.4.1 智慧图书馆情境感知微服务模式建设的关键要素

根据上文分析，本节基于智慧图书馆的发展状况提出从服务模式建设的服务主体、服务本体、服务技术、服务受体这四大要素分析智慧图书馆情境感知微服务模式建设。情境感知微服务模式建设关键要素如图4-6所示。

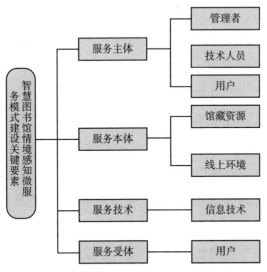

图4-6 情境感知微服务建设关键要素

（1）服务主体要素

①图书馆管理者。

图书馆管理者作为管理人员在智慧图书馆情境感知微服务体系的构建中需要运用自身的专业技能和敏锐的洞察力发现信息技术的新体验。作为智慧图书馆发展的全局掌控者，管理者需要突破现有状态，改善图书馆服务体系，推进图书馆服务个性化发展。因此管理者结合现今信息技术的发展，关注目前本领域的相关动态，掌握量化图书馆问题的方法，分析数据，创新科技。管理者往往是推动智慧图书馆情境感知微服务模式建设的中心力量。

②后台技术人员。

如果说管理者是从宏观层面掌控图书馆情境感知微服务模式建设，那么后台的技术人员则是涉及服务模式建设的微观层面。情境感知微服务平台是一种信息资源与科技结合的服务模式，后台的日常运行与程序的开发需要技术人员来维持，信息技术人员通过信息资源和技术资源的整合开发与维护微服务平台，简洁便利的情境感知微服务平台更能博得用户的青睐。

③用户。

用户既是服务的享受者也是知识共享、服务开发的主体，用户的宝贵建议在智慧图书馆发展中起着关键的作用。另外用户也是信息的接收者、传播者、生产者，还是服务模式建设的参与者、影响者。随着智慧图书馆的发展，智慧图书馆的用户逐渐扩大，对服务模式建设的影响效果也会越来越大，所以用户的参与对智慧图书馆情境感知微服务体系的建设有着巨大作用。

（2）服务本体要素

①馆藏资源。

图书馆最初的目的是为读者用户提供资源信息，随着信息科技的发展，图书馆的功能在逐渐扩大，但始终是人类文明的传播基地。馆藏资源是图书馆提供服务的本体要素，是用户索取文献资源的本源，因此馆藏资源的丰富度影响着图书馆规模的大小和用户的满意状况。馆藏特色资源也能够引起情境感知微服务平台的格局调整。优化馆藏资源，增强图书馆的吸引力，同时提高馆藏资源的可靠性、准确性以及特色资源发展，这就要求图书馆严格把控好信息资源的来源渠道，认真评估考证第一手资料，以保证馆藏资源的权威性。

②图书馆线上环境。

开放有序的情境感知微服务平台有利于塑造良好的人文环境。线下的图书馆馆藏资源是用户接触图书馆服务的物理场所，也是供应线上图书馆数字化服务的基础，而线上图书馆环境的优化能够提高用户使用情境感知微服务平台的频率，帮助解决问题用户借阅、下载文献资源等。良好有序的图书馆线上环境包括简洁利落的微服务平台外观格局，功能分明的信息专题，简单便捷的操作方式等都会增加智慧图书馆情境感知微服务的吸引力。同时情境感知微服务平台积极听取用户的反馈建议，营造开放、互动的图书馆线上环境，为构建智慧图书馆情境感知微服务体系添砖加瓦。

（3）服务技术要素

这里所说的服务技术要素主要是指信息技术的运用。情境感知微服务体系的建立与情境感知微服务平台的运营息息相关，和信息技术结合的微服务平台能够时刻发挥智慧图书馆的最大效用。信息技术是在互联网、大数据、云计算、云存储等大背景下，以 PC 客户端、APP 客户端、iPad 等为载体，开发可以跨平台连接，图片文字缩放自如，智能语音搜索等多功能的情境感知微服务平台，例如在图书馆微信公众号上开发益智小游戏、跨知识库资源搜索等创意程序等。目前在知识付费环境下，流行的知识服务交互平台有云舟域知识空间服务平台、超星学习通等，云舟域知识空间服务平台是由数字空间系统＋数字资源＋全网络服务平台三大模块构成。正如传统物理图书馆的馆藏性和流通性，阅览室服务系统依托图书馆馆舍空间存在一样，数字图书馆的数字资源和服务平台也需要建立在数字化空间系统中。云舟以网络知识空间为基础，另外建立知识空间数字资源专题组织、管理系统，用户通过 PC 客户端、移动手机客户端来获取云舟提供的大量图文信息，用户在获取信息时可自主筛选、阅读、保存，还可以在学习圈内分享读书笔记心得，转发、评论相关学习资料，云舟为广大用户提供了一个自主组织的知识空间。超星学习通则是积累了海量的图书、期刊、视频等学习资源，是用户知识管理、专题原创、课程学习的知识创造平台。不管是云舟还是超星学习通都为智慧图书馆情境感知微服务发展提供了强大的知识服务平台技术，为智慧图书馆情境感知微服务的发展提供了巨大动力。

（4）服务受体要素

图书馆情境感知微服务的服务受体即是读者用户。在市场经济中，"用户至上"是市场经济规律下的一个服务理念，在知识付费经济下的图书馆同样秉持"以用户为中心"的宗旨。用户是图书馆服务的体验者，信息时代下的图书馆服务开始向智能化、自助化、个性化的方向发展，图书馆推出的智慧化服务都需要经由用户的使用来检验服务质量。用户体验图书馆服务的过程就开始产生用户感知，而图书馆用户是由学生、教师、科研人员以及其他大众组成，由于用户本身持有的教育背景与受到的教育知识具有层次性，用户的价值观念具有多样性，对于图书馆情境感知微服务服务质量的感知与评价因人而异。另外在知识经济、互联网、信息伦理、信息制度等发展下用户的思维方式在不断更新，用户需求随着知识经济的深入也会表现不同。了解用户对智慧图书馆情境感知微服务的意见及建议，探讨用户对微服务的感知差异，为智慧图书馆情境感知微服务体系的建设提供明确的方向，以保证未来图书馆情境感知微服务平台在发展的过程中不断优化平台服务方式与服务质量来增加自身的吸引力与影响力。

4.4.2　智慧图书馆情境感知微服务模式建设的动力分析

智慧城市要求城市各项服务朝着自我管理、深度感知以及自助服务的方向发展。智慧图书馆的发展是智慧城市的内在要求，图书馆作为人类文明的传播基地，承载着文化流动、传递、创新等重担。智慧图书馆借助情境感知微服务平台使图书馆服务信息化、智能化。智慧图书馆情境感知微服务作为智慧城市的一种延伸，也是一个多元函数，其建设受各种因素影响。微服务模式建设的状况是图书馆内外因素交织作用的结果，这些因素也是推动微服务模式建设的动力，因此本小节从以下两个方面分析微服务模式建设的内外动力。

4.4.2.1　智慧图书馆情境感知微服务模式建设的内生动力

（1）图书馆资源

①馆藏资源。科技发展日新月异，信息大爆炸时代已经来临，用户获取的信息越来越多，而所需信息需要用户自己去筛选。图书馆在信息时代中的作用更加显著，收集更多的信息资源包括电子与纸质的图书馆资源，报纸期刊等。图书馆在信息时代与付费知识环境下不断扩充自身的知识储备。除了图书馆采购各种纸质、电子资源外，还有现今流行的图书馆联盟，各图书馆以合作的方式来延伸图书馆馆藏资源。用户在图书馆网页上搜索资源，如果本馆没有用户所需的资源，搜索引擎则会自动在盟员馆中搜索，因此图书馆联盟能够最大限度地优化盟员馆的馆藏资源。丰富的馆藏资源是图书馆提供服务的基础，

对资源的管理是关键，如资源的分类、资源的查找、纸质资源、电子资源的线上线下融合等。图书馆的馆藏资源为满足用户的需求正在与日俱增，纷繁的信息需要依托稳定的服务平台来管理，完善的情境感知微服务体系能够更好地为用户提供线上图书信息资源。②图书馆人才资源。所有的创新发展都是由人来完成的，以人为本的人才管理才是推动社会发展的关键。图书馆的发展是否能够站在时代潮流的前线，是否能够在信息科技时代满足用户的阅读方式与体验，这些都要求图书馆管理员拥有战略管理思维，同时图书馆开放引进新的人才，完善图书馆后备人才力量。云舟域知识空间服务平台，超星学习通等为智慧图书馆的发展提供了微服务技术平台，情境感知微服务平台的运营与发展需要专门的技术人员，进行情境感知微服务程序的设计，应用软件的开发，日常平台的相关维护工作等，平台运营人员直接关系到微服务体系的建设。所以素质良好的图书馆情境感知微服务平台运营人员是微服务模式建设的关键。

（2）馆员自身特质

馆员自身特质也会影响图书馆情境感知微服务模式建设，其中包括馆员的价值认知度、已有的知识结构，以及新事物的理解接受能力。馆员的价值认知度是对自身工作价值实现的愿望，这种愿望越强烈即价值认可度越高，越有利于图书馆情境感知微服务体系的建设。馆员自身已有的知识结构表现为专业知识的掌握情况，对目前图书馆发展优势及劣势的掌握情况，以及在目前信息技术浪潮下对未来智慧图书馆的发展规划等。新事物的理解接受能力即能够对周边信息技术发展状况保持积极热忱的态度，对科技带来的成果表现出敏锐的态度，乐意接受新事物发展所带来的改变。拥有较完善的知识结构，较强的理解接受能力的管理者会更加关注图书馆情境感知微服务的技术发展与应用以实现自身的职业目标，完成自身的职业价值。构建微服务体系离不开图书馆工作人员的共同努力，随着微服务时代的到来以及图书馆信息的迅速发展，图书馆在要求馆员加强自身文化素养建设的同时积极纳新，接收外来优秀的管理人员，因此活跃在图书馆工作岗位的优秀工作人员推动了智慧图书馆情境感知微服务模式建设的进程。

（3）图书馆融合新技术的程度

微时代的到来改变了传统的图书馆发展模式，如厦门大学等大学图书馆为响应互联网＋图书馆的智慧化服务浪潮，推出图书馆座位预定管理系统，这是我国图书馆最早应用网上预定图书馆座位服务，其服务方式就是用户通过进入图书馆 APP 或是图书馆微信公众号选择自己喜欢的座位并预定使用的时间；又如上海图书馆推出虚拟图书馆服务，增加用户对虚拟图书馆的体验。高校图书馆和省公共图书馆普遍站在科技化发展的前列，致力于为师生及社会人士服务，采用符合年轻人的阅读浏览方式，吸引更多的读者用户。越来越多的图书馆关注于当下信息科技带来的生活方式的变迁，人们的生活观念转向简洁、舒适、轻松、便利的方式，图书馆为了适应更多年轻人的生活方式就需要做出适当的改变。当图书馆将自身的发展定位于符合当下潮流的微服务发展时，建立良好有序的情境感知微服务体系便成为图书馆发展的首要任务。

4.4.2.2　智慧图书馆情境感知微服务模式建设的外生动力

（1）智慧城市建设

随着"智慧地球"的提出，"智慧城市"开始提上城市发展的日程。国内智慧城市的实践稍晚，但是有发展迅猛之势，2009 年郑州联通计划 5 年内投入 100 亿元打造郑州智慧城市，同年 12 月南京市明确提出"智慧南京"建设战略。自 2010 年起 IBM 将智慧城市在中国持续推广，"智慧城市"的概念及相关运用已深入人心，国家相关部委智慧城市试点工作逐渐展开，并且取得相关的成就，我国智慧城市建设渐趋深入深圳、宁波、上海、北京等城市[105]。智慧城市建设在经济发展较好的地区试点发展，到目前为止，已取得良好的成果，其他城市正在逐步引进智慧城市建设系统。"十三五"规划也明确提出建设智慧城市的目标，我国的智慧城市建设在纵横方向延伸发展，纵向发展上至智慧城市群，下至智慧城镇；横向发展如智慧校园、智慧能源、智慧交通等。智慧城市的发展在国内掀起一股遍地开花的趋势，其中智慧图书馆是智慧城市发展的一个横向延伸，智慧城市的蓬勃发展必将要求城市图书馆智慧化建设，而微服务模式建设是图书馆智慧化的重要指标，智慧图书馆情境感知微服务体系的构建是智慧图书馆发展成熟的表现。智慧图书馆的兴起与发展是对智慧城市系统的完善，而智慧城市系统的不断成熟外在地促进了智慧图书馆情境感知微服务体系的建设。

（2）信息化进程

有人说我们所处的时代是第四次工业革命的时代，是智能化圈地运动和大数据时代。信息发展的速度已超出人们的想象，国与国之间的实力较量逐渐转移在科技较量上，各个城市之间的角逐开始展现在城市科技发展指标上。传统图书馆在信息高速发展的时代想要立足，必须紧随时代发展前沿，"以人为本，读者至上"的服务理念融合现代科技的发展集中体现在微服务发展中。由信息化发展所衍生的新型知识服务及服务方式，新型知识信息服务资源，空间再造能力等冲击着图书馆的发展。信息化进程在整个城市圈中的各个行业蔓延开，尤其体现在服务行业，各种云支付、闪付、线上二手市场等微服务展现在人们的眼前。信息化时代下的图书馆不仅面临着图书馆内部结构的改造，内部人员的更新与培训，也要从图书馆提供的服务中提现现代化、智能化、个性化的特征。图书馆在第四次的工业革命浪潮中接受时代的冲击与挑战，因此在信息化进程中图书馆不仅要改善实体服务的服务内容与质量，更要打造虚拟、线上图书馆的服务体系，完善智慧图书馆情境感知微服务模式建设，圈出一片自身的智能化土地。

（3）用户的服务感知

读者用户既是图书馆服务的主体又是图书馆提供服务的受体，满足用户需求是图书馆发展动力。用户的服务感知对智慧图书馆情境感知微服务模式建设的推动在于读者通过图书馆所提供的微服务，从服务方式，服务形式到服务内容来感知服务质量，从而对图书馆的服务进行评价，图书馆在读者的评价中认知自身存在的不足，进而改进服务质量。在"用户至上"的市场经济中，用户的感知在营销市场中起着绝对性的作用，知识经济中用户仍然占有主导作用，在智慧图书馆情境感知微服务体系的建设中，读者对服务平台的感知是提高图书馆情境感知微服务的基础，高质量的服务是提高读者满意度的唯一途径。在微服务体验中不同的用户群体会有不同的服务感知，称为用户感知差异。把用户感知理论运用到智慧图书馆的微服务平台服务中，可从读者的角度改善当前图书馆的不足。图书馆情境感知微服务在智慧化的过程中必定要接受读者用户的考验，用户的服务感知状况是对智慧图书馆情境感知微服务平台服务质量的反映，因此用户的感知差异从用户的需求方面可以促使智慧图书馆建立健全微服务体系。

4.5 智慧图书馆情境感知微服务存在问题分析

众所周知，智慧图书馆的创新服务模式基于科学技术的发展和物联网，云计算和智能设备等先进设备。它是以用户为中心，根据特征模型分析技术读取读者需求并向读者提供个性化服务，实现"智慧"

服务的阅读体验。虽然智慧图书馆情境感知服务在国内公共文化事业的应用已崭露头角，但国内近年来移动情境感知服务在图书馆行业的应用进步迟缓。随着移动终端的普及，现在的情境感知技术已经在很多领域得到应用，虽然前景广阔，但如果其在实体图书馆中的应用无法得到有效推广，也无法得到发展。针对南昌航空大学图书馆，并综合国内一些主要的图书馆，本书提出一系列当前智慧图书馆应用现状下存在的问题并做出相应分析。

（1）构建成本较高，效率较低

首先毋庸置疑的是智慧图书馆建设前提就必须有现代科学技术作为支撑，这样才能在传统图书馆的基础上实现智能化的突破。无论是从技术还是硬件设备上对图书馆内各分支机构进行扩增，都会使得智慧图书馆建设成本大幅上升。就如 RFID 系统在图书馆的实施，首先 RFID 技术的引进需要大量的资金，构建一个完善的馆内系统则是更为艰难的过程，不仅需要投入大量的人力和时间，还会因为 RFID 在智慧图书馆中的应用没有得到成熟的运用，所以很多功能都受到馆内相关技术人员能力的限制还没有被开发。

当前南昌航空大学图书馆的门禁系统应用的感知技术通过刷校园一卡通、人脸识别两种方式感知来访读者的身份信息，根据数据库中信息检验结果自动开关门禁系统，但正是这项技术的创新性，所以也存在部分功能没达到完全开发的状态，例如除了芯片读取之外，这种感知技术还可以实现自动读取芯片的功能，在来访读者进入图书馆是距离门禁系统某个距离范围内就可以自动识别来访读者信息，以节省刷卡、等待校验等过程，提高了服务效率，也使得来访操作更便捷。因此，在智慧图书馆作为创新性发展的背景下存在部分图书馆花费高昂成本引进的技术却不能完全开发各项操作，于是导致了智慧图书馆构建成本较高但效率却没有明显提升的现象。

（2）情境数据提取困难

智慧图书馆要对来自不同的读者或同一个读者不同的需求进行服务，就只能通过全方位的挖掘、获取数据信息，才能更精准地读取"敏感"内容，以便后续的分析和推送工作。当前大部分智慧图书馆情境感知技术上还是停留在自动获取读者身份信息，以及通过传感器对环境信息感知、定位系统读取读者位置信息等，但仅仅依靠读者的身份信息、位置信息依旧难以确定用户个性化需求，所以也会对图书馆智能化发展有所阻碍。"情境"数据的获取对感知技术的要求较高，实体图书馆中感知设备的信息读取基本停留在对用户身份信息采集、管理，但相对于敏感"情境"数据就需要通过线上线下图书馆的共同获取。南昌航空大学图书馆基于微信公众号的服务平台也出现了难以感知情境数据的弊端，虽然读者进入线上图书馆后会在服务平台上留下各项操作印记，但由于后台数据仓库管理或者数据分析处理机制不够完善无法准确根据用户行为特征做出需求分析以及推送服务。因此，目前智慧图书馆提高"情境"数据提取能力就应该提升感知功能，避免数据提取困难带来的影响。

（3）共享机制设计不完善

读者进入图书馆首先会在交互平台上留下用户信息，或者被情境感知技术自动读取相应的身份信息，然而馆内读取数据的系统内要避免封闭式行为的出现，各个机构部门之间应该通过共享机制对用户数据信息进行及时的共享。"信息壁垒"的存在会很大程度妨碍了智慧图书馆的便捷性，信息在横向部门之间不能够交互共享，会导致智慧服务缺乏数据支撑产生扭曲的分析和判断结果。除了"信息孤岛"的存在，数据格式不统一、标准不一致也是导致共享机制不完善的重要原因，这样使得馆内数据仓库的接口不通，用户信息发生迟滞、偏差等现象。目前因为智慧图书馆刚进入试运行状态，所以系统内部存在职权责任不明确、管理边界不清晰的问题，也会导致共享机制不能成熟地运行。

在进入南昌航空大学图书馆时，门禁系统刷卡等校验信息的同时，就会默认将来访用户的数据信息读取出来，但是由于馆内数据共享机制的不完善，将会导致读者在馆内活动中需要再次登入图书馆信息输入相关身份信息。当读者进入图书馆内后进行其他活动时，例如希望通过在微信公众平台上进行查询或者检索馆内资源时，尽管他们的身份信息已经过门禁系统的校验，但依然需要重新在移动终端输入账号密码登入线上图书馆才能进入个人账户。综上所述，智慧图书馆虽然可以提供多元化个性化的服务内容和方式，但是馆内各系统间如果没有具备完善的共享机制，读者信息和资源信息在各部门间不能达到及时互通的状态，将会给用户和图书馆馆员带来很多麻烦，智慧图书馆也很难实现"智慧"型的转变。

（4）用户特征分析不准确，隐私存在泄漏风险

通过感知技术获取用户信息之后，更重要的是对这些信息进行分析并转换成用户需求，对数据进行准确的分析就必须依赖云计算的数据管理、数据分析和行为分析等技术。目前智慧图书馆对于获取的"敏感"数据还很难转化为用户需求，需要利用 IAAS、SAAS、PAAS 等技术搭建平台，在海量数据的基础上构建计算模型进行云计算，通过对用户行为的特征分析将用户行为转化为用户需求信息。智慧图书馆在对数据仓库分析没有建立完善的计算模型的前提下，就不能够准确的分析出数据背后的需求信息，因此就可能会导致接下来的推送服务工作不够准确。智慧图书馆为了实现更全面、便捷、智能的服务模式就需要基于情境感知技术的应用，它不仅只感知天气、温度、时间等情境数据，更重要的是实时感知用户行为等读者情境信息，从用户数据信息的采集、分析、处理、共享、存储等阶段就会面临敏感数据

安全性保障的问题。

以南昌航空大学图书馆内所提供的免费无线网络为例，它在方便读者阅读的同时可能也在悄悄危及我们的个人隐私。尤其是用户一旦连入公共场所的无线网中时，个人的访问信息将很容易泄露。智慧图书馆情境感知微服务模式的服务宗旨就是让用户轻松愉快地获得图书馆所提供的服务，一旦用户的隐私在访问图书馆的过程中遭到泄漏，用户接受服务的体验感立马就会降低。因此，在智慧图书馆情境感知微服务模式构建的过程中，要重点考虑保护用户的个人访问隐私，这样才能真正意义上提高图书馆的服务质量。

4.6 智慧图书馆情境感知微服务框架构建建议

（1）提升馆员专业素养，全力保障创新技术开发及应用

智慧图书馆建立在各项数据分析、人工智能及物联网等信息处理技术基础上，由此产生了大量的过程数据，里面包含了用户的隐私信息，这就要求图书馆服务人员要严守职业道德，保护用户信息安全；同时图书馆需要打造成学习型组织，服务人员和管理人员需要加强终生学习提升业务素质，新技术的应用需要各类参与其中的人员及时掌握进而可以大力推广，所以加快建立图书馆职业认证制度，建立各项培训制度是很有必要的。

（2）规范资源检索标准，建立存储海量信息资源的数据库

智慧图书馆框架结构的设计能够有力的实现云端数据的无缝衔接和访问，而海量数据堆积云端不加以分类设置，用户也很难找到所需数据，这就要求数字图书馆需要在构建海量数字资源的基础上，对数字资源进行规范检索标准。智慧图书馆依靠统一的资源检索标准、存

储及上传格式构建数字资源，使得用户从"云"端查找、获取资源变得容易。各个图书馆构建的数字资源，以及"云"端资源的合理配置和共享使得线上资源达到供给上放大数倍，真正满足了各类用户的需求。并且各类资源按照标准进行归类存放，用户能够很方便地检索到所需要的信息，实现智慧图书馆框架设计上的知识共建、共享，以多元化数字资源满足用户所需。

（3）优化移动图书馆环境，拓展共享机制提供多元化服务

智慧图书馆的建设除了新技术的广泛使用，基础设施建设也不容忽视。良好的硬件条件是新技术应用的必要条件；当前智慧图书馆微服务方式主要依靠微信、微博、微视频及 APP 等方式进行信息推送，这些方式都有赖于网络环境的优化，各个平台之间的信息共享、用户身份认证及周围"敏感"信息感知能否做到互通，从而实现对不同用户提供个性化的高质量服务。除此以外人性化的用户界面设置、友好的服务链接及多样化的服务内容都能够给用户带来美好体验，多从广度及深度拓展信息资源建设、多方位设置帮助机制，对图书馆的特定用户，诸如残障人士、信息素养低的用户，有效的帮扶机制能够树立其自信心，快速接纳新技术，促进其阅读兴趣，间接上保证了智慧图书馆的良性发展。

（4）确保数据完整性和用户信息安全性，平衡获取用户数据与敏感信息安全管理之间的关系

智慧图书馆最大的特征是数字化、智能化及自动化。过程数据、"敏感"数据管理就成为必须考虑的重要事项。智慧图书馆依靠感知技术获取的情境数据不只是天气、温度、位置之类的信息，还有用户性格偏好、历史数据等隐私，对用户来说不希望这些数据共享、分析乃至存储，进而面临数据泄露的风险。智慧图书馆应该建立完备的安全防护机制，同时加强图书馆管理人员及服务人员的安全防护意识，考

虑到图书馆的技术储备薄弱，甚至引入第三方加密技术支持，从基础数据做起，也可以通过加强智慧图书馆馆员的安全防护意识，培养图书馆数据管理的专业性人才提升智慧图书馆的安全保障，从技术、人员、机制三方面着手管理基础数据，防止数据泄露。

（5）构建"三位一体"管理系统、建立健全互动评价机制

智慧图书馆框架结构包括了智慧图书馆服务内容管理、服务终端管理及服务评价管理等子系统，各个子系统有不同的管理区域及职能，相辅相成共同构筑成一个整体。图书馆要想为用户提供精准、个性化且高质量服务，就需要从各个子系统出发，全面衔接和完善才能促进智慧图书馆情境感知服务的均衡发展；其中涉及服务内容管理、服务终端管理及服务评价管理尤为重要。首先，服务内容越来越多样化、个性化，是非常重要的一环，设计多元化服务内容有利于吸引用户持续关注；其次，服务内容需要终端设备展示，不同的终端可能展示的方式、形态不一样，特别是移动智能手机几乎每年都在更新换代，如何使得服务内容更好地契合终端设备，这是服务终端管理需要解决的问题；最后是服务评价，用户对服务的直观感受依靠这个反馈机制提供给管理人员，然后针对系统内相关机制进行整改，并对馆内资源库和情境数据库等方面进行不断的扩充和修改，不断丰富历史情境数据以逐步提高服务质量。

4.7 本章小结

"三微一端"已成为引领碎片化阅读的重要服务方式，也随之成为全新的文化现象。图书馆作为提供文化知识的平台，对于提高文化软实力水平、增强文化自信等具有很强的催化作用；其服务方式、服务

质量及其智能水平等受到高度的重视。本章提出了智慧图书馆的设计原则,构建了智慧图书馆情境感知微服务框架;创新性的设计智慧图书馆服务方式,并以此分别建立了微服务体系和智能实体服务体系,完善了智慧图书馆情境感知微服务内容和形式,实现了满足个性化需求的智能服务;最后提出了智慧图书馆情境感知微服务框架的发展建议。

第 5 章

智慧图书馆情境感知微服务模式建设

由上一章分析可知，智慧图书馆情境感知微服务模式建设受关键要素和内生外生动力影响。情境感知微服务模式建设的关键要素包括服务主体、服务本体、服务技术、服务受体这四大要素，概括起来就是资源、服务、技术、用户。而内生动力包括图书馆馆藏资源、人才资源、馆员自身特质、图书馆自身定位；外生动力包括智慧城市建设、信息化进程、用户的服务感知，所以这些内生外生动力也可概括为资源、服务、技术、用户感知；5.1 节到 5.4 节分别对应这四个方面来介绍智慧图书馆情境感知微服务模式建设包括的内容。

5.1 智慧图书馆情境感知微服务模式资源建设

5.1.1 智慧图书馆情境感知微服务模式资源建设的内涵

资源建设是智慧图书馆情境感知微服务模式建设的基础，图书馆资源是为用户提供服务的关键。有学者在第十届创新论坛提出馆藏文献资源是图书馆服务的根本，资源的组织水平、宣传力度、推广效果决定图书馆的服务效率。全球信息化进入全面渗透、加速创新、跨界融合的新阶段，信息化带来图书馆资源数字化发展，体现在纸质资源整合加工技术在逐步成熟，图书馆数字资源购买率在攀升，数字资源覆盖率在逐渐扩大，数字化资源使用效果明显优越等[106]。2001 年 IF-LA（国际图书馆协会）提出对资源发展的指南，认为图书馆资源建设分为两个层次，第一层次是基础包括资源特色的建设、资源载体、资源的馆藏、资源建设部门的职责等，第二层建设是基础层的拓展，如对资源发展评估与规划、资源利用的评价、资源建设指标等。本书认为图书馆资源除了馆藏资源以外，还包括提供和组织馆藏资源的其他资源，如信息资源的拓宽，图书馆组织机制的改善包括新设备的引进，图书馆管理人才和技术人员的培训与纳新等。图书馆的信息资源、组织资源、人力资源，共同构成智慧图书馆情境感知微服务模式建设体系，图书馆各种资源相互配合，共同发展，构建情境感知微服务模式资源框架，为情境感知微服务的发展保驾护航。

5.1.2　智慧图书馆情境感知微服务模式资源建设的主要构成

图书馆的信息资源，图书馆组织资源，图书馆人力资源等共同构成图书馆情境感知微服务模式资源建设。

（1）图书馆信息资源

信息资源由文献资源演化而来，其概念大约出现在 20 世纪 80 年代，随着互联网信息技术的发展继而深化为信息资源。第四次工业革命的到来，引领人们进入大数据时代与智能化时代。计算机、物联网等技术的普及与应用不断拓宽信息资源的外延，从竹简书籍到纸质印刷、数字资源再到多元载体并行。信息资源的建设不再单纯是图书馆"拥有"多少资源，读者能够从图书馆"获取"多少资源，图书馆信息资源建设服务以"可用性"为导向，由"收藏资源"转向"服务用户"功能[107]。信息资源的多元化，用户需求的多样化，信息资源建设的复杂化都需要图书馆信息资源建设按照科学化路线发展。图书馆想要在信息化时代生存，必须全面提高自身的服务水平，特别是要加强信息资源的建设，信息资源服务体系是每个图书馆综合实力的体现，对用户的感知服务差异起着重要的作用。信息资源建设不仅是提升图书馆综合实力的需要，更是高校建设一流学科的要求。2017 年 9 月 21 日教育部正式公布了"双一流"高校建设名单，42 所高校进入一流大学建设行列，95 所高校进入一流学科建设行列[108]。高校图书馆作为高校信息资源保障地，是一流大学及一流学科建设的重要基石，为了能给用户带来更多更好的体验，也为了保障"双一流"高校资源建设，需要探索新的信息资源建设模式。而公共图书馆正在面临信息时代的冲击，一部分公共图书馆开始进军知识化、智能化领域，为了能够更加完美的向知识信息功能转化需要构建一套功能较全的智慧图书馆情境感知微服务模式。

（2）图书馆组织资源

智慧图书馆情境感知微服务模式资源建设中的组织资源包括情境感知微服务平台的设计及运营维护，各种智能服务设备的采购更新等。情境感知微服务平台与各种智能设备是智慧图书馆提供情境感知微服务的载体，高质量的情境感知微服务平台设计与科技化的智能服务设备是带给用户高水平体验的前提。国内对于图书馆情境感知微服务平台的运营及优化颇有研究成果，李斯、唐琼[109]分析了在微服务快速发展的现代，高校图书馆微博的角色形象特征，认为为了建设高校图书馆微博良好形象需要改善图书馆微博平台的运营状况。也有学者[110]以新浪微博认证的用户调查我国高校图书馆微博服务现状，认为我国高校图书馆微博要进一步加强宣传和平台升级。图书馆在建设智慧化的服务模式时关注的是如何让更多的用户了解智慧图书馆的服务模式，更大的意愿让智慧图书馆的服务走进日常工作生活中，因此有学者[111]总结传统的图书馆营销模式，分析其不足之处，提倡构建新的图书馆微博平台的营销模式。图书馆情境感知微服务平台设计与运营理论研究已取得良好成果，但是关于服务平台的具体运用效果欠佳，需要更多的投入实践中。智慧图书馆的微服务中离不开各种智能服务设备的应用，目前我国大部分图书馆已提供无人自动借还书机设备，可 24 小时为用户服务；另外北京大学图书馆还提供了 3D 打印服务引领创新服务潮流。但是 3D 打印机、可穿戴设备等在图书馆中的应用率不高，还需要进一步的加快技术升级，提高服务水平。AI、AR 技术在全球各个领域蔓延开，图书馆应该抓住信息技术的潮流，让智慧图书馆情境感知微服务朝着智能前沿发展。随着当前网络化的日益发展，提供情境感知服务已成为我国图书馆从传统图书馆模式向智慧图书馆模式转型的必然要求。但智慧图书馆的构建不是高科技设备的堆积，而是利用这些新技术，获取和分析用户的情境数据信息，为用户提供更加人性化和个性化的服务。

（3）图书馆人力资源

技术管理人员是智慧图书馆情境感知微服务模式建设的智囊团，微服务平台的研发运营，图书馆智能设备的采购，图书馆规章制度的制定，图书馆发展定位，情境感知微服务模式的建构等都离不开技术管理人员的集思广益。人力资源的开发与运用是所有企业和单位发展的重要环节，智慧图书馆发展到如今，图书馆工作人员的业务技能能否接受信息技术的考核是关键。智慧图书馆情境感知服务内容的创新设计离不开掌握技术创新的技术者，能够识别用户需求的发现者，以及从宏观上调整服务内容设计的管理者。我国图书馆对于人力资源的引进以及配置方面缺乏统筹规划，引进人员时往往出现盲目性和随意性，岗位配置和人员管理上出现不均衡现象。相对于其他部门单位，图书馆的事业单位编制配额总是缺乏，岗位和编制配置紧张，人力资源分配不平衡[112]。然而图书馆的工作人员特别是高校图书馆，多为兼职聘任，被动式配置管理岗位人员，例如在人才引进时将其配偶安排在图书馆的管理岗位上，而这些一线技术以及文献检索教学等岗位都需要以一定的图书情报知识为基础，而配置在这些岗位的大多数不是这个领域的相关人员。第一，这些非专业人员对于图书馆服务并不熟悉，不能明确图书馆服务今后需要如何创新发展新内容；第二，在具体实施怎样利用新科技进行图书馆服务内容创新时缺乏相应的技术水平。所以图书馆在引进和培训技术管理人员时要注重人才的自身专业素养，打造智慧图书馆情境感知微服务模式软实力。

5.1.3 智慧图书馆情境感知微服务模式资源建设的策略

（1）信息资源建设上采用 B2C 资源建设模式

自"十三五"以来图书馆信息资源在进一步实行扁平化建设，图书馆信息资源是智慧化服务的基础，信息科技的发展，信息的载体，内容，形式等开始多样化，人们可获得的资源呈现指数增长，但是想要获取可用的资源却变得越加困难，采用 B2C 资源建设模式可有效缩短用户与可用资源之间的环节。用户需求导向的资源采购模式逐渐成为常态，当前用户驱动的资源采购模式有 PDA 模式（patron-driven acquisition）读者决策采购和 POD 模式（publish on demand）按需出版，较之读者荐购[113]（读者向图书馆推荐购买、收藏某种资源），PDA 和 POD 在资源建设主体上是用户自身，而读者荐购资源建设主体仍是图书馆。虽然 PDA 和 POD 在纸质和电子资源上用户参与广泛，但是还没有涉及数据库建设，而 B2C 资源建设模式试图将图书馆纸质图书，电子图书的采购以及数字资源的订购，续用等权限全权交给用户决定。目前 B2C 模式是用户参与资源建设最广泛的模式，基本涉及图书馆的全部信息资源建设，特别是电子信息资源，涉及图书馆情境感知微服务模式建设。所谓的 B2C 资源建设模式，运用到 OPAC 系统、读者系统、数字资源管理系统等，具体操作是用户登录数字资源管理系统中的"用户采购"界面，按照自己的需求直接采购所需的电子信息资源。B2C 模式是智慧图书馆情境感知微服务模式的重要组成部分，它的应用可缩短用户与信息资源的距离，同时也激励用户参与图书馆信息资源建设的意愿。

（2）微服务平台设计与设备更新紧密于用户需求

随着手机等移动设备的发展，微服务已迎来全面花开的时期，图书馆微博、微信成为常见的微服务模式，移动 APP 成为人们掌上服务厅。微服务及智能设备的发展并逐渐普及，个性化服务成为这些智能设备及服务的标签。实现服务个性化，微服务平台的设计及智能设备更新就需要贴合用户的需求，针对不同用户及需求搭建个性化服务平台，向用户推荐趣味化、感知化的服务是图书馆情境感知微服务的主体任务。例如进馆、借还书可利用人脸识别技术、设置 3D 体验室、带读者进入视觉、听觉享受，增加用户进馆体验的趣味性和积极性。另外 AR（虚拟现实）和 AI（人工智能）技术、可穿戴设备、数据挖掘等新兴技术设备已渗透在各行各业，这些技术和设备使得图书馆服务功能大幅度提升，满足用户视觉和听觉需要以及阅读习惯。"用户至上"是图书馆服务的宗旨，图书馆在进行任何一项新项目的建设或是改善已有的服务功能，需要图书馆工作者实地访谈，设计调查问卷，让用户参与其中，了解用户的真实感受，对图书馆情境感知微服务提出意见与改善建议，让服务改善与创新以用户的需求为依据，使得以用户需求为基础的微服务平台设计真实可靠。

（3）拓宽人力资源，提高图书馆员队伍基准

围绕图书馆的定位发展规划与特色资源优势发展建设，结合工作需要，人力资源与编制配置管理部门在引进外来人才资源与培训内部管理人员时统筹考虑图书馆人力资源现状，明确不同岗位的人才空缺情况，并且明了不同岗位需要哪种技能的人才。在招聘图书馆人才时优化招聘方式的结构，内部选聘与外部招聘相结合，特别是在高校图书馆中常常是由教职工的家属填补图书馆职位的空缺，称为被动式接收安置人员，正如前文所述，图书馆工作人员需要熟悉图书馆服务内容，掌握相应的服务技术，人力资源部门要根据个人特质不同安排相应的岗位。另外被动接收人员的安置，人力资源部推行择优胜任制，制定合理的岗位胜任结果评价方法，评价内容包括专业知识，技能水平，内驱力，工作动机等方面。对于高素质需求的岗位可以内部考核择优或者是对外招聘优秀人员，提高进入门槛，要求接受过图书情报知识培养的人员，同时掌握一定的计算机技术和外语能力，承担智慧图书馆情境感知微服务模式建设的大任，提升人力资源有效配置，强化智慧图书馆情境感知微服务模式人才队伍建设。经过层层选拔出来的图书馆人才要进行入馆培训，使其充分了解图书馆工作岗位的发展状况与工作要求，明确该岗位的工作内容，同时了解被选人员的工作意向，最后达成共识，拟定聘任人员名单。

5.2 智慧图书馆情境感知微服务模式服务建设

在互联网信息技术快速发展的环境下，我国公共文化服务模式建

设不断加快，同时也对图书馆的服务体系提出了更高的要求。图书馆智慧服务是互联网＋图书馆的产物，能够全方位感知用户需要，是信息互通的智能化服务，是传统图书馆文献服务、借还书服务向智能化服务的转变，也可以理解为是技术服务、信息服务、知识服务的结合，图书馆智慧服务将会对人们的文化生活产生深远影响。智慧图书馆所提供的微服务是智慧图书馆情境感知微服务模式建设中的主要组成部分，对图书馆情境感知微服务的研究是图书馆发展的必由之路。

5.2.1　智慧图书馆情境感知服务内容设计原则

图书馆的智慧服务设计离不开基础设施建设，也离不开规章制度的保障；而图书馆智慧服务以用户的感知差异性展示出来，并最终反馈给管理人员进行针对性的完善。图书馆智慧服务内容设计原则是建立在"读者至上"基础上的。任何技术、服务内容都是为了方便读者、提升读者为最终目标，如图 5-1 所示构建的智慧图书馆服务内容的设计原则：

（1）信息技术先行

近年来随着移动网络的快速发展，图书馆用户更倾向于智能手机端获取信息资源，常见的微博、微信等成为人们沟通的即时工具。移动网络产生的大量基础数据需要通过各种先进技术进行分析、挖掘；同时也要明白智慧图书馆情境感知服务的建设离不开先进技术的支撑，服务内容的提供也离不开先进技术的支持。图书馆如果想提供和以往不一样的服务内容，就需要对现有服务架构进行重新梳理。建设智慧图书馆是现有图书馆一个漫长的、不断重构的过程，因此提高现有图书馆的技术使用及推广是完善图书馆智慧服务内容的首要原则，智慧图书馆需要根据现有资源存取方式、用户偏好、技术储备和人才队伍情况不断做出适时调整。

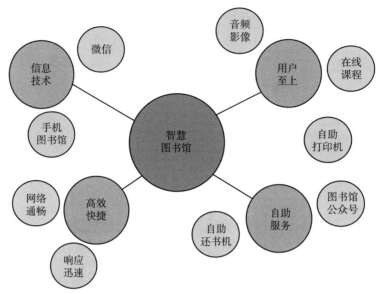

图 5 – 1　智慧图书馆智慧服务内容设计原则

（2）用户至上

图书馆的各项工作，无论是日常的环境设备配备、馆藏资源建设，还是现今的各种高新技术的不断引进，最终目的都是给用户提供高效的图书资源服务，因此智慧图书馆情境感知微服务模式的微内容设计必须遵循以用户为中心原则。要做到想用户之所想，做用户之所愿，图书馆的环境设备配备，馆藏资源建设，科技查询技术等都要以读者的需求为优先考虑因素。在智慧环境下，随着情境感知技术的应用，图书馆在传统服务的同时，还可以提供衍生服务，比如图书借阅的基础上，衍生出音频视频试听、读者评论分享、喜欢章节内容打印、相关图书推荐等服务，以满足用户的不同需求。

（3）高效快捷

智慧图书馆情境感知服务内容一般来说都是自动化的，用户基本无须等待。读者在利用网络交流或面对面咨询时最讨厌没有网络响应，或者图书馆员无法及时解决问题，这些都会让读者产生抱怨、对图书馆服务失去信心。智慧图书馆在服务读者的过程中，馆员不仅要认真回答读者的咨询问题，而且还要尽可能的在第一时间给读者回应，如果收到的读者咨询太多，也要即时提醒读者稍等片刻或者告知读者将在什么时间将问题的答案反馈给读者，让读者做好心理准备。否则其他问答机构如百度知道、新浪爱问、天涯、知乎等的使用会在一定程度上减少读者对于图书馆的使用率。

（4）自助服务

自助服务的优点有很多，尤其是在智慧图书馆环境下，普遍读者自身的信息素养和文化水平本就很高，读者能够通过阅读操作指南，初步掌握数据库和各种信息系统的使用方法。授人以鱼不如授人以渔，让读者能够自主获得想要的服务，可以让他们更有效地使用图书馆的资源和服务，同时大大地减缓了图书馆馆员的工作压力，让馆员们能够有更多的时间和精力去提高智慧图书馆的服务质量。图书馆界一直致力于建设提供 7×24 的联合参考咨询服务，在智慧图书馆环境下，更是打破时间和空间的界限，可以全年 365 天不间断地为读者提供多种形式的服务。这是指在智慧图书馆的建设过程中，要充分依据读者的需求和习惯，在指定地址设置各种自助设备。同时在图书馆开馆时间之外，读者可以利用图书馆设置的自助设备（如自助还书机、微信图书馆公众号或者电话邮件等方式）获取想要的服务。

5.2.2　智慧图书馆情境感知微服务模式服务建设的主要构成

智慧图书馆是各种感应设备的相互组合和配合，其功能就是收集用户的行为轨迹，通过客户端将用户的情境数据信息进行分析与处理，结合用户的浏览痕迹，兴趣爱好等信息，根据用户情境向其推荐资源服务。另外用聚类分析挖掘用户的阅读兴趣、行为习惯进而建立不同的兴趣部落，实现用户社区文化交流，而此交流平台是开放的、流动的，使用户与平台之间，用户与用户之间，用户与图书馆之间，图书馆与数据库运营商之间互通联动，提高图书馆智慧化服务的服务范畴，增加服务的精准性与安全性。

（1）基于 5G 的个性化服务内容

5G 技术具有超高传输率，超低延迟率，能够支持大规模高密度与高速度的设备，搭档高可靠性的新一代蜂窝移动通信技术[114]。结合 5G 的智慧图书馆个性化服务内容如下：

①超高清 VR 直播：超高清视频一直是互联网时代追逐的核心项目之一，超高清视频能够带给用户更直观的视觉享受，5G 凭借强大的网络传输率能够轻松驾驭 8K 的超高清视频，搭载 VR 视频会议，通过各定点的摄像头全景直播，让远在图书馆之外的用户只需通过佩戴 VR 装备与移动通信设备就可远程观看。

②智慧阅读空间：智慧图书馆可根据用户的阅读需求开设主题阅读空间，智慧图书馆可通过 5G 与互联网技术在虚拟空间中连接相关设备与网络组成，用户只需在移动图书馆中设置个人或是小组的阅读需求，智慧阅读空间即会向终端发起资源搜索以及根据用户的需求设置相应的阅读空间，让用户在移动设备的虚拟空间中享受阅读。

③智能机器人：在技术发展的现今，人机交互的设备备受用户青睐，5G 技术的高频与传输功能能够实现机器人之间以及机器人与设备之间的互联互通，实体机器人则会为用户提供馆内导航、图书借阅归还以及资源搜索等服务；虚拟机器人则在移动客户端为用户提供语音导航、语音阅读文献、虚拟动画表演、虚拟仿真实物等服务。

（2）基于空间感知的服务内容

智慧图书馆需要多设立几个开放式体验馆，能够吸引一些对体验项目感兴趣的人群走进图书馆，进而成为图书馆的常客，同时也能增加图书馆内读者的乐趣，多一些可以使读者放松的地方，使图书馆能够实现精神、感情以及智力上的多重服务体验。关于体验服务的项目，可以进行 3D 打印体验、VR 设备体验、可穿戴设备体验、音乐欣赏室体验等多种体验方式，智慧图书馆能够多多引进新技术的体验设备，开放体验场馆，提供更多的读者体验服务，实现更高层次的读者服务。传统的图书馆场所早已经无法满足当代读者的阅读需求了。智慧图书馆的建设应当考虑将图书馆划分为多个空间，每个空间提供的服务不同，例如在图书馆的一个空间内能够向读者提供餐饮服务，一个空间内提供电影播放服务，一个空间内提供音乐鉴赏服务等。未来的图书馆一定是一个集娱乐与学习的包含多个场所的综合性场馆，也会成为最受读者欢迎的地方。基于空间感知设计的服务内容具体如图 5 - 2 所示。

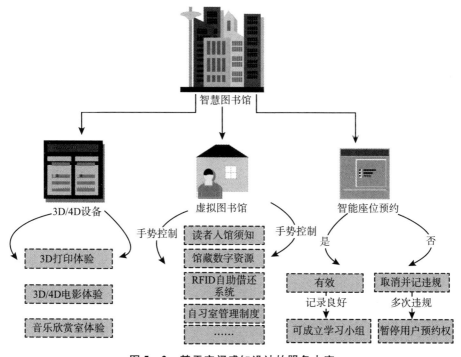

图 5 - 2　基于空间感知设计的服务内容

①3D、4D 体验：图书馆不仅是数字资源和纸质资源的堆积场所，更是一个知识供给源泉。图书馆应该能够展示当今世界科技的辉煌成果，激发人们的求知欲，特别是对青少年读者能起到一个科学引路人的角色。智慧图书馆的建设本来就融入大量的先进技术，这些技术可以进行虚拟化展示，通过 3D、4D 电影进行体验；还有一些 3D 打印体验、移动设备体验；音乐欣赏室体验等多种体验方式。当前各个城市都在建设文化中心，打造图书馆、美术馆、科技馆等于一体的大型公共文化服务平台，集娱乐设施体验于一体的图书馆空间服务能够丰富用户平常的阅读体验，也更乐意和身边的人分享这种喜悦，间接促进了图书馆的发展。

②手势控制虚拟图书馆：通过构建一个全面的图书馆网络，利用物联网、云计算、大数据等信息技术，将图书馆馆藏资源、感应监控设备读者互动等连接起来，加强读者与图书馆之间的联系，形成一个综合性的、全面的信息共享平台，实现图书管理、查询、借阅等全方位的一站式便捷服务，为读者提供了一个开放性和智能化的智慧学习环境。用户登入虚拟图书馆后，即会出现"即刻体验""扫一扫""立即阅读""发送文件""下载"等相应的服务，类似于用户使用智能手机时长按手机屏幕出现的各种服务项目。每项服务都非常细致、精确，比如当读者搜索图书时，可以获取图书的作者相关资料、内容简介、创作背景等信息，同时也可以获得阅读过该书籍的读者的评价并在书籍下发表自己的评论，也可以将其他相关书籍的跳转链接添加进去。通过这样书籍间相互连接的方式，将图书馆的图书连接起来，方便读者搜寻自己喜爱的图书的同时也便于图书馆的管理。虚拟图书馆是图书馆与时代发展的完美衔接，极大地节约了实体图书馆的空间。

③智能座位预约：读者可以利用图书馆官方网站首页或移动图书馆进入图书馆座位预约系统，预约图书馆的阅读座位。比如每位读者

在第一次使用座位预约系统时都要求注册，每位新用户在注册之后每个学期会有基础信誉积分 100 分，在之后的图书馆阅读生活中，读者如果有违规行为会被扣分，当个人信誉积分低于 70 分时会被禁止借阅图书和座位预约。读者应当在选定的时间段内到达已经预定的座位，通过桌面上的设备信息进行签到，确认本人信息。若读者在预定时间内没有刷卡到达所选位置，图书馆管理系统将默认为违规行为，扣除一定的个人信誉积分。除个人预约座位外，也可以为学习小组提供研讨自习室，学习小组可以由组长通过输入小组成员信息进入座位预约系统，为组员们学习讨论提供一个安静的环境。在线座位预约功能能够有效地减少占座现象，提高座位的利用率，也培养了读者的时间意识，珍惜图书馆座位资源。

（3）基于用户行为感知的服务内容

电子商务领域往往通过分析用户的历史数据针对性地开展促销活动，根据用户的浏览记录、购买记录等信息识别其兴趣偏好已经是非常成熟的技术，智慧图书馆也可以结合用户消费及娱乐记录开展相关的服务内容设计，如图 5 - 3 所示。

①基于学习交流的图书馆线上朋友圈服务：本次调查发现，很多高校图书馆及省级公共图书馆都已经开通了微信公众平台，但读者使用率并不高，主要还是微信公众平台服务单一，主要是传统的馆藏查询、公共通知等。读者说到底还是群体性的，在借书还书之余有沟通的欲望，图书馆微服务线上平台可以考虑开通朋友圈服务，读者登录图书馆 APP 对相关图书馆点评而且其他人可以看到，图书馆 APP 在注册的时候绑定微信或其他即时通账号，读者之间可以加好友甚至是"互粉"，增加读者之间的互动；图书馆定时组织线下活动，促成学习型组织的产生；使得线上的虚拟社区走入生活，进一步加深友谊。让读者不仅是增进知识，更收获友谊。这对年轻人来说是非常有意义的

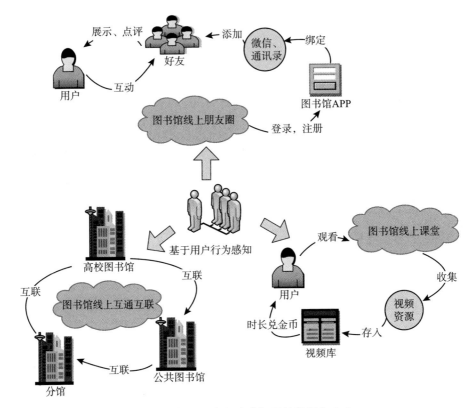

图 5 – 3 基于用户行为感知设计的服务内容

注：作者绘制。

事情，能更加激发读者的阅读热情，增加图书馆 APP 的使用频率，通过用户阅读偏好分析更能方便用户查找相关书籍、充实了人们业余生活，使图书馆衍生为一共综合型的文化空间，人们乐意前往的休闲娱乐场所；有了人气，图书馆才能扩展了个性化服务，朝着智慧化方向继续发展。

②图书馆线上课堂：图书馆可以构建一些慕课学习资源、甚至是娱乐旅游休闲甚至是养生类的微视频，这些视频时间段、内容丰富，特别适合移动终端的展示。当下很多微视频客户端采用的是商业化模

式运作，需要购买会员才能看，而且各个平台之间是独立的，比如爱奇艺、优酷、土豆等，还有一些直播类的视频网站斗鱼、虎牙直播、YY 直播等采用的是打赏方式。而图书馆完全可以集成各个分馆资源、甚至是形成整个地域图书馆联盟（城市群、高校联盟），以平台共享所有资源并且免费的方式进行展示，从内容丰富的角度吸引用户。为了激发用户的学习热情，可以考虑积分制度，每天登入、阅读文章、看视频资源等都纳入积分制度，再以积分兑换图书馆特有纪念品，或者是增加借书量；移动互联网的发展催生了微视频业务，虽然微视频不属于图书馆的传统业务，但图书馆馆藏资源可以通过这种方式进行展示，这也是智慧图书馆情境感知微服务内容设计的领域之一。通过设计微视频内容展示馆藏资源所包含的知识，也迎合了当今年轻人的消费和娱乐习惯，以人们喜乐见闻的方式设计服务内容对图书馆来说其实是不错的选择。

③互联互通资源共享：当前图书馆很难靠一己之力满足用户所有需求，特别是个性化的需求。各个图书馆的馆藏独具特色，完全可以组建成一个区域性互联互通的智慧图书馆联盟。这种联盟和传统的数字化图书馆时代的联盟不太一样。数字化图书馆联盟一般是馆藏数字化资源的互传，馆与馆之间的定期对接，甚至是专人负责运营；例如江西的昌北高校联盟，江西的七所大学图书馆资源互通，如果读者所在的学校图书馆搜索不到读者想要的文献资源，而其他六所学校中有这些资源，读者可以在页面向其他六所学校申请文献资源，申请的资源一般不超过 24 小时便会发送到读者邮箱。智慧图书馆联盟可以在这个基础上更进一步，将所有数字资源全部实现共建共享，最大可能实现互联互通，这种局面不仅可以极大丰富馆藏资源、实现各馆之间的优势互补，也有利于智慧图书馆情境感知微服务平台建设，促进地区性的图书馆智慧服务的发展。

（4）基于位置感知的服务内容设计

现如今，有很多的手机 APP 都能提供基于位置的推送服务，包括附近的店铺信息、位置导航服务等，可以说关于生活上的信息生活圈中应有尽有。基于位置的感知是智慧图书馆的特点之一，根据读者的位置信息，向其推送位置相近的图书资源或工作人员办公处。现在大部分的高校都发展建设了自己的分校，而高校图书馆的构成也是由各个分校的图书馆组成；公共图书馆更是大多会分别在本省的不同地区建立分馆，实施总分馆制，形成庞大的图书馆网络体系。基于位置的推送服务，可以使读者就近享受图书馆各项资源和服务，大大节省了读者的时间，适应现今人们的快节奏生活。

基于位置感知的图书馆个性化服务可以拓展出五花八门的服务形态，图书馆可以理解为公共文化场馆，有文化休闲的功能定位，人们在这个场馆不再仅仅是读书，也可以是文化旅游、朋友聚会等活动的目的地；同样线上数字图书馆也不再是纯学习网站，可以为人们提供一些休闲、趣味性的视听资源，如养生、戏曲节目等；图书馆依靠位置感知可以为人们提供涉及旅游、学习、居家三种不同场所的个性化服务主要有以下几点（见图 5 - 4）。

①旅游指南。如果用户旅游到本地，登录图书馆情境感知服务系统，图书馆可以向用户推荐本地的人文地理相关知识，如果是本地用户外出旅游，一样可以获取所需要的旅游心得，甚至是旅游景点推荐；用户外出旅游消闲书目单推荐，风景名胜介绍等信息推送服务。

②居家休闲。系统感知用户位置在家（用户注册家庭地址真实的前提下），图书馆根据聚类挖掘算法可以知道相同兴趣的用户在家时浏览记录，并进行推送信息服务，或者根据"附件的用户正在读……""和你相同兴趣的人正在读……"，图书馆也可以开设居家休闲栏目，并推送给在家的用户。

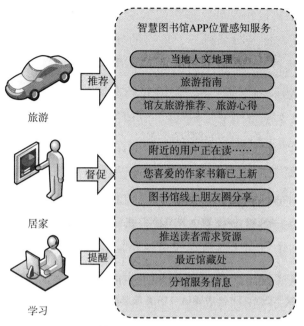

图 5 - 4　基于位置感知设计的服务内容

③学习资源推送。用户的学习是一个持续性的过程，根据其借阅或浏览信息大概可以知道处于什么样的阶段，图书馆可以结合历史借阅数据分析，并推送处于这个阶段的其他用户借阅书目单，或者不定时推送座位预定、就餐饮食等信息，提醒用户除了学习还有生活需要关注，顺便承担起一个生活管家的角色。

5.2.3　智慧图书馆情境感知微服务模式服务建设的策略

智慧图书馆的创新服务是满足读者追求阅读新体验以及获取资源便捷高效的集中体现，而图书馆的创新服务又来自服务内容设计的创新。设计创新服务内容的过程总会存在一定的难题，以下是本书对智慧图书馆情境感知微服务模式服务建设的策略。

（1）借助新科技发展，加快微服务内容更新

科技发展的面貌日新月异，城市的发展依赖信息科技的综合应用。2019年开始推行的5G技术正在蓄势待发，各行各业瞄准5G时代的到来，并为其做好相应的准备，最明显的则是手机行业的相互竞争。另外情境感知技术也正在蓬勃发展，应用前景广阔，无论是高校图书馆还是公共图书馆都在致力于智慧图书馆的建设。然而智慧图书馆的发展并非一帆风顺，情境感知微服务模式建设的成果、智慧化的程度不尽如人意，图书馆的智慧化服务只停留在表层的智能化层面，服务模式单一，服务创新意识缺乏，简单而普遍化的资源推送以及借还系统功能早已不能满足用户的科技享受。因此在5G时代的初始，图书馆应该要抓准时机，推出5G时代下智慧图书馆情境感知微服务内容，满足用户与时俱进的体验需求。结合新兴且发展迅猛的情境感知技术，根据用户所处空间及行为来感知所需指令，让用户的阅读充满科技色彩，充分的了解用户所需，使得这些服务又充满人文情怀，用户通过VR设备身临其境，全方位享受智能科技与设备带来的全新阅读体验。智慧图书馆情境感知微服务内容设计需要设计者善于发现人们的需求而加快服务内容的更新步伐，从而增加图书馆的"粉丝量"。

（2）协调服务开发组织，提供现代化管理的微服务平台

现代化管理的微服务平台建设是微服务内容开发与运用的基础，传统的实体图书馆服务平台在信息高速化发展的现代早已"不堪重负"，建立新一代的智慧图书馆情境感知微服务平台在信息容量巨大的环境下呼声日益高涨。开发新一代的智慧图书馆情境感知微服务平台需要结合图书馆的发展需求，即需要承载更多的新技术，如5G技术，情境感知技术，搭载全方位的风险评估保证。保障微服务平台平稳快速运行是这一代微服务平台建设的关键，5G技术下的图书馆管理平台存在很多的不确定性，技术风险无法准确评估，情境感知技术目前在

智慧图书馆的发展中应用较广,但是运行存在的风险却无法避免。因此图书馆在智慧化的发展中需要形成自身微服务平台的发展模式,积极借鉴如大型博物馆等文化场馆的平台建设模式,加强与信息技术商家的合作,努力开发新技术下的微服务内容,同时组建微服务平台开发的技术人员团队,协调好技术开发组织的工作,缩短平台风险评估的周期。及时开展技术平台风险评估能够保障智慧图书馆情境感知微服务平台平稳快速运行,积极响应用户的服务指令。

5.3 智慧图书馆情境感知微服务模式技术建设

信息化科技浪潮汹涌的今天,任何事物的发展都离不开技术的支撑。智慧图书馆情境感知微服务资源的收集、整合、推送,微服务平台服务内容的推陈出新,以及创意化的内容设计等,其背后起到推波助澜作用的正是技术层。技术建设为连接用户与智慧图书馆情境感知微服务搭起了桥梁,因此在智慧图书馆情境感知微服务模式建设中起到承上启下的作用。本节将介绍物联网、云计算、大数据等技术在智慧图书馆情境感知微服务中承担的重要任务以及对技术建设提出的相关策略。

5.3.1 智慧图书馆情境感知微服务模式技术建设的内涵

智慧图书馆情境感知微服务模式的智能化主要体现于科技在微服务的应用中。信息化浪潮的涌现,出现了云计算、大数据、物联网等信息技术,是智慧图书馆情境感知微服务发展的催化剂。各种新兴技术在各行各业如火如荼地进行创新融合,使得各行各业的服务面貌焕然一新，与此同时，新科技为图书馆的发展注入了新鲜血液，为传统图书馆带来生机。科技的融合带给用户新的体验，革命性的服务变革改变了用户对图书馆服务的以往认知，不仅增加用户对智慧图书馆情境感知微服务的好感度，也能够提升图书馆情境感知微服务水平。技术建设贯穿智慧图书馆情境感知微服务模式建设的始终，技术的发展才能为用户提供高体验性、高质量的服务内容，为用户及时推送高效、全面的信息资源。因此综上所述智慧图书馆情境感知微服务技术建设顾名思义就是综合运用即时的新兴技术，结合图书馆情境感知微服务自身服务特性，让新兴的技术能够融合到智慧图书馆情境感知微服务中，使得智慧图书馆情境感知微服务的服务方式得以扩充，服务内容更加体现人文关怀，服务对象（用户）的阅读方式趋于多样化，体验感得到优化。

5.3.2 智慧图书馆情境感知微服务模式技术建设的主要构成

（1）信息资源建设中的物联网技术

物联网在智慧图书馆中的运用分为三个层级架构，第一层是感知层，由传感器组成，如 GPS、RFID 传感器等，自动识别周围的环境与物理信息。第二层是网络传输层，即对感知层收集到的信息进行检测，确定所需信息并对其实时更新，传输到各个部门，实现不同地点的不同职能部门能够同时获取信息资源。第三层是应用层，不同的设备结合从网络传输层输送的信息进行人机交互。应用层能够为智慧图书馆提供业务管理和维护，如网络图书编目，移动图书馆定时推送消息，自助借还书等；另外也能实现智能感知的功能，如馆内的声光控制，温度湿度的调节等，对于移动图书馆的感知功能便是能够根据读者用户浏览痕迹以及收藏的书目为用户推荐可能喜爱的书籍资料等。

（2）信息资源检索中的 MVS 技术

MVS（mobile visual search，视觉移动搜索）是一种处理图片、视频，同时又具备定位功能的技术，以收集获取图片及视频为目标，定位用户所需，经过无线网络传输给检索视觉对象[115]。随着 Web 2.0 的技术发展，移动搜索已成为信息科学领域的研究热点，特别是 MVS 成为信息检索领域重要的研究课题。目前的 MVS 技术国内外都处于研究的初级阶段，国外对于 MVS 的研究主要体现在其基础理论、技术应用及其推广上。MVS 的概念是在斯坦福大学举办的首届移动视觉搜索研讨会上提出的，随后几年国外的 MVS 技术应用随着移动网络和设备、基础理论等的发展而不断完善，迅速介入如电子商务、旅游管理等各个信息领域[116]。MVS 技术运用于图书馆的作用在于，其拥有的图像视频处理器可以满足读者对智慧图书馆情境感知微服务中信息检索的智能化需要，并且 MVS 在处理图书信息资源的海量数据方面具有得天独厚的作用。

（3）服务内容建设中的云计算及大数据分析技术

云计算是分布计算的一种，将巨大的数据处理程序分解成多个小程序，简言之是分布计算，并行计算，负载均衡，虚拟化等计算机与网络发展的产物。当前云计算在图书馆中的运用主要体现在：一是整合各类实体与网络资源，降低运行成本。例如服务器与互联网，信息资料等的整合能够提高移动图书馆的资源搜寻效率，各服务设备的有效整合发挥了整体大于部分的效益大大降低基础建设成本。第二是减少软硬件的购置费用。云计算的引进好处在于能够完成所有软件的安装与升级，节省智慧图书馆发展的各种资源。

大数据分析简言之分为四个步骤，第一步是由监控器等提供数据源，然后以云计算等技术收集数据并进行存储，第二步是对收集的信息进行信息过滤，提取有价值的部分，第三步是对第二步中的信息进行价值发掘，发现用户所需知识，第五步是预测分析智慧图书馆系统运行风险、用户需求、服务模式发展趋势等，在智慧图书馆中为读者提供精准化服务，为智慧图书馆情境感知微服务模式服务内容的开发提供技术支撑。

5.3.3　智慧图书馆情境感知微服务模式建设技术建设的策略

（1）融合物联网技术创新＋改善智慧图书馆情境感知微服务信息资源推送功能

物联网技术在智慧图书馆中的普及与运用丰富了智慧图书馆情境感知微服务信息资源的管理方式。物联网在微服务信息资源中能够为馆内设备带来自动化，如自动化设备，馆内的灯光照明与网络连接，自动感知室内光线的明暗度来控制馆内的照明系统；移动图书馆中的感知功能则体现在通过用户的检索和浏览痕迹推荐用户可能感兴趣或所需的信息资源。物联网技术带来的不仅是实体图书馆的智能便捷，更为智慧图书馆情境感知微服务带来创新服务，如物联网技术下图书馆的图书编目、图书馆情境感知微服务资源的联网更新、为移动图书馆用户及时推送用户所需信息资源等服务功能。面对浩瀚如烟的信息资源，用户想要在海量的信息中筛选出自己感兴趣或是所需的信息资源是个复杂烦琐的过程，为了更好地服务读者用户，智慧图书馆情境感知微服务平台管理者需要及时了解用户的阅读及检索偏好，改善微服务信息资源推送的相关服务技术。完善的信息技术平台不仅能够高效解决用户所需，也能为智慧图书馆情境感知微服务平台带来良好口碑。

（2）推广MVS技术建立＋丰富智慧图书馆情境感知微服务信息资源检索模式

MVS在图书馆中的运用仍在初期阶段，应用技术不够完善，然而智慧图书馆情境感知微服务是信息检索技术运用的一个重要平台，未来 MVS 技术将在智慧图书馆的发展过程中将大有可为。对于 MVS 技术在智慧图书馆情境感知微服务中的发展有以下两个策略：

①MVS 信息检索需要多样化。

②建立视觉对象知识库。

（3）结合云计算大数据提升 + 完善智慧图书馆情境感知微服务服务内容建设

云计算和大数据时代的到来即是人工智能发展的繁荣时期。大数据对信息的处理方式为收集、存储、过滤、发掘以及预测，云计算则对所需信息进行特定程序的运行处理得出结果。智慧图书馆情境感知微服务体现服务价值的最大焦点便是微服务内容的建设，用户享受微服务平台提供的服务内容，就会产生对微服务平台服务的感知差异即评价。结合云计算和大数据的智慧图书馆情境感知微服务的内容建设多种多样，如移动图书馆的线上座位预约，通过绑定用户身份信息，数据分析以及身份识别等步骤，用户即可在移动图书馆预约座位。在对预约后的签到情况需要对该项服务进行改善，对用户的信用状况进行定期评价，一方面是保证图书馆座位物尽所用，另一方面是为了微服务功能更加智能化。厦门大学推出的图书馆座位预约管理系统开启了我国智慧图书馆情境感知微服务智能化的先河，但在座位预约管理中关于用户违约行为，微服务平台需要对其行为进行信用分累计，次数达到几次以上就会受到相应的违约处罚，其提供的服务内容及质量是用户的关注点，因此在微服务平台在提升服务内容多样化的同时更要完善服务中存在的不足，结合图书馆自身发展状况，关注用户的建议，逐步提高微服务平台的服务质量。

5.4 智慧图书馆情境感知微服务模式用户感知建设

"移动化、碎片化"是当前信息时代的主要特征。图书馆为了迎合人们日益丰富的移动信息需求开发了基于智能手机的微信公众号、微博、微视频和 APP 客户端的服务方式。有关图书馆情境感知微服务平台的开发、设计，性能优化等相关研究成为热点。但随着这些微服务平台在图书馆移动信息服务领域的深入应用，对图书馆情境感知微服务平台是否满足读者的多样化需求，读者对微服务平台服务质量感知、满意度等问题的研究却相对匮乏。读者对服务平台的感知是提高图书馆情境感知微服务的基础，同样高质量的服务是提高读者满意度的唯一途径。在微服务体验中不同的用户群体会有不同的服务感知，谓之用户感知差异。把用户感知理论运用到图书馆的微服务平台服务中，可从读者的角度改善当前图书馆的不足。因而构建高质量微服务平台的信息服务体系是图书馆情境感知微服务平台应该研究的一个重要方向。本节从用户感知差异的角度探讨了服务质量有助于提升图书馆情境感知微服务平台的服务水平。

5.4.1 智慧图书馆情境感知微服务模式用户感知建设的内涵

图书馆所提供的资源，各种微服务内容设计最终需要通过用户的体验感知检测服务质量。用户感知是用户通过体验图书馆情境感知微服务过程中对各类服务项目的满意状况、体验态度，以及对这些服务项目提出的使用意见和建议。智慧图书馆情境感知微服务建设中不可或缺的组成部分，是衡量图书馆资源与所提供服务的指标。图书馆一直遵循着"用户至上"的服务原则，用户参与到智慧图书馆情境感知微服务模式建设的过程，以使用者及享用者的角度为图书馆情境感知微服务模式构建出谋划策。用户既是图书馆服务的受体也是图书馆服务建设的主体，不同的用户群体对图书馆所提供的微服务会有不同的感知，这就是不同用户群体的感知差异。用户感知差异的存在是不可避免的，为减少用户使用的负面感知，图书馆加强以服务为核心的图书馆情境感知微服务平台的推广，注重用户的信息安全问题，完善图书馆情境感知微服务的各种功能，注重平台与用户之间的互动。

5.4.2　智慧图书馆情境感知微服务模式用户感知建设的主要构成

国内有不少对于图书馆信息服务质量的研究，如基于 LibQUAL + 模型和微信服务的特点，提出一系列的评价指标，运用德尔菲法等相关方法确定评价指数对复旦大学图书馆微信信息服务进行剖析以改善其信息服务质量[117]；从移动互联网的思维出发对图书馆微信移动服务进行了探讨，强调转变思维和创新微信工作模式对移动图书馆的创新的重要性[118]；也有从用户感知的角度来发掘服务存在的不足，以感知理论为基础对公共档案馆服务质量的影响因素进行分析，评价公共档案馆的服务质量[119]。图书馆情境感知微服务用户对微服务平台服务质量的评价是一种感知判断的过程。用户在其感知判断的过程中是依靠一系列的评判标准来进行感受的，个人对服务质量的感知或多或少存在差异，用户感知是由以下几个方面构成：

（1）微服务平台的形式质量

微服务平台的形式质量即是感官体验下的界面设计、色彩搭配等，其质量具体表现在以下几点：①美观性。微服务平台首先服务用户的是服务平台的界面，界面设计简洁大方，图片和文字协调且图片具有辨识度，用户能够在短时间内找到所查询的模块，节约搜索时间，最大限度生为用户带来便捷服务；②新颖性。各个模块的应用名称表述简单，服务平台的服务内容表达形式符合人们的使用习惯，术语表达准确，推送给用户的服务内容新颖，发掘新的服务亮点；③可理解性。服务内容新颖，界面设计美观的同时需要注意每个模块功能的可理解性，模块描述以及服务内容表达准确。对于服务内容所传达的信息保证准确性，让用户能够清楚明了服务内容。

（2）微服务平台的功能质量

微服务平台的功能质量包括：①功能多样性。图书馆情境感知微服务平台提供功能多样的服务模式，如图书、期刊、报纸等文字资源，提供打印功能和设备，声音、图片、录像功能能够更好地满足用户的需要。虚拟图书馆体验，手势控制图书馆等各种新颖功能的配置能够更好地刺激用户的使用热情；②功能可行性。微服务平台在追求功能多样性的同时，注意平台功能设计的可行性和使用性，功能设置满足用户日常资源的查询，关注用户的兴趣爱好，引用借鉴其他领域相关技术，结合图书馆的发展状况及用户的实际需求开发新功能；③易学易用性。其一是微服务平台界面模块操作的易懂性，可操作性强，用户学习使用的时间期限较短。其二是平台向用户传达的信息结构简洁，用户能够完全掌握信息内容，且内容的传达可供用户学习。

（3）微服务平台的技术成熟质量

技术成熟质量包括平台的稳定性和信息反馈速度。①稳定性。平台在运行过程中出现的错误频率越低，响应用户使用需求越快，平台运营就越稳定。确保微服务平台在技术上的成熟度，避免在用户的使用过程中出现网络不稳定，平台漏洞等原因消磨用户的使用耐心；②信息反馈。任何一件事物都会存在不足，微服务平台亦是如此，在追求完美的过程中，服务平台密切关注用户的使用感知状况，及时查阅用户的使用效果说明，及时回复用户的意见，结合实际合理采用用户的建议，使用户切身体验参与智慧图书馆情境感知微服务改造的乐趣。

（4）微服务平台的效用质量

效用质量包括用户与平台交互性，平台的个性化体现以及微服务平台中情境感知技术的运用状况。①交互性。即用户与平台之间密切联系，平台向用户推送新的服务内容，如语音导航，用户直接语音实现任务搜索，用户语音留言平台，平台及时回复用户留言，用户在督促平台改善的同时强化了自身使用者与建设者的意识；②个性化。互联网、云计算、大数据的发展带给人们全新的服务，由最开始的上下文感知推荐以解决信息过载问题到个性化推荐满足用户个性服务，个性化服务引领行业潮流。智慧图书馆中个性化表现为平台在信息检索和展示信息等方面支持用户根据自己的偏好进行定制；③情境感知。情境感知功能在智慧图书馆中的运用表现为平台能够依靠收集到的信息对用户的行为更细致地"猜测"，收集的信息如用户阅读习惯，浏览的信息类别，用户的使用建议等，以此为基础向用户已推送感兴趣的内容。

5.4.3　智慧图书馆情境感知微服务模式用户感知建设实证研究

为了更好地体现不同的用户群体对智慧图书馆情境感知微服务的感知差异，本小节中将以某高校图书馆为例对微服务建设中的感知差异进行实证研究。

（1）观测量表的设计

用户对图书馆情境感知微服务平台服务质量的评价是一个主观感

知判断的过程。用户在此过程中是依靠一系列的评判标准来进行感受的。个人对服务质量的感知存在差异。为了更好地体现感知差异性，反映客观事实，本书设计了一份问卷调查，访问了江西省属重点大学的在校学生对图书馆情境感知微服务平台的使用和感知情况。通过问卷调查结合访谈法，并参考了郑德俊、王硕[120]的多维多层移动图书馆服务质量观测量表，整理出包含了 4 个大维度和 12 个子维度的观测量表来描述高校图书馆情境感知微服务平台服务质量的感知差异，如表 5 - 1 所示。

表 5 - 1　高校图书馆情境感知微服务平台质量感知及评价的测评维度

一级维度	二级维度	维度描述
形式质量	新颖性	内容表达形式新颖
	美观性	界面和内容展现美观
	可理解性	表达的信息内容易于理解接受
功能质量	功能多样性	提供图书、期刊、报纸、文字、声音等多种类型的信息资源
	功能可行性	平台服务功能的实用性
	易学易用性	平台的信息结构和界面的易懂性、用户操作便利性、可学习性等
技术成熟质量	安全性	用户的隐私信息受保护程度
	稳定性	平台的出错误的频率，平台响应性
	信息反馈	对于用户的建议和意见的反应速度
效用质量	交互性	用户与平台的信息互动
	个性化	平台在信息检索和展示信息等方面支持用户根据自己的偏好进行定制
	情境感知	平台能够依靠收集到的信息对用户的行为更细致地"猜测"，推送用户感兴趣的内容

（2）数据来源及可靠性分析

数据采集与描述性统计分析。本书的目的是测评高校图书馆情境感知微服务平台服务质量及调查用户的感知差异，以某高校为调查范围，向在校的本科生和研究生发放问卷调查并进行访谈，调查时间为2017 年 11 月。此次调查共发放问卷 480 份，其中 416 份有效，相关基础数据如表 5 - 2 所示。

表 5 - 2　　　　　　　　调查样本基本情况描述统计

描述项目	统计类别	人数	百分比（%）
性别	男	300	72.12
	女	116	27.88
年级	大一	48	11.54
	大二	104	25.00
	大三	92	22.12
	大四	100	24.04
	研究生	72	17.31
专业	人文类	156	37.50
	理工类	224	53.85
	其他	36	8.65
有使用过微服务平台	有	384	92.31
	没有	32	7.69

通过 SPSS 软件对高校图书馆情境感知微服务平台服务质量的感知差异模型和测评维度进行描述分析，得到各指标变量的均值、极大值、极小值和标准差。各个统计项目即 1～23 项都是根据量表设计的相关23 个选择题，也是下文中的 23 个观测统计。这 23 个观测项目分别是：①提供移动网络设施；②表达形式和内容新颖；③界面布局合理美观；

④表达的内容能够理解和接受；⑤提供图书、期刊等多种类型的信息资源；⑥提供文字、声音等多种类型的信息资源；⑦提供图书借阅查询、讲座预告等资讯信息；⑧提供语音、拍照、等多种文献检索方式；⑨提供文献的在线阅读服务；⑩提供文献的全文下载服务；⑪提供的服务功能是有用的，能满足用户所需；⑫可以帮助提供有效获取资源；⑬界面清晰易懂、操作简单；⑭用户的信息受到很好保护；⑮出错频率较低；⑯开通用户的反映渠道；⑰对用户的反馈信息响应速度快；⑱互动很好；⑲关注和理解用户的个性化需求；⑳具备收集用户阅读和浏览习惯的功能；㉑能够根据用户的阅读习惯和浏览状况推送用户感兴趣的内容；㉒服务人员的态度是热情友好的；㉓服务人员能够准确理解并解决用户的信息需求和问题。

利用 SPSS 软件对图书馆情境感知微服务平台质量感知及评价的测评维度量表及其框架中的二级评价维度进行了描述统计分析。统计发现用户对于微服务平台质量感知及评价存在差异。对 416 份数据做基本的均值和方差分析，从均值来看用户对于移动图书馆 12 个子维度的感知均值在 2.4~3.1，满意度适中。其中对于"具备收集用户阅读和浏览习惯的功能""能够根据用户的阅读习惯和浏览状况推送用户感兴趣的内容"和"服务人员能够准确理解并解决用户的信息需求和问题"这三项相对来说最为不满意。这三个序列分别对应微服务平台具备收集用户阅读和浏览习惯的功能，微服务平台能够根据用户的阅读习惯和浏览状况推送用户感兴趣的内容和微服务平台服务人员能够准确理解并解决用户的信息需求和问题，而这三个问题对应的是情境感知和交互性这两个二级维度，其正是本书要探讨的用户对微服务平台质量的感知存在差异。

（3）模型检验与分析

①信度与效度检验。运用 SPSS 软件，利用 Cronbacha 系数检验问

卷的可靠性与有效性。整个量表的 Cronbacha 系数为 0.925（大于 0.7），表明问卷可信度非常高，可以对问卷的框架和量表做进一步分析。在内容的效度方面，本书问卷中所有指标变量所对应的题目都是依据前人的相关实证分析与前期的相关调查分析设计的，为保证问卷的科学性，在后期又经过信度分析，仍然显示各变量具有可靠性，所以推断本书问卷具有相对的内容效度[119]。②因子分析实用性检验。探索性因子分析法（exploratory factor analysis，EFA）是一项用来找出多元观测变量的本质结构、并进行处理降维的技术。本书利用探索性因子法，试探性分析所收集的数据，用验证性因子分析来做进一步检验。因此在因子分析之前，进行 KMO 和 Bertlett 球形检验，测度变量之间是否具有较强的相关性和独立性，并从中找出具有代表性的因子。本书样本巴特利球形检验的近似卡方值为 1215.869，自由度为 253，显著性水平近似为 0 小于 0.01，因子贡献率较高，适合做因子分析，因此问卷具有结构效度，能够继续因子分析。

（4）高校图书馆情境感知微服务平台服务质量感知差异的框架检验与分析

文章运用 SPSS 软件对样本进行降维—因子分析，得到公因子方差。一般来说，特征值小于 1 就不再选做主成分。Kaiser 准则要求，各项的变量平均共同性最好在 70% 以上，如果样本量大于 250，平均共同度在 60% 以上符合要求。根据这一准则，本项研究的样本量为 416，23 项变量的提取值均值为 59.44%，没有达到平均共同度 60% 的要求。但是在这一公因子方差表中可知，第 23 项变量"服务人员能够准确理解并解决用户的信息需求和问题"为 0.335，为各项变量中最低值，如果去掉这个最低值项，平均共同度 60.62%，达到准则要求，说明这 22 个公共因子对指标的变量描述程度较好。综合考虑，决定去除最后一项，然后再进行下一步分析。对于萃取公共因子，在这里萃取了特征值大于 14 个因子，累计总方差解释度为 59.443%，可以较好代表原始指标变量（见表 5 – 3）。

表 5 – 3 总方差解释

成份	初始特征值			提取平方和载入			旋转平方和载入		
	合计	方差（%）	累计（%）	合计	方差（%）	累计（%）	合计	方差（%）	累计（%）
1	9.454	41.105	41.105	9.454	41.105	41.105	3.879	16.863	16.863
2	1.545	6.719	47.824	1.545	6.719	47.824	3.859	16.777	33.641
3	1.470	6.392	54.215	1.470	6.392	54.215	3.171	13.785	47.425
4	1.202	5.227	59.443	1.202	5.227	59.443	2.764	12.017	59.443

采用最大方差法正交旋转，得到旋转后的因子载荷矩阵，其中经以上数据分析去除第 23 项后的 22 个总变量中有两个指标变量的最高载荷系数小于 0.45（即第 2 项的表达形式、内容新颖和第 15 项的微服务平台的出错频率较低），所以去除。经过旋转矩阵可以确定公共因子，得到指标变量因子分析结果（见表 5 – 4）。根据表中的因子分析结果可知，整个原始模型的维度可以由 4 个载荷因子来解释。载荷因子 1 包括了指标变量的第 5、6、22、7、16、14、11 项。对于这些子观测量表，大部分是落于原始模型（即原观测量表）的功能质量维度上，所以除了线上服务人员态度是热情友好的和开通用户的反映渠道这两项，其他的可以归类于功能质量上。载荷因子 2 包括指标变量的第 4、3、12、13、1、9 项。包括了原始模型中的形式质量的所有内容（除了在分析中已剔除的表达形式和内容新颖外及部分功能质量的内容），这也说明形式体验直接影响到用户的满意度和感知差异。载荷因子 3 包括指标变量关注和理解用户的个性化需求，互动很好，对用户的反馈信息反应速度快。把这三点统一为一个载荷因子，说明用户对于

图书馆情境感知微服务平台的效用质量非常关心，需要图书馆把传统模式和现代网络技术相结合，为其创造出一个更舒适便捷的阅读环境。

表 5-4　　　　　　　　　指标变量因子分析结果

指标变量	成分			
	1	2	3	4
5 提供图书、期刊等多种类型的信息资源	0.784			
6 提供文字、声音等多种类型的信息资源	0.702			
22 服务人员的态度是热情友好的	0.671			
7 提供图书借阅查询、讲座预告等资讯信息	0.617			
16 开通用户的反映渠道	0.521			
14 用户的信息受到很好保护	0.509			
11 提供的服务功能是有用的，能满足用户所需	0.507			
4 表达的内容能够理解和接受		0.815		
3 界面布局合理美观		0.696		
12 可以帮助提供有效获取资源		0.677		
13 界面清晰易懂、操作简单		0.617		
1 提供移动网络设施		0.568		
9 提供文献的在线阅读服务		0.536		
19 关注和理解用户的个性化需求			0.807	
18 互动很好			0.723	
17 对用户的反馈信息响应速度快			0.705	
8 提供语音、拍照、等多种文献检索方式				0.708
10 提供文献的全文下载服务				0.667
20 具备收集用户阅读和浏览习惯的功能				0.558
21 能够根据用户的阅读习惯和浏览状况推送用户感兴趣的内容				0.496

载荷因子 4 包括：第 8、10 项是原始模型中功能质量的功能可行性

观测子维度，第20、21项是效用质量中的情境感知观测子维度，用户把这4个指标变量放在一起可能是认为功能可行性的高效才能促进情境感知的发展。根据以上的分析，对于这一观测量表进行整理和拆分，得到量表5－5。与原始量表相比，修正后的量表能更加全面反映高校图书馆情境感知微服务平台服务质量的各个方面，而且也能从用户的角度出发对高校图书馆情境感知微服务平台服务质量作出比较系统的评价。

表5－5　　高校图书馆情境感知微服务平台质量感知及评价的测评维度修改

一级维度	二级维度	三级维度
形式质量	基础性	提供移动网络设施；提供语音、拍照、等多种文献检索方式；提供文献的在线阅读服务；提供文献的全文下载服务；可以帮助提供有效获取资源
	美观易懂性	界面布局合理美观；界面清晰易懂、操作简单
	可理解性	表达的内容是能够理解和接受
功能质量	功能多样性	提供图书、期刊等多种类型的信息资源；提供文字、声音等多种类型的信息资源；提供图书借阅查询、讲座预告等资讯信息
	功能可行性	提供的服务功能是有用的，能满足用户所需
	安全性	用户的信息受到很好保护
效用质量	信息反馈	开通用户的反映渠道；对用户的反馈信息响应速度快
	交互性	用户与平台互动很好；线上服务人员态度是热情友好的
	个性化	关注和理解用户的个性化需求
认知质量	情境感知	具备收集用户阅读和浏览习惯的功；能够根据用户的阅读习惯和浏览状况推送用户感兴趣的内容

（5）用户感知差异性分析

①用户性别对微服务平台感知差异的分析。假设用户的性别对微

服务感知差异存在影响，如表 5 - 6 所示，在总样本中，男生有 300 人，女生有 116 人，对性别与各观测变量进行了方差方程的 Levene 检验 t 检验。观察表 5 - 6 发现方差齐性检验（即方差方程的 Levene 检验）中的 P 值几乎都大于 0.05，只有对用户的信息受到保护和服务人员的态度热情这两个观测子维度的 P 值小于 0.05，说明这两个观测子维度可以拒绝接受方差齐性假设，可选择假设方差不相等的 t 值，其他子维度选择方差相等的 t 值。在 t 检验的结果中用户的信息受到保护，服务人员的态度热情和对用户的反馈信息响应速度快这 3 个观测子维度的双尾概率 P 值都小于 0.05，达到 0.05 的显著水平，说明男女对这 3 个子维度存在感知差异，而且 t 值均为负值，说明男女生在这三个问题上存在差异，而女生明显比男生更注重用户信息安全问题、对反馈信息响应速度和服务人员态度的问题。

表 5 - 6　用户性别对高校图书馆情境感知微服务平台服务质量的影响

检测变量	性别	均值	标准差	方差方程的 Levene 检验		t 检验	
				F 值	P 值	t 值	p 值
提供移动网络设施	男	2.44	1.211	0.090	0.764	0.229	0.819
	女	2.38	1.208				
界面布局合理美观	男	2.81	1.062	0.685	0.410	0.510	0.611
	女	2.69	1.228				
内容能够理解接受	男	2.51	1.083	0.819	0.367	1.137	0.258
	女	2.24	1.023				
提供图书期刊等资源	男	2.45	1.069	0.668	0.416	- 0.833	0.407
	女	2.66	1.203				
提供文字声音等资源	男	2.76	1.063	0.526	0.470	- 1.145	0.255
	女	3.03	1.180				

续表

检测变量	性别	均值	标准差	方差方程的 Levene 检验		t 检验	
				F 值	P 值	t 值	p 值
提供图书借阅查询讲座预告等资讯	男	2.61	1.138	0.392	0.533	-0.312	0.756
	女	2.69	1.072				
提供语音拍照等方式	男	2.89	1.226	0.522	0.472	0.250	0.803
	女	2.83	1.136				
提供文献在线阅读	男	3.00	1.208	0.724	0.397	0.382	0.703
	女	2.90	1.319				
文献可全文下载	男	2.79	1.177	1.003	0.319	0.938	0.350
	女	2.55	1.055				
所提供的功能有用且能满足用户所需	男	2.71	0.941	0.090	0.764	0.928	0.355
	女	2.52	0.911				
帮助提供有效资源	男	2.64	1.086	0.068	0.794	-0.640	0.524
	女	2.79	1.114				
界面清晰易懂操作简单	男	2.68	1.141	0.255	0.614	0.521	0.604
	女	2.55	1.088				
用户信息受到保护	男	2.63	1.217	6.347	0.013		
	女	2.69	0.891			-0.290	0.017
开通用户反映渠道	男	2.83	1.045	0.349	0.556	-0.156	0.877
	女	2.86	1.026				
对用户反馈信息响应速度快	男	2.75	1.164	0.322	0.572	-1.709	0.009
	女	3.17	1.071				
互动很好	男	2.84	1.239	1.202	0.275	-0.352	0.726
	女	2.93	1.132				
关注理解用户个性化	男	2.78	1.050	0.138	0.711	-0.184	0.854
	女	2.83	1.167				
收集用户阅读和浏览习惯的功能	男	3.00	1.170	1.564	0.214	0.989	0.325
	女	2.76	0.951				

续表

检测变量	性别	均值	标准差	方差方程的 Levene 检验		t 检验	
				F 值	P 值	t 值	p 值
推送用户感兴趣的内容	男	2.96	1.128	1.058	0.306	−0.599	0.550
	女	3.10	1.012				
服务人员态度热情	男	2.69	1.313	5.913	0.017		
	女	2.83	0.966			−0.588	0.025

②年级对高校图书馆情境感知微服务平台服务质量的影响。本次调查的对象的专业有航空制造，飞行器等理工科专业和经济管理，还有文法等文科专业。本书对这些专业进行了统计检验分析，但没有明显差异。下文内容从用户的年级角度出发，探讨不同的学习阶段对服务平台的感知差异的影响。此次调查的用户主要区分为本科生和研究生，调查结果如表 5-7 所示。

在调查样本中，本科生有 344 人，研究生有 72 人，从表 5-7 中可以看出，方差齐性检验中的维度双尾概率 P 值在 0.05 下的测评子维度有：内容能够理解接受；提供图书借阅查询讲座预告等资讯；服务人员态度热情。达到 0.05 的显著水平说明这 3 个子维度可以拒绝方差齐性假设，选择方差不相等的 t 值，其他选择方差相等的 t 值。在 t 检验的结果中显示，观测子维度的双尾概率 p 值小于 0.05 的有提供图书期刊等资要源；提供文献在线阅读；文献可全文下载；所提供的功能有用且能满足用户所需；用户信息受到保护这 5 个观测子维度。从其 t 值来看，均为负值，说明本科生与研究生在对待这 5 个观测子维度上是存在差异的，而且研究生感知的质量高于本科生。而这 5 个子维度对应的二级维度分别是功能多样性、基础性、功能可行性和安全性，研究生对于图书馆情境感知微服务平台的服务质量感知更重视这 4 个二级维度。

表 5-7 　　　　　　　用户的年级对微服务平台的感知差异

检测变量	年级	均值	标准差	方差方程的 Levene 检验		t 检验	
				F 值	P 值	t 值	p 值
提供移动网络设施	本科生	2.42	1.251	1.667	0.200	-0.082	0.935
	研究生	2.44	0.984				
界面布局合理美观	本科生	2.81	1.122	0.000	0.998	0.706	0.482
	研究生	2.61	1.037				
内容能够理解接受	本科生	2.45	1.144	7.652	0.007		
	研究生	2.33	0.594			0.644	0.523
提供图书期刊等资源	本科生	2.38	1.118	3.553	0.062	-2.608	0.010
	研究生	3.11	0.832				
提供文字声音等资源	本科生	2.78	1.131	3.258	0.074	-1.169	0.245
	研究生	3.11	0.900				
提供图书借阅查询讲座预告等资讯	本科生	2.62	1.170	3.978	0.049		
	研究生	2.72	0.826			-0.457	0.651
提供语音拍照等方式	本科生	2.81	1.193	0.021	0.884	-1.139	0.257
	研究生	3.17	1.200				
提供文献在线阅读	本科生	2.87	1.244	0.121	0.729	-1.809	0.013
	研究生	3.44	1.097				
文献可全文下载	本科生	2.60	1.151	0.929	0.337	-2.317	0.023
	研究生	3.28	0.958				
所提供的功能有用且能满足用户所需	本科生	2.56	0.915	1.246	0.267	-2.337	0.021
	研究生	3.11	0.900				

检测变量	年级	均值	标准差	方差方程的 Levene 检验		t 检验	
				F 值	P 值	t 值	p 值
帮助提供有效资源	本科生	2.65	1.125	1.355	0.247	−0.643	0.522
	研究生	2.83	0.924				
界面清晰易懂操作简单	本科生	2.58	1.142	1.966	0.164	−1.251	0.214
	研究生	2.94	0.998				
用户信息受到保护	本科生	2.56	1.144	1.490	0.225	−1.712	0.020
	研究生	3.06	0.998				
开通用户反映渠道	本科生	2.80	1.072	3.083	0.082	−0.736	0.464
	研究生	3.00	0.840				
对用户反馈信息响应速度快	本科生	2.81	1.183	1.566	0.214	−0.997	0.321
	研究生	3.11	0.963			1	
互动很好	本科生	2.79	1.238	2.105	0.150	−1.397	0.166
	研究生	3.24	0.970				
关注理解用户个性化	本科生	2.77	1.092	0.337	0.563	−0.605	0.547
	研究生	2.94	1.029				
收集用户阅读和浏览习惯的功能	本科生	2.88	1.152	0.836	0.363	−0.990	0.324
	研究生	3.18	0.883				
推送用户感兴趣的内容	本科生	3.01	1.143	2.377	0.126	0.242	0.810
	研究生	2.94	0.827				
服务人员态度热情	本科生	2.66	1.271	6.204	0.014		
	研究生	3.06	0.899			−1.537	0.135

5.4.4　智慧图书馆情境感知微服务模式用户感知建设的策略

从以上的高校图书馆情境感知微服务平台感知差异的实证研究中可以看出用户对于图书馆情境感知微服务的感知差异在一定程度上是

存在的。由此及彼，图书馆情境感知微服务的用户感知差异是存在的。

（1）加强以服务为核心的图书馆情境感知微服务平台的推广

对用户的培训和服务推广是提升图书馆情境感知微服务平台服务质量感知的重要方面。从前文分析中，研究生对于图书馆情境感知微服务平台的功能多样性、功能的可行性、基础功能和安全性有更高的感知质量，是因为研究生使用微服务平台的概率更高、次数更多。由此可以看出用户的感知差异和使用微服务平台的频率有关，可以鼓励更多的潜在用户使用微服务平台，在频繁的使用中增强对平台服务质量的感知，以便对今后的改进提出更有效的建议。图书馆情境感知微服务平台的推广即加强图书馆情境感知微服务的营销，与用户保持长期有效的战略关系。首先完善服务推广保障机制，保证数字文化经费投入充足，另外加强新媒体对图书馆情境感知微服务的宣传，让更多的大众了解微服务的便捷之处从而成为微服务的用户：一是制作宣传文化网站，二是通过多种渠道来宣传推广智慧图书馆情境感知微服务如微信推送、图书馆书月活动讲座的方式等。最后改善图书馆情境感知微服务质量是提高用户感知的关键，这需要微服务平台的推广人员根据不同的对象采取不同的推广措施：对于低满意度的用户，可以通过改善微服务平台的界面设置，让界面更加清晰易懂，同时，多方位展示平台所持有的资源，减少用户因搜寻某项服务而消耗的时间；对于满意度较高的用户，则以激励政策为主，例如邀请一个好友加入微服务平台就会获得多少积分或奖励等，从而带动身边的同学同事使用微服务平台。

（2）图书馆情境感知微服务平台应注重用户的信息安全问题

根据前文分析，女生比男生、研究生比本科生更加注重用户的信息是否受到保护，突出了图书馆情境感知微服务平台安全性这一问题。图书馆通过社会网络平台为图书馆提供延伸服务、提升信息服务质量、增加机遇的同时，也使图书馆资源和系统面临着更多的复杂性和不确定性，可能降低服务效率以及泄露用户信息等问题[121]。图书馆微信公众号平台、图书馆微博以及各种图书馆手机客户端等，在使用的过程中需要用户授予相关的权利，如需要获取用户使用头像、手机信息、相片等，如果这些微服务不加强平台的安全性，一旦系统被破坏或者出现问题，用户的信息就会有泄露的危险。安全的技术环境也会给用户带来更好的服务感知和更高的满意度，同时吸引更多的新用户参与图书馆的微服务。所以微服务平台在运营时，定期进行漏洞修复，在技术上避免出现安全隐患。

（3）完善图书馆情境感知微服务的各种功能，注重平台与用户之间的互动

功能多样性是用户是否使用图书馆情境感知微服务的重要指标。功能的多样不但能为用户提供更多的图书咨询和书籍文献信息，而且能给读者带来更大的便利性。发掘新的功能和不断完善已有的功能，可以给读者带来视觉和精神的享受。结合互联网，物联网环境下的如虚拟图书馆、3D 体验室等各种新兴的视觉，听觉体验技术，刺激进馆（线上线下）学习用户的学习兴趣。图书馆情境感知微服务多功能的实现不仅带给用户良好的体验更能在用户中形成较高的口碑，带动蝴蝶效应，让更多的用户加入图书馆情境感知微服务的体验中。同时，对一些互动项目，如：及时处理用户的反馈信息，后台的人工或机器服务积极响应用户的需求，保持良好的服务态度等，可以采用打分机制，用户对图书馆服务进行满意度打分，以督促图书馆人工服务更加科学、合理、有效，实现图书馆情境感知微服务平台与用户之间的良好互动。

5.5 本章小结

图书馆是一个社会的精神文化食粮，它在人类文明变迁的过程中始终保存着从过去到现在人们的精神文化状态。社会科技在进步，图书馆传递信息的形式从单一的纸质图书服务到现在微服务的普及，表明了图书馆在朝着更加智慧化的方向发展。本章从宏观的角度浅析智慧图书馆情境感知微服务模式的建设，以现有的智慧城市及情境感知理论为基础来解释智慧图书馆出现的必然性，知识创造理论为智慧图书馆的微服务模式建设提供了几点启发意义，这些理论表明智慧图书馆情境感知微服务模式建设是顺应知识经济，信息时代的发展。智慧图书馆情境感知微服务模式的建设不是一蹴而就的，其建设内容纷繁复杂，本章主要从微服务模式建设中的资源建设、服务建设、用户感知建设这三个层次阐述智慧图书馆情境感知微服务模式的建设。每个微服务模式建设的层次包含其内涵与构成要素，并且在用户感知层面课题组结合某高校图书馆情境感知微服务用户的感知差异进行了实证研究，针对每个层次的建设提出了相关策略。通过上文的分析描述，得出以下的几个结论：

（1）智慧图书馆情境感知微服务模式的建设受内外因素的影响

任何事物的发展都受其内部结构和外部环境的影响，智慧图书馆情境感知微服务模式的建设受服务主体、服务本体、服务技术和服务受体因素的影响，具体为内部影响因素包括馆藏资源、馆员素养、图书馆今后发展规划等；外部因素表现为智慧城市发展迅速蔓延，信息化进程加快，以及用户对图书馆服务的评价等。内外因素的交织渗透一方面让图书馆认识到自身发展的不足，另一方面也在督促图书馆情境感知微服务的功能朝着更加科技化、个性化、智能化和多元化的方向发展。

（2）智慧图书馆情境感知微服务模式的发展是各种资源协调的结果

在前面的第四章中阐述了智慧图书馆情境感知微服务发展需要图书馆的各种资源的相互配合，信息资源、组织资源、人力资源是智慧图书馆情境感知微服务模式发展的重要资源。从智慧图书馆的本质来看，它是利用信息技术对用户相关信息进行深度感知，对各种资源的广泛整合，图书馆各种资源互联互通，通过计算、分析、判断加上图书馆各种人才的参与，使智慧图书馆情境感知微服务的内容更加智能化，更加贴近用户的生活，从而实现图书馆的应用创新。因此智慧图书馆内部的资源调和对智慧图书馆情境感知微服务发展具有关键作用。

（3）智慧图书馆情境感知微服务模式的建设是一个动态的发展过程

智慧图书馆情境感知微服务是知识经济，信息时代下知识创造的产物，微服务模式的发展过程是一个相对静态的状态，在知识不断推进经济发展的环境下，图书馆要不断调整微服务模式的结构来应对互联网、云计算、知识经济的动态发展。如智慧图书馆情境感知微服务的服务内容设计随着当下科技信息技术的发展而推陈出新，不断带给用户新的体验乐趣。图书馆在新旧知识更新中不仅是知识服务的场馆，更是科技体验的乐园，目前 3D、AI、VR 技术在图书馆的应用发展，融合知识与技术的微服务不但继承了图书馆传播文化知识的传统，也创新了智慧图书馆的服务模式。新的一轮技术力量仍在继续发酵，新的理论和实践也会层出不穷，构建智慧图书馆情境感知微服务模式不仅是一道智力题也是一道实践题，从理论和实践来看微服务模式建设是一个动态更新、不断跟进的项目。

第 6 章

智慧图书馆情境感知微服务模型设计与开发

通过第 3 ~ 5 章理论研究，本书试图构建一个原型模型并开发实现，由作者指导学生研发基于微信小程序的图书馆情境感知服务系统，获国家级大学生创新创业培训计划项目立项、第九届全国大学生电子商务"创新、创意及创业"挑战赛江西赛区三等奖（2019）。在此基础上，本章首先以南昌航空大学图书馆智慧馆舍建设为例，归纳近几年国内外图书馆情境感知微服务应用现状、问题及解决方案，论证微信小程序应用到图书馆的优越性，提出一种基于微信小程序的图书馆情境感知微服务的框架结构；对智慧图书馆可能开展的主要业务进行了需求分析；并确定系统主要功能、对可能开展的个性化服务进行详细设计，最后对原型模型进行开发设计并实现。

6.1 图书馆情境感知微服务应用现状——以南昌航空大学为例

随着移动网络的快速发展，特别是近五年移动支付的渗透，在校大学生开设虚拟校园卡，或直接微信、支付宝二维码进行移动支付和打卡点到等业务，进而实现校园内的一卡通生活。对学生来说特别方便，而且减少了丢失校园卡的麻烦。高校各个职能部门也推出了各种各样的移动服务，比如教务处很多群体活动的发起、报名及登记都是通过微信小程序，教师上课点到直接扫码，甚至是"刷脸"；后勤集团的宿舍购电、购水及一卡通充值等业务全部开通移动办理功能；网络信息中心的上网认证实行校园卡和手机号码绑定功能；财务处和银行合作推出一卡通勾连业务，转账及充值业务直接在移动端办理……，可以发现学校各个职能部门都存储了大量学生"敏感"信息，比如人脸识别技术采集的"脸部特征"信息、每个月消费记录、登录网站及浏览时长、手机号码及所处位置、每天出入各个楼宇进出及停留时间、校园硬件设备使用等信息；这些信息的有效使用将有助于构建智慧校园的实现，有助于管理人员的精准识别、推出各类个性化且迎合学生需求的服务方式，也有助于防范各类潜在风险，更有助于提高学生的自我管理意识。

6.1.1　南昌航空大学图书馆智慧服务问题分析

南昌航空大学图书馆也不例外，进行了一系列的智慧馆舍硬件设施建设，并推出了相关"智慧化"服务。具体举措有：购置 RFID 安全门（超高频）、24 小时自助借还书机（超高频）、人脸识别闸机、智能借阅书柜、RFID 盘点机、座位预约系统、图书预订/续借系统等；另外还配置了智能空调、智能灯光等设施。其中人脸识别系统和闸机、自助借还书机是结合在一起的，可实现无卡化入馆及借阅，一定程度上为读者创造了温馨和舒适的阅读环境。经过一年半的运行，取得了显著成效，并得到学生的广泛认可，极大解决了忘带一卡通、丢卡、冒用卡借还书等的烦恼；也通过对读者在馆的行为、属性等数据进行深度挖掘、分析，进而为图书馆的管理者提供决策数据，并为读者进行个性化、精细化的定制服务。主要体现在简化了读者借、还书手续，缩短了图书流通周期，提高了图书借阅率，提升了图书馆人性化服务水平，充分发挥了图书馆服务职能，也便于管理；使错架图书的查找变得更为快捷便利，进一步挖掘出潜在的图书资源，提高图书资料利用率；读者进出更加自如，避免了读者与管理人员之间发生不必要争执，融洽了读者与管理人员之间的关系，缓解管理压力等管理优势。其中自助借书还系统简化了流通处理流程，变人工借还为自助借还，改进了读者借阅服务质量，提供图书流通率。读者借书时，在自助借还机上通过人脸识别系统，完成身份验证，将多本图书放置在图书扫描区域，确认后即可完成借阅；读者还书时，只需将多本图书放置在扫描区域，确认后即可完成归还（见图 6 - 1）。

图 6 - 1　人脸识别系统

注：作者拍摄。

该校图书馆通过引进大量的智能设备，提供了一些基于用户"敏感"数据的个性化服务内容，一定程度上实现了部分"情境感知"微服务功能，也切实带给用户和管理人员很多便利，取得了很不错的效果。但该系统在实际使用过程中发现，还是有很多值得改进的地方，主要表现在以下几个方面：①图书馆侧重于智能技术的应用，但提供的服务依旧是标准化的、统一化的。固然智能图书馆是智慧图书馆的核心业务之一，但智慧图书馆更侧重于数据的获取和使用，并针对性的开发和提出个性化服务。②当前图书馆智能服务获取了用户某些"敏感"信息，仅仅体现在身份认证方面，属于比较初级的使用方式，而没有根据这些数据创新性地设计个性化服务；其次用户的敏感数据获取方式可以是多样性的、获取种类也可以多种多样的。③图书馆通过智能设备获取了大量的数据，却没有对这些数据进行分析和使用，更没有对历史沉积数据进行分类整合，两者一起结合分析；也就是说图书馆馆内数据的使用现状还是初级的、低层次的。④智慧校园的建设使得各个职能部门都沉积了海量信息，其中很多是用户的"敏感"数据，图书馆和这些职能部门并没有实现无缝衔接，更谈不上对这些数据的有效使用。如果可能应该尽可能实现跨部门的数据连接、分析及使用。⑤该校图书馆微服务主要还是以微信公众平台、移动图书馆 APP 为主，智能型设备使用和移动手机的关联性并不大，特别是 APP 客户端的各种个性化、定制化服务很难通过市场化的设备实现；微信公众平台提供的服务又是通告为主，互动性服务较少，更谈不上情境感知服务。⑥具体到应用设备的问题有反应速度偏慢、网络服务延迟、甚至"刷脸"比对错误、数据更新慢；造成的后果是由于网络延迟导致大量的排队进馆、采集照片信息没戴眼镜，借书时戴眼镜系统识别认错人、书已还但系统没有立即更新导致借不了新书等问题不断。

6.1.2 智慧图书馆情境感知微服务系统解决方案

针对该校及相关高校图书馆智慧场馆建设及个性化微服务的调研发现，绝大多数图书馆智慧馆舍建设以基础设施为主，同时兼顾"三微一端"的服务模式；其中微服务的顶层设计也不是很清晰，很多微平台提供的服务属于重复建设，而且仅仅提供公共图书检索、公告发布、用户信息管理等传统图书借阅等相关功能，个性化服务并不多见。正如第3.1节分析的一样，图书馆APP的多功能个性化互动功能并没有得到很好的推广，这一定程度上归功于开发成本的不菲，也在于开发人员培养及其团队建设的不易。但是迎合移动端发展趋势并满足读者个性化需求，是当前智慧图书馆情境感知微服务回避不了的任务。

如果能够开发设计融入"敏感"数据的个性化微服务系统，同时解决以下问题，则可更好地实现与读者信息互动的功能，既很好地迎合移动网络的发展需要，又能提高服务质量，促进图书馆转型升级。

第一，整合"三微一端"，从顶层设计上区别定位。由于移动APP开发成本过高，又需要下载安装，使用并不方便，大家更喜欢用微信；但APP能够实现互动式功能开发，这个又是微信公众平台所不具备的；接下来可以通过微信小程序整合移动APP开发，弥补微信公众平台的劣势，形成互补。

第二，智慧馆舍建设要充分考虑数据的使用。当前智慧馆舍建设通过引进各种智能化硬件设置的确一定程度上方便了读者，也提升了管理效率；但智能化硬件设置采集的数据没有被充分使用，更没有和移动端微服务形成合力。

第三，"敏感"数据的获取方式可以多样化。一般来说图书馆都是通过入馆时候的身份认证系统来获取用户的相关信息，涉及姓名、专业、年纪、性别、指纹、脸部特征，甚至是手机号码等；智慧图书馆的 "敏感" 数据获取应该扩展到全校范围，属于智慧校园的有机组成部分。通过各个楼宇、部门的信息采集，能更多地采集到用户的 "敏感" 信息。

第四，"敏感" 数据的使用方式也应该多样化。当前图书馆的个性化微服务基本都是单个应用，比如南昌航空大学图书馆人脸识别系统仅仅是身份认证并拓展了借还书服务，并没有在此基础上开发出更具场景化的服务；其次是 "敏感" 数据的获取和使用没有和手机端进行绑定，手机其实还能获取到位置、温度之类的空间信息并开展场景化服务。

6.2　微信小程序开发图书馆情境感知微服务优势

自上线以来，微信已经受到各界的关注，各大图书馆也纷纷添加自己的微信服务功能。国内图书馆始终紧跟科技发展的步伐接受各种新技术，无论是微博、微信、QQ 还是现在的微信小程序，国内图书馆都积极把其应用于图书馆服务当中，以期为用户提供更加方便快捷以及高质量的信息服务。因此，将微信小程序应用于智慧图书馆情境感知微服务模式可以使图书馆在未来更好地为读者提供个性化和多样化的信息服务。

6.2.1　轻量级小程序开发

与国内微信小程序相比，2017 年 1 月，国外 Google 推出了 Instant APPs，目前已于安卓端发布。Instant APPs 主要用于缩小网页应用和原生应用的差距。其原理就是将原生应用分成多个小数据包,由于这些数据包很小,所以进入一个 URL 地址是能够立即运行,不必从应用商店下载应用[122]。在 Google 官方要求中,每个 Instant APP 程序最大不能超过 4M 的大小,一旦超过,必须重新划分模块,再缩减体积。而在存储方面,Instant APPs 则是将程序的部分代码下载下来存储到本地存储,同样在每次加载时,也会优先检查本地存储是否有代码。因此,用户在使用 Instant APPs 能够感受到轻便和快捷。

微信小程序与手机应用程序 APP 相比是一种不需要下载安装即能使用的应用,它实现了应用"触手可及"的梦想,体现了"用完即走"的理念,用户根本不用关心是否安装太多应用的问题,根本不需要考虑自身流量是否充足以及自身所持移动设备性能是否能够适应应用的问题。另外,与微信订阅号与服务号相比,用户只需根据自己的爱好与需求,通过扫一扫或者搜一下即可打开应用,在使用微信小程序时,不会受到像关注服务号与应用号那样带来的消息推送的烦恼。用户只需在使用过的小程序列表中选择自己所需的小程序进行使用,如果用户不希望小程序在列表中只需删除即可。

相比较于微信公众号、APP 的功能,微信小程序的特点体现在以下几个方面:①随取随用,用完即删。相比较于其他应用程序,微信小程序更加的方便快捷。小程序只需要通过扫码或者在微信搜索功能里搜索小程序,即可快速获取小程序提供的服务,用完之后用户就可快速退出。这一整个过程,小程序既不占用用户的移动终端内存,也减少了用户以往打开层层界面才能获取服务的时间,大大降低了用户获取信息的成本,提高了用户的满意度。②开发成本低。与微信公众号和 APP 相比,微信小程序的开发成本非常低。运营商只需要依据腾讯给出的现有的小程序开发模式,把自己的内容嵌入其中,再关联到相应的应用号就可以,几乎没有什么开发成本。③实现数据的共享。

微信小程序由于能够与其他应用程序相连接，其一旦获取用户的信息就可以实现数据在其他应用号的共享，同样的，其他应用程序也可以把其获取的数据共享给微信小程序，这样不仅降低了各个应用程序的推广成本，而且也为各个应用程序不断地改进以求能够为用户提供更好地服务提供了可供分析的数据来源，因为即使用户用完小程序已经退出，但是由于其用户信息已经分享给其他应用程序被保留下来，其他应用程序就可以根据这些数据对用户需求做进一步的分析，不断改进其服务功能。

智慧图书馆情境感知微服务模式旨在随时随地为读者提供个性化的微信息服务，而小程序即取即用、用完即走的特点正好满足了智慧图书馆情境感知微服务模式用户服务的要求。由于微信小程序的开发和推广成本低，因此更容易获得用户、更好地为用户服务。相比较于原生APP，微信小程序既不需要花费大量的时间和技术来开发程序，更不需要占用用户的硬件设备内存，同时其所提供的功能又能够很方便地被用户获取，因此获得了无论是用户还是图书馆运营者们的喜爱。此外，由于微信小程序强大的社交功能，它被应用于智慧图书馆情境感知微服务模式会扩大图书馆的虚拟空间。

6.2.2　微信小程序开发优势

微信小程序被成功运用于智慧图书馆情境感知微服务模式极大地提高智慧图书馆的微服务质量，相比较于其他应用程序有自身的优势，主要体现在以下几个方面。

（1）超越内容供给，强化工具服务

图书馆一直向用户提供的是传统服务，用户需要从海量信息中找到其所需要的内容。而智慧图书馆情境感知微服务模式所关注的是用户的需求，目的是根据其需求为其提供个性化的信息推送服务，而微信小程序由于其自身特点，自然会从为用户提供方便快捷服务的众多工具中脱颖而出。微信小程序由于其随取随用，用完即走的特点，不仅可以方便快捷地向用户提供满足其需求的图书资源服务，也大大提高了用户获取资源的效率。这一方便快捷的服务工具，不仅能够为用户提供传统的图书馆服务内容，甚至还可以提供一些创新服务内容。例如小视频课堂，这一服务功能不仅可以满足用户碎片化的信息需求，也可以进一步丰富图书馆的服务内容。

（2）加强用户间互动，拓宽平台交流范围

用户利用移动智能终端与服务平台以及其他用户之间进行沟通交流并进行互动，是现今各种移动应用端发展的趋势。但现今的多数应用程序基本上还没有实现多方互动，所能够为用户提供的也只是用户与服务平台之间的低频率互动，至于用户之间的沟通交流基本上是实现不了的。当前微信平台上的互动多呈现为用户与图书馆员之间的互动，而用户之间的互动较少，这将不利于多方位沟通交流的虚拟社区的形成，也不利于图书馆虚拟空间的构建。微信小程序应用于智慧图书馆情境感知微服务模式在沟通交流方面有其自身的特点，表现为以下几个方面：①加强了用户之间的沟通交流。由于之前的图书馆服务方式只能提供用户与图书馆员之间交流的渠道，用户与用户之间无法进行交流。而依托场景建立的微信小程序应用于智慧图书馆情境感知微服务模式以后，用户与用户之间不仅有了沟通的渠道，它们之间的互动也会大大加强，图书馆服务平台的沟通范围得到了一定的拓宽。②主题明确，凝聚具有共同兴趣爱好的用户。由于微信小程序一般是依据一定的主题建立的，往往只有对这一主题有兴趣的用户才会选择使用这个小程序，这样无形之中就加大了具有共同兴趣的用户的凝聚力。兴趣相投的用户就可以在小程序当中建立一定的主题群，用以交流和讨论共同的话题。③线上线下紧密相连。微信小程序有效的连接了用户线上和线下行为，使得其为用户提供的服务超越了时间和空间的要求，实现了随时随地都能为用户提供信息的智能服务。由于微信小程序与线下活动实现了无缝连接，用户无论何时处于何地，只要利用手持终端进入小程序就能获得其想要的服务内容。同样的用户即使在现实场景当中，只要移动智能设备在身旁，其在线下的活动信息也能快速通过小程序传入线上，这样的无缝连接使得用户在获取服务的同时也能与其他用户之间实现实时互动。

（3）较强的信息发布以及推广能力

与以往的公众号相比，微信在信息发布和推广方面有自己的优势。由于微信小程序无论是其功能实现还是服务模式都是在遵循原生手机APP 的逻辑基础上的简化，因此其不仅能够像微信公众号一样发布信息，更能结合自身特点实现多数量、多频次以及多频道的信息发布和推广。微信小程序这种创新的信息发布和推广方面不仅有利于智慧图书馆情境感知下微服务模式下的微服务内容的推送，更能进一步加大该模式的推广范围，扩大图书馆影响力，吸引更多用户。

（4）挖掘用户需求，提供精准服务内容

智慧图书馆情境感知微服务模式的最终服务目的是挖掘用户的真实需求并为他们提供个性化的服务内容。微信小程序的回访率反映了用户的活跃程度，不像微信公众号，有些用户只是关注了，但是从来就没有访问过，但这还是被记为一个关注数，因此微信公众号的关注数量的统计不能真实反映该公众号的受欢迎程度。由于微信小程序是用户真正需要才会进行使用，而且用户也只有觉得用得好也才会下次继续使用，因此其回访率能够真正反映出用户对于小程序的使用情况，反映出小程序的受欢迎程度。微信小程序由于能够调用微信的基础功能，因此其能准确获取用户的内外部情境数据信息，通过对这些数据进行分析和处理，就能准确地挖掘出用户的需求，进而为其提供符合其需求的精准的服务内容。

6.2.3　微信小程序应用于智慧图书馆的注意事项

微信小程序应用于智慧图书馆情境感知微服务模式不能只局限于微信官方方便快捷的定义，而要使得小程序能够真正地为用户提供满足其需求的图书资源服务内容，真正做到提高图书馆的服务水平。微信小程序应用于智慧图书馆，并不是把传统图书馆功能直接搬迁到小程序上，而是应该注意以下事项，使小程序能够更好地为图书馆用户提供更加高效的智能化服务。

（1）能够快速识别用户情境信息，为用户提供多样化的服务功能

准确获取用户情境信息，微服务系统才能对用户信息进行分析，再为其找到能够匹配其需求的服务内容，利用移动终端推送给用户。小程序应用智慧图书馆情境感知微服务模式，其功能在开发的过程中就要考虑到要有各种软硬件设备的支持，这样才能快速获取用户情境信息。而随着现在各种技术的快速发展，人们所需求的各种信息服务的方式也在不断的发生变化。因此微信小程序在应用于智慧图书馆情境感知微服务模式的过程中，其服务功能的开发应该多元化，而不是仅仅局限于一些传统的图书馆服务功能，像现在比较受欢迎的小视频的信息服务方式都可以考虑引入小程序。由于图书馆一般提供的资料都是比较权威和专业的，因此它所面对的用户基本上都是有专业需求才来到图书馆，该特点决定了需要同一类信息的受众往往处于及其相似的情境当中。而图书馆微服务平台基于用户的这些内外部情境可以深度挖掘用户的需求，从而为其提供有针对性的个性化的微信息服务。同时微服务平台还具有记忆功能，我们可以给接入微服务端的小程序

端口设置不同的信息转化功能，把能够接收到的一切信息都转化成微服务平台可以识别的信息，传入微服务平台以后，服务器就可以对这些信息进行分析处理，最后传递指令给智慧图书馆，这样图书馆就可以输出符合用户需求的专业信息。例如：小程序可以像淘宝搜索端口一样，设计出多种搜索方式（拍照、扫码、文字、语音、图片、关键词等）供用户选择。

（2）服务功能目的明确，简单易操作

微信小程序设计的初衷就是对微信公众号功能的简单化，再加上小程序是依托场景而产生的，因此其被应用于智慧图书馆情境感知微服务模式的过程中就要注意开发的服务功能应该目的明确，并且功能简单方便用户操作。为达到服务功能目的明确，依托于小程序开发的图书馆情境感知微服务功能应该力求专业化、精简化，这样才能快速向用户提供满足其需求的服务内容。小程序的设计目的就是解决以往的公众号占用用户硬件内存、操作复杂的问题，所以基于微信小程序开发的图书馆微服务功能不仅要遵从小程序随取随用、用完即走的设计原则，还要考虑到其功能必须方便用户操作。这就要求开发出来的微服务功能既要轻量化，又要简单直观，用户操作起来既不占用其内存，又不会花费其很多时间。

（3）充分开发和利用小程序的社交功能

小程序的社交模式尤为适宜图书馆用户间的交流，正好弥补了公众号只能提供用户与图书馆员之间的交流，不能让读者之间进行交流的这一空白。所以，智慧图书馆情境感知微服务平台在小程序的开发过程中，应该体现出其社交功能，满意用户多方位的沟通需求。

（4）实现与微信公众平台的有效连接

微信小程序开发出来并不是为了取代原有的微信公众平台，而是为了对其功能进行拓展，并且补充其存在的不足。微信小程序只有融入微信公众平台当中，并且能够调用该平台的任意服务功能，才能真正提高智慧图书馆情境感知微服务模式的服务质量。微信小程序虽然有自身独特的优势，但是相比较于微信公众平台缺乏稳定性，不方便用户及时交流和建立固定的交流圈等缺点。微信公众平台由于建立时间比较长，用户量比较大，其各方面的功能更加的成熟和稳定。微信小程序一旦与微信公众平台建立有效连接，智慧图书馆情境感知微服务模式所提供的微服务质量不仅能够得到很大的提升，智慧图书馆也会借助于小程序和微服务平台得到很大的推广。

（5）建立用户大数据库

小程序对于用户的使用记录具有记录的功能，并且其记录下来的数据能够反映用户多方面的信息，因此该数据既具有实际意义，也具有一定的研究价值。微信小程序记录的用户数据可以创建大型用户数据库，为其提供满足其需求的个性化推荐服务。同时微服务系统还可以根据建立的大数据库，分析出使用过该小程序的用户的共同的需求及其偏好，这样图书馆微服务内容就可以根据这一分析结果不断地做出调整，凭借其为用户提供更精确的智慧服务。

6.3 图书馆"知你所图"微服务系统设计与开发

6.3.1 需求分析

（1）图书馆 APP 系统存在不足

针对图书馆 APP 的调研发现，绝大多数高校图书馆 APP 仅仅提供馆藏书目查询、个人借阅情况管理、电子图书阅读、新书推荐、通知通告等相关功能。具体功能分析如下。

①服务内容大同小异，个性化服务不多。

移动信息时代下的图书馆用户早已不再满足于普通检索，他们更趋向于获取经过精细处理、满足自己个性化需求的信息。调查发现，大多数高校图书馆使用超星移动图书馆 APP，但其服务内容与超星的WAP 版并无多大差别，更多的只是访问形式的变换。高校移动图书馆APP 存在的问题，普遍是个性化服务内容缺失。

②功能界面单调，人性化交互不够。

对于移动图书馆 APP 而言，界面布局的合理性、页面色彩搭配的协调性、功能区域划分的易用性等都反映了移动图书馆的服务质量。我们调查发现，高校移动图书馆 APP 存在以下问题：界面布局不合理、页面区域划分不明显、常用功能模块不易找到、色彩搭配单调。

③APP 应用鲁棒性差，不同终端表现差异大。

高校图书馆移 APP 服务平台的最终目的，是让用户随时随地在移动互联网环境下方便快捷地获得书目检索、图书续借、在线阅读等信息服务。如果图书馆用户很难访问 APP，用户就会倾向于认为该移动平台不具备有用性和易用性，转而使用其他图书馆。本节通过调查发现，部分图书馆 APP 有时会出现链接速度慢的现象，少数 APP 存在打不开或者部分功能无法正常使用，并出现用户在不同时间段体验结果不一样的问题。此外，当界面加载信息过多或操作比较频繁的时候，还有少数图书馆 APP 易出现系统卡顿的现象。

④APP 开发推广问题也很突出。

图书馆 APP 开发周期长，需要考虑不同操作系统及移动终端的差异，还有就是投入运行后的维护及推广费用居高不下；图书馆 APP 很难提供符合用户情境的个性化服务，使得当前用户也不愿意使用图书馆 APP，主要是不常用还占用手机存储空间；微信小程序、支付宝小程序成为一种趋势。

（2）微信小程序"知你所图"应解决的问题

图书馆 APP 基本都有和传统图书馆网站上一样的功能，但其他的拓展功能不足；虽然在一些方面取得了进步，但在开发与应用的过程中仍然存在许多问题，本书以微信小程序开发"知你所图"系统，以用户需求为导向拓展功能，提供个性化服务，克服图书馆 APP 所面临的各项难题，在保留传统服务的同时，微信小程序"知你所图"增加了的许多个性化功能。具体功能分析如下：

①基本功能。

信息输出：图书馆介绍、入馆培训、新闻公告、新书速递。

考试评分：入馆考试、知识竞赛。

信息查询：座位预约、图书查询。

书籍推荐：根据用户近期阅读情况推荐相同类型且阅读量高的书籍。

书籍分类：根据书籍的类型不同分类。

进入方式：用户通过点开他人分享的小程序链接或者自动搜索小程序名称并认证使用微信号进行登录成为"知你所图"的会员。

在线咨询：读者身份认证后，即使不登录或者不在线，也能收到系统发给读者的离线消息，这将有利于图书馆开展移动在线咨询服务。读者与图书馆馆员之间，只要移动手持终端在身边，就能进行时时互动。

语音检索：用户只需按住搜索栏中的麦克风图标，然后对着说话就可以进行搜索。

个人信息：查阅以上功能中产生的相关信息记录（如个人信息、余额、购物车、我的订单、我的出售、我的预约、我的收藏、我的借阅记录）。

②特殊功能。

座位预约：判断用户是否提前到达指定位置（打卡），并根据座位位置推送当前图书馆位置的书籍和知识方向信息。

信息推送、书籍推荐：利用记录的数据（如借阅记录）对用户的喜爱进行判断，推送相关书籍或新闻信息。

新用户：指第一次登录的用户无借阅记录的用户，系统推送一个窗口，关于更好使用小程序的个性化定制信息，来了解用户的偏好，类似于信息收集界面。

位置情境感知：根据当天温度，推荐预约座位。当温度超过设定界限，推荐靠近还未预约靠近风扇空调的座位，推荐座位号下面会有温馨提示（推荐原因），低于设定界限推荐离窗口大门选的位置同上。若不选择推荐位置，可自行选择，会给出剩余位置的信息及地图平面。

天气获取：使用百度开发接口获取天气信息。

内容分享：小程序中还设有内容分享平台，具有相同兴趣或看过相同书籍的用户可以发表自己的想法和感悟并进行推荐，时段最热书籍可上排行榜，排行榜每天更新一次。

（3）角色设计

系统的用户角色设计是系统的使用者身份进行分类的。对于微信小程序"知你所图"来说，使用者一般有两种角色：普通用户和管理员。普通用户主要是对系统前端页面功能的使用、管理员主要是系统后台数据管理。普通用户登录该系统后可以根据自己的喜好挑选想看的书籍，系统也将根据使用者所处的位置给用户推荐相应的书籍，其拥有的功能还有"旧书交换""我的"等权限。而管理员就是负责用户管理、图书更新管理以及其他信息管理等功能。

①普通用户角色。

而对于普通用户来说，系统会在最开始注册时推送一条相关于图书馆介绍内容的公告供读者对读书馆有初步的了解，在阅读完图书馆介绍后，就进入入馆培训阶段，并从相应的题库中抽取适量练习题进行入馆考试。系统定时会举办知识竞赛，成为馆员的读者都可以参加，获得很好成绩的读者可以得到相应的奖励。而新闻公告这一板块主要是提供一些系统的新功能，近期有关于图书馆的故事等相关内容，不仅让读者在最短的时间内了解系统，增强参与感，而且可以发现阅读中的一些事情，看看别人的故事，然后鼓励自己前行。对于用户经常烦恼于图书馆自习室位置被人占着但是人却不在的情况，微信小程序"知你所图"系统就提供了座位预约功能，区别于普通的预约系统的是该系统可以根据当天的气温，环境，以及读者的其他信息进行推荐座位，附近可能有感兴趣的书。新书速递是系统根据管理员添加的新书而推荐给用户的界面，用户也可以直接在主页上搜索自己想看的。

②管理员角色。

管理员可以在后台对用户提交的信息进行审核和修改，保证用户的合法性，当用户对自己信息进行编辑时，管理员会匹配数据库中的内容，查看修改信息的真实性，确定是否修改成功。对于已经毕业的用户，或者是由于其他原因而不会再使用系统的用户信息将会被管理员删除，起到释放内存的作用。系统的管理员还应该在每年新用户注册时添加新用户的信息，对看完的书进行留言分享时定期查看留言区，对留言区进行维护和管理。当用户进行座位预约时，后台应该自动提供用户选择的区域，管理员应该找出部分只预约但是不去的用户名单，将其添加入黑名单，给予一定的小惩罚，如一个月内不准采用预约方式占座。最后就是维护数据库，即管理图书馆的借阅信息。

除了对用户进行管理之外，管理员还有对图书管理的权限，主要作用和管理用户大同小异，分别为对图书信息修改、删除图书、添加图书、修改图书借阅信息、删除图书借阅以及维护图书借阅信息数据库。

6.3.2　系统总体设计

（1）系统总体设计分层

微信小程序"知你所图"系统采用软件工程开发思想，从上到下的系统分层设计，将系统逐步分解细化，并给出了实现方法。如图 6 - 1 所示，给出了本系统的总体架构设计。

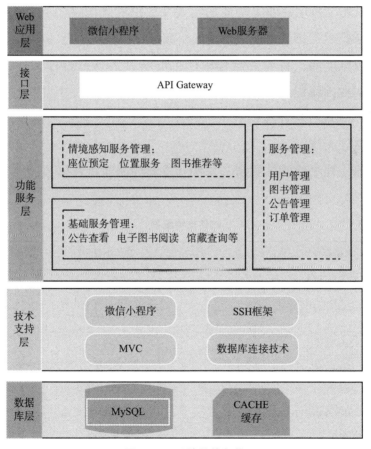

图 6 - 1　系统总体架构

系统总结架构分为5层，分别是：Web 应用层、接口层、功能服务层管理、技术支持层、数据库层。

①Web 应用层：通过微信小程序、Web 服务器展示系统前端和后台的相关功能服务，包括页面展示、功能服务切换，以及后台数据管理。

②接口层：Web 应用层的相关页面展示及数据传递通过相应接口传达到功能服务管理层。

③功能服务管理层：针对系统的用户（管理员和普通用户）的相关业务功能需求进行数据及业务的管理。

④技术支持层：业务功能的实现及数据管理的技术支持都有这个层次提供技术支撑，也包括连接底层数据库的技术支持。

⑤数据库层：将业务流程中产生的基础数据进行存储、缓存等；也包括对业务流程提供数据查询等操作。

（2）系统分层开发技术

①软件支持。

微信小程序"知你所图"系统开发软件配置如表6-1所示。

表6-1 软件支持配置

类型	微信小程序
应用服务器	Tomcat 8.0
开发工具	微信 Web 开发者工具 Navicat for MySQL10
Java 版本	JAVA 8
Database	MySQL
框架组件	MINA 框架微信原生 API
前端界面	WXML 及 WXSS 语言
逻辑层开发	Java Script

②分层设计框架技术。

以 tomcat8.0 搭建服务器，Mysql 作为数据库支持，微信小程序开发的界面作为交互界面，使用前后端完全分离开发的框架 MVC，在 controller 控制器部分，使用 Java 语言作为后端开发语言，使用 sevlet 搭建控制层的数据传输流，利用 Hirbernate 框架实现数据库的增删该查功能，其中图片上传的部分，利用 Volley 框架实现，首先将图片上传到服务器端，写好该图片的目录字段存储在数据库中，实现图片的存储显示。

开发环境：Windows 10；微信 Web 开发者工具；JavaEE

框架为：MINA 其核心是一个响应的数据绑定系统，分为两块视图层（View）和逻辑层（APP Service）。其中前端开发涉及技术涉及微信小程序开发语言，即 WXML、WXSS、Java Script，WXML、WXSS 主要用于视图层代码的编写，Java Script 主要用于编写逻辑层代码，逻辑层将数据进行处理后发送给视图层，同时接受视图层的事件反馈。由于逻辑层包含大量的 API 接口，在开发的时候只需要直接调用就可以，微信小程序"知你所图"系统通过 JSBridge 可以实现对底层 API 的调用。后端开发涉及技术开发过程中前期使用腾讯云为开发者提供免费的开发环境和生产环境，其中服务端支持 NodeJS 和 PHP 两种语言，可以使用开发者工具同时进行服务端开发，其中腾讯云有提供搭建好的服务器可以较快的实现小程序上线；后期将自己使用 Java、servlet 搭建服务器，主要是基于 SSM 框架搭建 Web 服务器，实现原型系统并进行测试并试运行。

（3）系统功能设计

前文对系统功能及系统框架进行了初步设计，本节对系统功能进行了模块组合及划分，形成了微信小程序"知你所图"功能结构图，包括 5 个模块：用户登入模块、管理员模块、用户传统服务模块、用户情境感知服务模块、用户"我的"信息查询模块；具体如图 6 – 2 所示。

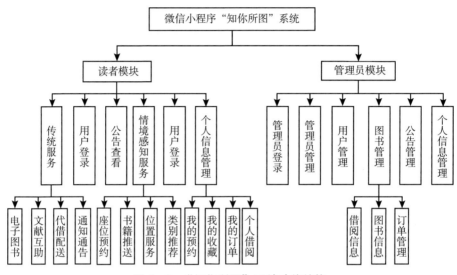

图 6 – 2 "知你所图"系统功能结构

其中用户登入模块和管理员模块能够管理"知你所图"系统的基本功能有：借阅记录、图书信息、服务信息等业务；用户传统服务模块涉及的业务包括：电子图书馆借阅、下载、退还，图书接待配送服务、文献互助等业务；用户情境感知服务模块包括：图书推荐、座位预约、位置服务、新用户入馆温馨提示等业务；用户"我的"信息查询模块包括：用户的订单、用户的预约、用户的借阅情况等信息查询及删除操作等业务；具体功能介绍如下：

①用户登入模块。

主要是完成用户的登入及身份识别功能。包括的功能有：登入界面包括公告查看、传统服务、情境感知服务、"我的"信息查询等，用户能享受到的所有服务都由用户登入界面链接。

②管理员模块。

涉及管理员对微信小程序"知你所图"的后台数据管理，主要涉及用户数据管理，即用户的添加、删除及用户权限的设置；图书管理，即图书信息的添加、修改、删除及图书借阅数据的修改；公告管理，即图书馆的通知通告添加、修改、删除操作；推荐书目单管理，即对图书推荐书目单进行维护，设计修改、删除等操作；还有评论管理、背景音乐管理等。

③用户传统服务模块。

涉及的业务包括：电子图书馆借阅、下载、退还，图书接待配送服务、文献互助等业务；常见的传统图书诸如"新书推荐""本月借书排行""馆藏特辑"等书目单推荐；甚至可以把实体图书馆举办的展览、演讲等活动进行在线直播功能展示。

④用户情境感知服务模块。

包括图书推荐、座位预约、位置服务、新用户入馆温馨提示等业务；其中对图书推荐又进行了细化，包括专业图书推荐、图书借阅分类排行、用户点评推送等功能；位置服务根据天气状况，结合性别、空调位置进行座位推送。

⑤用户"我的"信息查询模块。

用户登入微信小程序"知你所图"系统后点击"我的"可以查看历史相关数据包括用户的订单、用户的预约、用户的借阅情况等信息查询及删除操作等业务。

6.3.3　系统实现及界面展示

（1）首页

用户界面如图 6 - 3 所示。所包含的板块一目了然，主要有图书馆

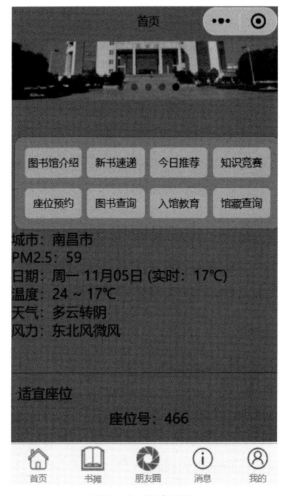

图 6 – 3　用户界面

介绍、新书速递、今日推荐、知识竞赛、座位预约、图书查询、入馆教育以及馆藏查询功能，系统自带的定位功能将提供所处地理位置信息，接口连接到天气提供的端口，入馆考试服务则是应学校的要求，对于新用户利用图书馆资源前所进行的考试，以使用户能够养成一定的图书馆规范使用意识，只有用户达到一定的分值才能够使用图书馆资源，这也是目前大多数图书馆都有必要进行的环节。而知识竞赛服务则是为了方便图书馆进行各类知识比赛创建的子模块，因为图书馆每年都会举办一些如图书阅读、图书情报以及图书知识竞赛等活动，这一服务不仅可以为活动提供大量的宣传，还可以在线上进行比赛。新闻公告服务则是会实时推送图书馆的信息，以便教师和同学能够及时了解图书馆的情况。图书查询服务则是方便用户查询图书馆的馆藏信息以及现有图书借阅情况，方便用户的借阅。新书速递模块则是实时推送图书馆新上架的图书信息，以使用户能够更好地了解到图书馆新增图书资源并借阅。在主页中显示 PM2.5 指数，日期包括星期、月、日。不仅提供一天内的气温峰值及其区间，还有实时的气温可供参考，特殊需求"天气"就给出了当天的具体天气以及风力等信息。最后是根据当时的信息推荐出了最合适的位置。而最下面的导航栏则有书摊、朋友圈、消息以及"我的"等五个功能选项。

（2）座位预约打卡

用户界面如图 6 - 4 所示。首先用户预约座位界面可以选择日期、开始时间、时长以及预约人数等信息，进入选座，若系统所推荐座位已经被占用，则系统会根据推荐结果从最好的推荐排序开始，供用户选择。然后去图书馆打卡，打卡完成后就会显示该片区域中的一些书籍等信息。在用户预约座位成功的同时，微信小程序还将提示用户请于半个小时内到达图书馆，逾期未到将自动取消座位预约，每月累计三次，将取消座位预约资格。这一设定在促进用户对于图书馆资源利用的同时，很好地规范了用户对于微信小程序的使用。

（3）个性推荐

除了在预约时可以有推荐界面外，在"座位预约"中有具体的座位图展示，可供读者更加形象的进行选择。而座位预约和今日推荐组成联动页面，不仅推荐好书，也推荐相应的好位置信息，提供读者一个舒适的学习环境，如图 6 - 5 所示。

图 6 - 4   预约座位界面

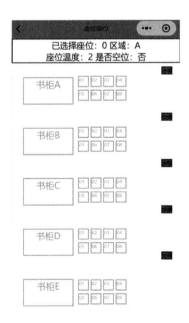

图 6 - 5   座位预约

　　这里还提供一个记录心情的文本编辑框。如果为老用户，则根据历史记录，获取用户偏好，并结合情境感知信息进行用户需求推送。另外，移动情境感知微服务可以为用户提供其所需要的信息，如今图书馆各自习室仍有不同类型的馆藏，如当新用户在体验图书馆，在进入不同自习室时，微信小程序可以提示自习室中的藏书信息，方便用户在以后来自习室中学习的同时可以查看相关专业书籍。最后，根据用户的情境感知信息以及专业信息、历史查询借阅等信息在新书速递时推送更多的符合用户个性化的书籍。如图 6 – 6 所示。

图 6 – 6　个性化推送界面

（4）书评

书评界面类似于社区，读者将自己看过的书推荐至社区，可以发表自己的读后感以及推荐理由等，然后阅读过相同书籍的人可以相互评论、探讨书中值得深入思考的地方。或者直接在书本的评论区留言，挖掘出书籍的厚重感，因为很多老师们读完书后留下的评论感想都十分值得细思。用户界面如图 6 – 7 所示。

图 6 – 7　书评界面

（5）初次登录界面

用户初次使用该小程序，会跳出一个新用户界面。该界面就是一个相当于用户手册的作用，告诉新加入读者使用系统需要做什么内容，完成什么任务等。例如，了解图书馆介绍、入馆教育以及通过入馆考试。如图 6 – 8 所示。

图 6 - 8　用户登录界面

6.4　本章小结

　　本章从案例分析着手，对现阶段图书馆智慧馆舍建设现状、问题及解决方案进行系统分析，从服务功能、用户体验、服务优势几个方面简单介绍了微信小程序；在此基础上，本章根据小程序本身的特点，总结了应用于智慧图书馆情境感知微服务模式的微信小程序的注意事项和局限性，并对微信小程序应用于智慧图书馆情境感知微服务模式进行了展望，以期所应用的微信小程序的情境感知微服务模式能够为用户提供更加方便、快捷的智慧化服务。同时通过微信小程序开发了一个"知你所图"系统，试图通过个性化服务，分析用户所处的环境信息，结合用户的历史偏好，增加一些个性化的内容以吸引用户，提升图书馆亲和力。

第 7 章

智慧图书馆情境感知微服务质量评价研究

本书研究发现当前智慧图书馆情境感知微服务缺乏较为完备的质量评价体系，在前期调研的基础上，构建了智慧图书馆情境感知微服务模式评价假设模型，通过专家访谈进行了修正，然后通过问卷调查收集数据并进行分析，验证了假设模型的正确性并修改了不合理的要素，最后通过主成分分析方法确定智慧图书馆情境感知微服务模式评价模型的各个指标权重。智慧图书馆情境感知微服务模式评价模型指标权重能够很好地反映出用户期望程度，对于智慧图书馆情境感知微服务建设及评价起到了积极作用。

7.1 基于 CiteSpace 的图书馆服务质量评价研究现状可视化分析

智能移动设备的普及已经带领我们进入一个新的开放、便捷、高效智能互联网时代。图书馆服务项目的体系、技术、功能不断地更新迭代，不变的是追求高品质的服务质量。智慧图书馆已成为现代服务的主要模式，仍然是提供馆藏查询、借阅图书、信息查阅等此类信息交流和传播的服务，但是服务模式完全不同于以往，随着服务模式的变更带来了服务质量标准和评价方式的改变，唯有通过服务质量评价方知用户的需求、图书馆服务效果、图书馆服务的改进空间，这些都是值得思考的问题。因此，如何抓住用户需求提高图书服务质量，本书从可视化的角度，对图书馆和服务质量两大高频关键词进行共现分析，运用文献分析软件 CiteSpce 对可视化图谱进行深入分析，以现有研究的作者、机构和关键词为主题绘制共现网络图谱，分析图书馆服务质量研究热点和发展趋势。

本书借助软件 CiteSpace，以 CNKI 学术期刊全文数据库为数据来源，以"图书馆"和"服务质量"作为主题词进行检索，选定文献发表时间 2016～2023 年，共选取 2207 篇文献，剔除无作者、无关键词、与主题相关度不高等无效数据，得到有效文献数量 1997 篇，绘制了图书馆服务质量的知识图谱，并通过内容分析法对检索的文献进行分析，从而对图书馆服务质量文献研究进行了数理和阐述。

7.1.1　图书馆服务质量研究著者合作网络图谱

以 2016～2023 年智慧图书馆评价体系研究作者合作网络共现图谱，如图 7 - 1 所示，连线疏密程度映射著者之间合作关系的密切程度。整体而言，著者合作网络各节点间的连线不多，具有较大的分散性，表明智慧图书馆服务质量领域研究团队较为分散，多为独立且彼此缺乏紧密联系。从图中可看出，发文相对较多的著者有柯平、齐向华、叶继文、杨九龙、陈文娟等，结合文献检索结果分析可知，齐向华、刘颖、万易以及郭春阳、卢文辉、王丽关系较为紧密，但尚未出现较为稳定的核心作者群。

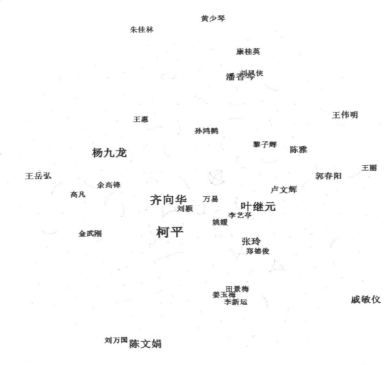

图 7 - 1 2016~2023 年图书馆服务质量研究著者合作网络图谱

7.1.2 图书馆服务质量研究发文机构与合作网络图谱

以研究机构为节点绘制 2016~2023 年智慧图书馆服务质量研究发文机构网络共现知识图谱，如图 7 - 2 所示，智慧图书馆的服务质量研究以高校、图书馆以及地方信息研究所为主体。发文量较多的机构有南京大学信息管理学院、南开大学商学院、武汉大学信息管理学院、西北大学公共管理学院等。研究机构间关联线较少，聚类分析时未得到有意义的统计信息，说明各机构多为独立开展智慧图书馆服务质量的相关研究，彼此信息未共享，缺乏合作研究。从研究的时间段发现，早期研究集中南开大学商学院和南京大学信息管理学院，而近期武汉大学信息管理学院、湘潭大学公共管理学院学者研究较多，但是彼此间同样缺乏合作。

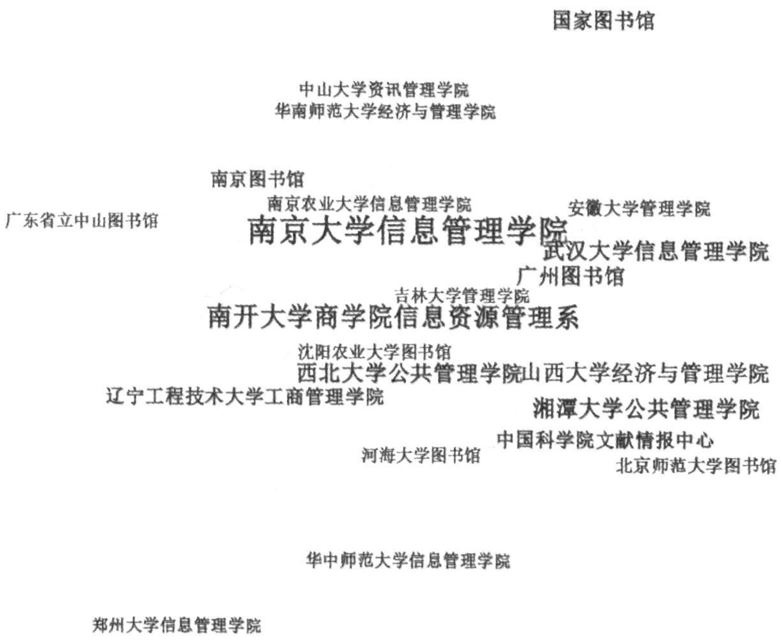

国家图书馆

中山大学资讯管理学院
华南师范大学经济与管理学院

南京图书馆
南京农业大学信息管理学院   安徽大学管理学院
广东省立中山图书馆

南京大学信息管理学院
武汉大学信息管理学院
广州图书馆
吉林大学管理学院
南开大学商学院信息资源管理系
沈阳农业大学图书馆
西北大学公共管理学院山西大学经济与管理学院
辽宁工程技术大学工商管理学院
湘潭大学公共管理学院
中国科学院文献情报中心
河海大学图书馆
北京师范大学图书馆

华中师范大学信息管理学院

郑州大学信息管理学院

图7-2 2016~2023年图书馆服务质量研究发文机构与合作网络图谱

7.1.3 图书馆服务质量关键词共现图谱

图书馆和服务质量论文关键词词频可视化分析，以论著节点绘制 2016~2023年智慧图书馆服务质量研究关键词之间的联系与聚类，绘制关键词共现及聚类知识图谱，如图7-3所示。在 CiteSpace 绘制的聚类知识谱图中，网络节点数量（N）为218，网络连接数量（E）为228，网络密度（Density）为0.0096，说明该领域研究主题较为广泛且相互之间的联系较为紧密。

图 7 - 3　2016～2023 年图书馆服务质量关键词共现图谱

关键词共现图谱中关键词节点符号及其字号大小与词频正相关，节点间连线的粗细映射共现频次。由图 7 - 3 可见，"图书馆""阅读推广""绩效评价""评价指标""评价体系""服务质量""数字资源"等节点符号较为突出，表明这些主题研究热度相对较高。此外，"评价""学科服务""指标体系""大数据""信息服务""新媒体"等几组关键词共现频次较高，直观地展示出不同细分方向的研究主题组成的知识子群。

共现图谱中的关键词通过 CiteSpace 的算法在图中被归为不同的聚类，表中显示了聚类关键词，不同的聚类子群代表其相关研究较紧密，如"图书馆、信息服务、学科服务""数字资源、评价指标、绩效评估""服务质量、绩效评价、服务评价"聚集在一起联系较紧密。

7.1.4　关键词共现与年份聚类图谱

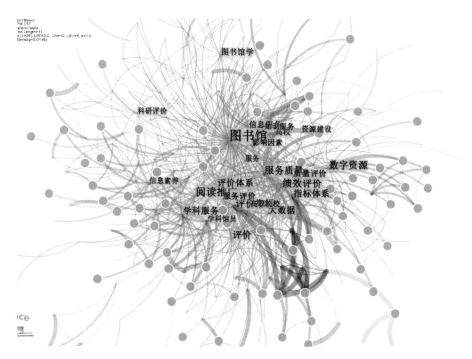

图 7 - 4　2016 ~ 2023 年关键词共现与年份聚类图谱

关键词共现与年份聚类图，关键词通过 CiteSpace 的算法在图中被归为不同的聚类，由左至右年份推进，图 7 - 4 中显示了聚类数字代表关键词的数量和年份维度，表明了研究年限由先至今，从早期的"科研评价""信息素养""学科服务""阅读推广"为主题，发展至近期的研究关键词围绕"数字资源""资源建设""质量评价""绩效评价""指标体系"等，该领域近期主题研究较多，图谱呈现了研究发展趋势。

7.1.5　基于 LLR 算法关键词聚类图谱

本研究对关键词网络采取对数似然率算法（Log – Likelihood Ratio，LLR）进行聚类，得到了聚类的结果图，由图 7 – 5 产生了 17 个聚类因子，评价指标、用户体验、图书馆、大数据、阅读推广等，附有研究年份。

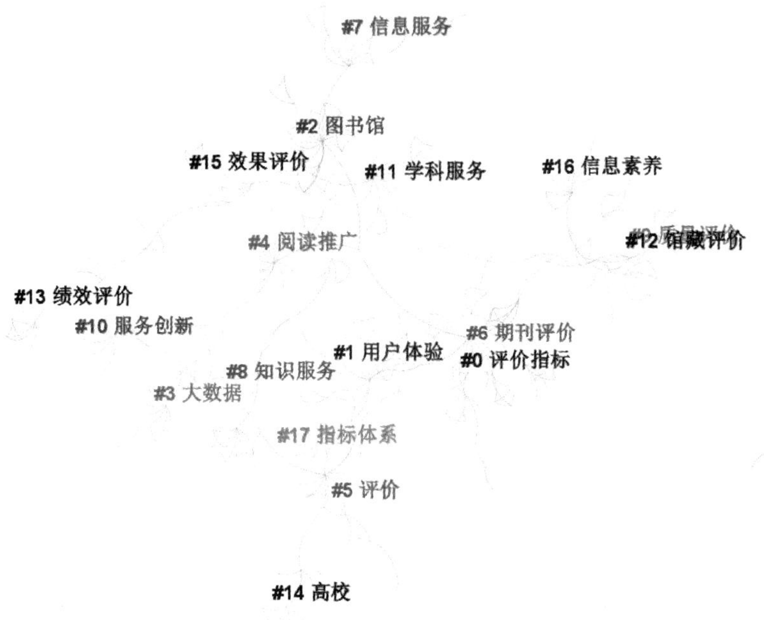

#7 信息服务

#2 图书馆

#15 效果评价　　#11 学科服务　　#16 信息素养

#4 阅读推广　　　　　　　　#12 馆藏评价

#13 绩效评价
#10 服务创新　　　　　　#6 期刊评价
#8 知识服务　　#1 用户体验　#0 评价指标
#3 大数据

#17 指标体系

#5 评价

#14 高校

图 7 – 5　关键词聚类分析可视化图谱

将这 17 个关键词聚类为三大类如表 7 – 1 所示：图书馆的功能及服务类型、评价指标的设置、各类要素评价。

表 7－1			基于 LLR 法的关键词聚类类型
关键词聚类	聚类类型	数量	聚类关键词
1	图书馆的功能及服务类型	9 个	用户体验、图书馆、大数据、阅读推广、信息服务、知识服务、服务创新、学科服务、高校、信息素养
2	评价指标	3 个	评价指标、评价、指标体系
3	要素评价	5 个	期刊评价、质量评价、馆藏评价、绩效评价、效果评价

（1）图书馆的功能及服务类型包括 9 个聚类

用户体验、图书馆、大数据、阅读推广、信息服务、知识服务、服务创新、学科服务、高校、信息素养等，构建智慧图书馆可以提供和实现多种不同的服务，如知识服务、信息服务、学科服务等；智慧图书馆的信息服务模式可增强图书馆的用户体验，通过大数据不断地进行服务创新，实现阅读推广并增强读者的信息素养，尤其在高校图书馆，在当代发挥着重要的传播知识的作用。

用户体验：该聚类因子提取的特征词有服务质量、数字资源、移动服务、服务能力等。对于数字资源主要通过提供数字资源和移动服务，以优质的服务质量和服务能力给用户体验。

图书馆：该聚类因子提取的特征词有高校图书馆、发展趋势、公共图书馆、SD 法等。高校图书馆和公共图书馆未来的发展趋势中，提到了智慧图书馆的前景与应用，多采取 SD 法调研方法是一种定量研究方法，用来研究人们对智慧图书馆服务问题的态度、看法和方式等方面的情况。

大数据：该聚类因子提取的特征词有智库服务、精准服务、因子分析和智能服务等。智慧图书馆可提供智库服务，收集图书馆提供的智能服务的大数据，采取因子分析方式区分不同用户群体特征及其需求，以便提供精准服务。

阅读推广：该聚类因子提取的特征词有高校图书馆、全民阅读、互联网＋、红色文化等。高校图书馆利用互联网采取移动服务方式将红色文化等数字资源，传播给全民阅读，充分发挥智慧图书馆的功效传播健康的文化。

信息服务： 该聚类因子提取的特征词有知识产权、数据驱动、微服务和图书情报等。图书馆通过微服务等方式，开设公众号，开发APP，利用数据驱动传播图书情报，这种新式的信息服务方式越来越受欢迎和普遍，逐渐成为了人们接受图书情报的主要方式，替代了传统的借阅式模式，大大提升了信息的使用率。

知识服务： 该聚类因子提取的特征词有学术期刊、新型智库、策略、创新能力等。智慧图书馆提供的新型智库，以学术期刊最为普遍，这种知识的传播大幅度提升了阅读者的创新能力，提高了策略的质量。

（2）评价指标——3 个聚类

评价指标、评价和指标体系，构建智慧图书馆的服务质量的评价指标体系，遵循指标体系构建的方向性原则、系统性原则、可测性原则和独立性原则，采取科学的方式构建并验证具有整体完备性和系统性的评价指标体系。

评价指标： 该聚类因子提取的特征词有绩效评估、馆配商、评价方法、图书馆员等。馆配商和图书馆员的绩效评估采用的评价方法，必须明确评价指标，评价指标多为管理员绩效评估服务，一套合理的评价指标可以客观公平公正地衡量图书馆管理员的工作绩效。

指标体系： 该聚类因子提取的特征词有实证研究、层次分析法、全评价、馆藏资源。智慧图书馆对馆藏资源构建评价指标体系，采取全要素评价体系，大多数通过层次分析法对各层次指标赋权，形成一套完整的评价指标体系。

评价： 该聚类因子提取的特征词有熵权法、抖音、电子资源、馆员。馆员通过抖音方式传播智慧图书馆中的电子资源，研究探寻这种新型的服务质量评价指标体系，多以熵权法确定指标体系的权重。

（3）要素评价包括 5 个聚类

期刊评价、质量评价、馆藏评价、绩效评价、效果评价，针对智慧图书馆中不同要素的评价，有期刊、馆藏、服务质量、绩效、服务效果评价等。

期刊评价：该聚类因子提取的特征词有 h 指数、服务评价、影响因子、累积 h 指数等。智慧图书馆中的期刊评价服务影响因子以及采用 h 指数法"高引用次数"（high citations），对期刊质量进行评价。

质量评价：该聚类因子提取的特征词有评价体系、用户感知、满意度、新媒体。智慧图书馆中的服务质量多采取用户感知的评价体系，以衡量用户的满意度，对图书馆进行服务质量评价。

馆藏评价：该聚类因子提取的特征词有高职院校、指标、文献计量、评估。对各类高等院校的馆藏进行评价，尤其是高职院校多以文献计量作为衡量指标进行质量评估。

绩效评价：该聚类因子提取的特征词有图书馆学、平衡计分卡、效率评价、研究综述。对图书馆的绩效进行评价，基于平衡计分卡构建评价指标体系，测评效率，以此衡量绩效。

效果评价：该聚类因子提取的特征词有协同过滤、用户特征、红色教育、层级倒挂。多研究智慧图书馆的红色教育效果评价，利用协同过滤推荐算法，通过用户的历史数据获取用户特征来预测用可能感兴趣的内容。

图书馆与服务质量研究文献聚类分析可视化结论：①研究主题演变趋势，由关键词共现与年份聚类图谱清晰地呈现出来，研究随着年份的推进，关键词从早期的"科研评价""信息素养""学科服务"和"阅读推广"为主题，逐渐转移至近期的"数字资源""资源建设""质量评价""绩效评价"和"指标体系"等。②研究内容发展趋势，未来图书馆的功能及服务类型朝着智慧图书馆、元宇宙图书馆方向建设，以互联网＋为依托，提供多种不同的信息服务模式满足学科服务和信息服务的需求，利用数据资源不断地进行资源建设，以多种形式地服务创新增强图书馆的用户体验，实现阅读推广并增强读者的信息素养，不断地创新服务模式提升服务质量。③研究方式发展趋势，针对不同的服务内容，期刊、馆藏、服务质量、绩效和服务效果评价等，以顾客需求为导向从不同视角构建影响要素理论模型，验证并最终形成评价指标体系，以提供客观的评价方式，探索服务模式中的提升空间，提出提升图书馆服务质量的举措，以此方式研究智慧图书馆的建设和服务质量评价与提升。

7.2 智慧图书馆情境感知微服务质量评价研究现状

　　智能手机和移动设备的普及已经带领我们进入一个新的移动互联时代。智能手机作为操作简便、传销成本小的营销互动平台，已经成为人们普遍使用的信息交流和传播媒介。由于智能手机具有较强的社会交流功能与较弱的信息发布功能，逐渐演化成多媒体交流的信息沟通平台，成为现代人生活的一部分[123]。同时国内绝大多数图书馆也开始启用基于智能手机终端的移动服务平台，其主要功能是为用户提供馆藏查询、图书借还、相关信息发布等基本服务，是传统图书馆现代化管理的对外窗口，不仅可以提高图书馆的使用效率，同时也能够减轻图书馆的管理压力。智慧图书馆情境感知微服务的服务质量、服务效果怎样、用户对智慧图书馆情境感知微服务的接受程度如何、以及图书馆情境感知微服务改进空间大小等，这些都是值得思考的问题。本书经过研究发现，国内外对智慧图书馆情境感知微服务研究主要有以下 3 个方面：

（1）智慧图书馆情境感知微服务基本功能设计与实现

智慧图书馆情境感知微服务在创办初期仅具有几项基本的主体功能，如借还书、查询书籍等，方便快捷地获取图书馆信息服务；公众平台运行成熟之后需要对其内容进行进一步改良和优化。陈峰[124]认为基本功能完善之后，需要考虑配合移动手机端，平板电脑端屏幕的排版与自适应；Chunnian Liu 认为图书馆公众平台应该最大限度地布局图书馆核心服务，以期为用户提供各种交互服务方式[125]。

（2）智慧图书馆情境感知微服务运营与服务优化

关注某一图书馆情境感知微服务的用户一般对该服务有兴趣或实际需求，只有微服务内容与话题能够保有长足的吸引力才会促使用户持续关注。智慧图书馆情境感知微服务关注重点主要在功能服务方面。张秋等[126]认为图书馆情境感知微服务首先要具备借还书、查询书籍、自习室查询等基本功能；其次在基本功能的基础上进行优化在运营步入正轨之后，开发者需要实现用户界面优化、功能优化及性能优化，同时开展一些具有教育意义或者有参与意义的特色活动；同时，图书馆情境感知微服务要加强自身定位，不能立足于发送一些传播性较强的鸡汤类文章，这虽然有助于增加转发量，但对自身的定位与形象却是一种伤害。

（3）智慧图书馆情境感知微服务质量感知及互动研究

图书馆情境感知微服务在消息的推送上也是一门较大的学问。如何让用户能够在阅读、了解到"干货"的基础上带给用户更好的用户体验，是相关研究的重点。在展现形式上，普遍采取图文并茂的形式，运用一定的操作软件美化文章格式是十分必要的[127]；在好的内容基础上让用户有愉悦的浏览感受是公众平台优化的方向[128]。在与用户互动的情况上来看，大多数的图书馆情境感知微服务仍以单向的公告通知为主，与用户实时互动并不多。以往研究也主要围绕在图书馆应该如何扩大影响范围，加强与用户互动为主上；对服务质量的评价及优化是下一阶段研究的热点。

综上可得，目前对于智慧图书馆情境感知微服务的研究大多是关于运用智慧图书馆微服务拓展图书馆服务方式及内容、图书馆情境感知微服务开发和实现为主；对于图书馆情境感知微服务标准及评价，从其影响力、推送丰富度或与用户的交互能力等方面并没有给出确切的评价标准。图书馆公众平台评价体系的文章也比较少，国内尚缺乏对图书馆情境感知微服务质量评价指标体系的深入研究。

7.3 智慧图书馆情境感知微服务模式评价框架

智慧图书馆情境感知微服务评价是用户对于智慧图书馆情境感知微服务建设情况及服务的客观分析与主观感知的综合。建设情况往往由信息质量、服务质量决定。而用户的主观感知情况则是服务效果的体现。智慧图书馆情境感知微服务的主要目的是为用户提供更好的图书馆使用体验，这一评价指标带有用户的主观色彩，是用户根据主观感知情况和客观使用情况的综合评价，可以说是建设好坏的决定性标准[129]。为横向全面性、纵向层次性的反映智慧图书馆情境感知微服务建设情况，本书针对智慧图书馆情境感知微服务质量评价框架的构建，在文献［117］［119］［130］的基础上，针对图书馆的特性进行了细化，主要根据信息质量、服务质量、服务效果三个一级指标来进行，具体评价项目为二级指标，具体项目可获取细节为三级指标，使评价能够反映客观事实。接着通过问卷调查、访谈与线上采访的方法对普通用户、图书馆管员以及相关领域的专家进行调研收集数据，从而丰富和改进指标体系，最后通过专家访谈确定智慧图书馆情境感知微服务模式评价框架体系。如图 7－6 所示。

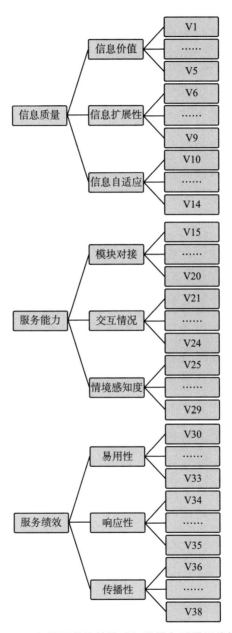

图 7－6　智慧图书馆情境感知微服务质量评价框架

　　智慧图书馆情境感知微服务评价框架一级指标为信息质量、服务质量与服务效果三个大类，每个大类涉及平台的内容、技术与效果层面，将主体客观情况与客体感知情况结合起来，构架综合客观。其中信息质量大类指标围绕图书馆的特色，二级指标中信息价值与信息扩展性针对智慧图书馆情境感知微服务平台发布的内容，包括图书馆公告、服务等基础内容外的其他活动，例如发起读书会等扩展性活动；信息自适应则强调技术层面上平台的建设，是否从手机、iPad 等移动设备的特点出发，充分了解用户的使用习惯与使用特点设计界面。服务质量从相关方面上讲，智慧图书馆情境感知微服务平台的设计模块要与图书馆的各个功能充分、及时对接，保证数据流通与使用效率，用户才有好的功能体验；其次在整个评价体系中，特别加入了情境感知评价指标，对于新兴的线上发展方向给予了一定的分数比例。最后着眼于平台方和用户的互动情况，交互情况在于平台后方管理人员根据图书馆情境感知微服务特点，对图书馆情况有专业全面的了解，和用户以一对一、一对多等方式进行即时交互的能力。服务质量指标检验前两个大指标的使用效果，是总结性的指标。以用户的主观评价为主，通过用户与图书馆的交互过程做出评价，具有很强的主观色彩。因此，通过用户对图书馆情境感知微服务信息、功能使用、交互状况与后台访问量、转发量等客观数据等信息综合考虑之后形成完整的评价体系，主观客观结合，投入与效果结合，形成完整的评价体系，公平与可信度较高。

7.4 智慧图书馆情境感知微服务模式评价模型构建

7.4.1 智慧图书馆情境感知微服务模式评价假设模型

智慧图书馆的服务对象是图书馆用户，因此其服务质量的评价主体就是图书馆用户。国内外学者采用的服务质量评价模型主要有两种：一是在 PZB[131] 研究的基础上对 SERVQUAL 模型的修正；二是在 SE-RVQUAL 模型基础上创新的模型。在许多学者的研究中，Parasulaman 等发明的 SERVQUAL 评估方法得到了学术界的广泛认可，基于该评估方法，本书构建了智慧图书馆情境感知微服务模式评价假设模型指标体系，并设计了各大类下的三级评价指标，对二级指标进行补充说明。再采取问卷调查、实地考察的方法对智慧图书馆实际情况进行考核，设计并筛选出 38 个指标用于衡量各大类标准情况。三级指标设计力求能全面客观考察图书馆具体情况，指标体系具体如表 7-2 所示。

表 7-2　　智慧图书馆情境感知微服务模式评价假设模型指标体系

一级指标	二级指标	三级指标	指标描述与解释
信息质量	信息价值	V1 信息内容真实性	推送内容与事实是否相符，真实可靠
		V2 信息内容及时性	信息公告是否与图书馆实地同步及时
		V3 信息内容专业性	信息内容是否与图书馆职能联系紧密，规范
		V4 信息内容有效性	信息内容的时效性及可信赖性
		V5 信息内容传播性	推送转发量、点击量与流通情况

一级指标	二级指标	三级指标	指标描述与解释
信息质量	信息价值	V6 信息内容全面性	信息内容是否对推送话题进行了完整全面的陈述
	信息扩展性	V7 信息内容全面度	内容涉及的广度
		V8 信息内容新颖度	对推送内容话题把握角度的新颖程度与话题的新鲜程度
		V9 信息内容延伸度	推送内容除图书馆职能之外涉及的相关范围大小
		V10 信息形式多样性	设计推送格式是否图文并茂，形式多样并合适当天内容
	信息自适性	V11 信息格式自适应	信息排版能否适应手机、平板等不同屏幕的自适应要求
		V12 信息数量合理性	每日推送信息数量是否合理
		V13 界面设计美观度	平台界面页面设计、色彩搭配是否合理
		V14 平台界面设计简洁性	平台界面设计是否简洁大方、色彩搭配是否美观
		V15 平台功能齐全度	平台必备与常用功能是否在模块排版中齐全
服务能力	模块对接	V16 模块导航便捷性	模块导航在不同用户使用时是否方便操作，易于寻找
		V17 模块设置专业性	模块设计与分类是否专业，设计人性化，分类清晰
		V18 平台运行稳定性	在技术层面，微服务平台功能的稳定性
		V19 数据流通及时性	查找书籍，借还书等服务先上线下数据对接的及时程度
		V20 自助服务准确性	用户使用自助服务能精准的达到使用目的的程度
	交互情况	V21 服务对接及时性	后台人工与自助服务与用户针对服务的及时程度

一级指标	二级指标	三级指标	指标描述与解释
服务能力	交互情况	V22 服务对接专业性	后台服务人员对图书馆情况了解程度及服务质量
		V23 服务反馈及时性	后台服务对用户的问题的反馈速度、反馈情况与反馈质量
		V24 服务方式人性化	公众平台服务是否较为人性化,用户交互成果中是否轻松愉快
	情境感知度	V25 情境感知及时性	公众平台通过用户使用情况进行针对性情境推送的及时程度
		V26 情境服务针对性	平台在进行情境推送的时候能够提供针对性较强的服务
		V27 个性推送精准度	公众平台针对用户使用特点和需求提供针对性较强的服务
		V28 情境服务扩展性	针对用户的使用状况进行情境分析的特色推送的话题新颖度
服务绩效	易用性	V29 平台设计人性化	平台设计考虑到用户的使用习惯、提供舒适人性服务的能力
		V30 平台检索便捷性	通过检索功能检索信息或服务的便捷程度
		V31 平台功能易操作	用户对平台各项功能使用过程中,是否方便操作、便捷简便
		V32 服务导航清晰度	平台各类服务使用导航是否清晰明了
		V33 帮助服务有效性	各类帮助功能和人工具便于寻找,方便使用
		V34 线上服务适用性	用户微信公众平台进行各种服务的频率与使用比例
	响应性	V35 日常活动认可度	公众平台的日常活动能否在用户中有较高认可度
		V36 特色活动参与度	在开展的各类特色活动中,参与者与平台关注人数的比例

一级指标	二级指标	三级指标	指标描述与解释
服务绩效	响应性	V37 用户自发反馈率	在使用过程中，用户能够自发的为平台建设提供意见的情况
	响应度	V38 日常平均访问量	日常情况下，微信公众平台的日均访问量
		V39 推送平均转发率	各类通知，通告，原创推送，特色活动通知的转发量
		V40 推送平均点赞量	各类通知，通告，原创推送，特色活动通知的点赞量

7.4.2 智慧图书馆情境感知微服务模式评价体系的重新整合与修正

前期问卷设计以各指标为考量依据，卷尾设开放性问题，发放少量问卷让用户进行试填写。通过试填写对指标 V4、V5、V7、V16、V19 进行了删除与修改，同时根据开放性问题的回答情况合并 V1 与 V4 为新 V1 时效性，修改 V5 为信息内容易获取性，V6 为信息内容针对性；交互情况二级指标下增添 V24 用户隐私安全性三级指标，具体见表 7-3。

表 7-3　　　　　　　　修正后评价假设模型指标体系

一级指标	二级指标	三级指标	指标描述与解释
信息质量	信息价值	V1 信息内容实践性	推送内容与事实是否相符，真实有效
		V2 信息内容及时性	信息公告是否与图书馆实地同步及时
		V3 信息内容专业性	信息内容是否与图书馆职能联系紧密、规范
		V4 信息内容全面性	推送内容是否容易获取、下载和保存程度
		V5 信息内容易获取性	对推送内容话题把握角度的新颖程度与推送的原创比例

续表

一级指标	二级指标	三级指标	指标描述与解释
信息质量	信息价值	V6 信息内容针对性	推送内容除图书馆本职职能之外涉及的其他相关范围大小
	信息扩展性	V7 信息内容新颖性	设计推送格式是否图文并茂、多样并合适当天内容
		V8 信息内容延伸度	信息排版能否适应手机、平板等不同屏幕的自适应要求
		V9 信息形式多样性	每日推送消息数量是否合理
	信息自适应	V10 信息格式自适应	平台界面设计、色彩搭配是否美观
		V11 信息数量合理性	平台界面设计是否简洁大方，常用功能排版清晰
		V12 界面设计美观度	平台必备与常用功能是否在模块排版中齐全
		V13 界面设计简洁性	模块导航在不同用户使用时是否方便操作，易于寻找
		V14 平台功能齐全度	模块设计与分类是否专业，设计人性化，分类清晰
服务能力	模块对接	V15 模块导航便捷性	技术层面上，微信公众平台二次开发功能运行的稳定程度
		V16 模块设置专业性	查找书籍，借还书等服务线上线下数据对接的及时程度
		V17 平台运行稳定性	用户在使用自助服务能精准的达到使用目的的程度
		V18 数据流通及时性	后台人工与自助服务为用户提供服务的及时程度
	交互情况	V19 自助服务准确性	后台服务人员对图书馆情况了解程度及服务质量
		V20 服务对接及时性	后台人工与自助服务为用户提供服务的及时程度

续表

一级指标	二级指标	三级指标	指标描述与解释
服务能力	交互情况	V21 服务对接专业性	后台服务人员对图书馆情况了解程度及服务质量
		V22 服务反馈及时性	后台服务对用户问题的反馈速度、反馈情况与反馈质量
		V23 服务方式人性化	公众平台服务是否较为人性化，用户交互过程中是否轻松愉快
		V24 用户隐私安全性	公众平台能够安全有效的保护用户隐私
	情境感知度	V25 情境感知及时性	公众平台通过用户使用情况提供针情境推送的及时程度
		V26 情境服务针对性	微信公众平台根据用户使用状况在提供定制化服务的能力
		V27 个性推送精准度	公众平台针对用户使用特点和需求提供情境分析的精准程度
		V28 情境服务扩展性	针对用户的使用状况进行情境分析的特色推送的话题新颖度
	易用性	V29 平台设计人性化	平台设计考虑到用户的使用习惯、提供舒适人性服务的能力
		V30 平台检索便捷性	通过检索功能检索信息或服务的便捷程度
		V31 平台功能易操作	用户对平台各项功能使用过程中，是否方便操作，使用简便
		V32 服务导航清晰度	平台各类服务使用导航是否清晰明了
		V33 帮助服务有效性	各类帮助功能和工具便于寻找、方便使用
服务绩效	响应性	V34 线上服务使用率	用户微信公众平台进行各种服务的频率与使用比例
		V35 日常活动认可度	公众平台的日常活动能否在用户中有较高认可度
		V36 特色活动参与度	在开展的各类特色活动中，参与者与平台关注人数的比例

一级指标	二级指标	三级指标	指标描述与解释
服务绩效	响应性	V37 用户自发反馈率	在使用过程中，用户能够自发的为平台建设提供意见的情况
	影响力	V38 日常平均访问量	日常情况下，微信公众平台的日均访问量
		V39 线上平均转发率	各类通知、通告、原创推送、特色活动通知的转发量
		V40 推送平均点赞率	各类通知、通告、原创推送、特色活动通知的点赞量

7.4.3　智慧图书馆情境感知微服务模式评价假设模型的提出

根据前文修改过的模型框架，最终获得 40 个模型指标。因此，本书提出了智慧图书馆情境感知微服务模式评价的假设模型，该模型由三级指标体系构成，如表 7 - 4 所示。

表 7 - 4　　　　智慧图书馆情境感知微服务模式评价假设模型

一级指标	二级指标	三级指标要素
信息质量	信息价值	推送内容真实性、有效性、及时性、专业性、全面性
	信息扩展性	推动内容易获取性、内容针对程度、新颖度、延伸度
	信息自适应	信息形式多样性、自适应能力、信息数量合理程度、界面美观与简洁程度
服务能力	模块对接	平台功能齐全度、模块导航便捷度，模块设置与分类、平台稳定性、数据流通稳定性、自助服务准确性、平台设计人性化
	交互能力	自助服务准确性、平台设计人性化
	情境感知度	服务对接及时性、专业性、服务反馈及时性、服务人性化程度，用户隐私安全性

一级指标	二级指标	三级指标要素
服务绩效	易用性	情境感知及时度、针对性、准确度、服务扩展性
	响应性	线上服务使用率、日常活动认可率、特色活动参与度、用户自发反馈率
	影响力	线上平均访问量、转发量与点赞量

7.5 智慧图书馆情境感知微服务模式评价假设模型数据分析与检验

7.5.1 问卷设计与回收

问卷调查对象是已经开展智慧图书馆情境感知微服务模式的高校图书馆和省图书馆，时间是 2018 年 9 月 10～25 日；共发放问卷 201份，回收 180 份，去掉无用问卷，剩下 153 份，占比是 85%。

（1）问卷设计

问卷分为四个板块，各板块按照三级指标设置问题，各个指标问题数量为 1～2 个，选项按李克特量表分五个梯度（没有影响 1 分；影响很小 2 分；影响一般 3 分；影响较大 4 分；影响非常大 5 分），开放性问题置于末尾。

（2）描述性统计

本书利用 SPSS16.0 对所得数据进行统计分析，结果显示用户对图书馆 40 个子维度的感知均值为 3.3～4.4，满意适度；变量中实效性均值第一，标准差较小，说明信息的真实有效性仍然是微服务平台的重点。信息内容易获取、帮助服务有效性、日常平均访问量、线上平均转发量与推送平均点赞量标准差均超过 1，说明用户认知波动性较大，对这些问题的观点不统一。

7.5.2　数据处理与分析

（1）信度检验

信度（Reliability）是指用同样的方法对一个事物进行多次测量，所得结果基本上一致，α 系数评估量表中每项得分基本上都是一致的。总量表的信度系数在 0.8 以上最佳，如果处于 0.7 ~ 0.8 也在可接受范围之内。本书整个量表 Cronbach α 系数为 0.959，大于 0.7，表明问卷可信度高，可以对假设模型做进一步分析。

（2）探索性因子分析（EFA）

试探性分析所收集的数据可以用验证性因子分析来做进一步检验，在进行分析前，需要利用 KMO 和 Bartlett 检验变量之间是否存在强相关性和独立性，找出有代表性的因素。通常 KMO 值 > 0.5，意味着可以执行因子分析[132]，0.7 或更多，表明分析结果更好，样本数大于100，表明样本适合因子。本书 Bartlett 统计量为 780，P 值为 0，KMO值为 0.912 > 0.5，因此问卷具有结构效度，能够进行因子分析。

（3）主成分分析

主成分分析是为了降维，用少量无关因子代表多个原始变量。本书通过降维得到变量共同度如表 7 - 5 所示。

表 7 - 5　　　　　　　　　　变量共同度

项目名称	初始	提取	项目名称	初始	提取
V1 信息内容时效性	1.000	0.680	V3 信息内容专业性	1.000	0.541
V2 信息内容及时性	1.000	0.681	V4 信息内容全面性	1.000	0.645

项目名称	初始	提取	项目名称	初始	提取
V5 信息内容易获取性	1.000	0.665	V23 服务方式人性化	1.000	0.597
V6 信息内容针对度	1.000	0.644	V24 用户隐私安全性	1.000	0.609
V7 信息内容新颖度	1.000	0.684	V25 情境感知及时性	1.000	0.631
V8 信息内容延伸度	1.000	0.597	V26 情境服务针对性	1.000	0.652
V9 信息形式多样性	1.000	0.524	V27 个性推送精准度	1.000	0.632
V10 信息格式自适应	1.000	0.522	V28 情境服务扩展性	1.000	0.688
V11 信息数量合理性	1.000	0.598	V29 平台设计人性化	1.000	0.583
V12 界面设计美观度	1.000	0.652	V30 平台检索便捷性	1.000	0.673
V13 界面设计简洁性	1.000	0.656	V31 平台功能易操作	1.000	0.601
V14 平台功能齐全度	1.000	0.641	V32 服务导航清晰度	1.000	0.622
V15 模块导航便捷性	1.000	0.676	V33 帮助服务有效性	1.000	0.654
V16 模块设置专业性	1.000	0.529	V34 线上服务使用率	1.000	0.667
V17 平台运行稳定性	1.000	0.530	V35 日常活动认可度	1.000	0.654
V18 数据流通及时性	1.000	0.624	V36 特色活动参与度	1.000	0.688
V19 自助服务准确性	1.000	0.642	V37 用户自发反馈率	1.000	0.660
V20 服务对接及时性	1.000	0.675	V38 日常平均访问量	1.000	0.787
V21 服务对接专业性	1.000	0.683	V39 线上平均转发率	1.000	0.814
V22 服务反馈及时性	1.000	0.712	V40 推送平均点赞量	1.000	0.707

根据 SPSS 计算结果与碎石图来看，共提取 7 个公因子，抽取的因子足以说明样本总体情况。如表 7 - 6 所示，方差累计解释度为 64.300%，大于 50%，能够较好地解释数据的信息量。

表 7 - 6　　　　　　　　　　总方差解释

成份	初始特征值			提取平方和载入			旋转平方和载入		
	合计	方差的（%）	累积（%）	合计	方差的（%）	累积（%）	合计	方差的（%）	累积（%）
1	15.754	39.385	39.385	15.754	39.385	39.385	6.033	15.082	15.082
2	2.644	6.610	6.610	2.644	6.610	45.995	3.909	9.773	24.855

成份	初始特征值			提取平方和载入			旋转平方和载入		
	合计	方差的（%）	累积（%）	合计	方差的（%）	累积（%）	合计	方差的（%）	累积（%）
3	1.995	4.987	4.987	1.995	4.987	50.982	3.714	9.285	34.140
4	1.672	4.180	4.180	1.672	4.180	55.161	3.614	9.035	43.176
5	1.332	3.331	3.331	1.332	3.331	58.492	3.335	8.338	51.513
6	1.278	3.196	3.196	1.278	3.196	61.688	2.955	7.388	58.902
7	1.045	2.612	2.612	1.045	2.612	64.300	2.159	5.398	64.300

（4）旋转成分矩阵整理与分析

本书采用具有 Kaiser 标准化的正交旋转法，使各因子相对的载荷平方和达到最大，让因子的含义更加清楚。载荷因子 1 方差贡献率值为 39.385%，影响力较大，说明用户对于微服务模式的使用体验十分重要。同时图书馆微服务模式并不止于信息发布，功能使用也成为评价体系的重要组成部分，可总结为技术构成与感知方面评价。

载荷因子 2 方差贡献值为 6.610%，情境感知度与响应性均作为用户感知效果的层面，情境感知作为平台方对用户提供的定制服务，而反馈情况作为用户对平台的反响程度，二者载荷在一个因子上也可一定程度上侧面说明情境感知能力与用户体验密切相关，在用户体验良好程度的情况下，平台的响应性也会相应得到提升。

载荷因子 3 方差贡献率为 4.987%，"信息质量"下有 5 个三级指标，反映了用户对图书馆信息价值的重视。载荷因子 4 方差贡献率为 4.180%，可以看出如今微服务模式的设计存在缺点和用户对个人使用体验的重视程度日益上升。

载荷因子 5 方差贡献率为 3.331%，反映了用户体验方面的内容；载荷因子 6 中"信息形式多样性"指标低 0.45，予以剔除。剩余指标均为服务能力一级指标下"交互能力"二级指标下内容，分类情况与假设分类情况一致。载荷因子 7 方差贡献率为 2.612%，仅有两个指标，均为信息价值指标下内容，其余指标均处于载荷因子 3 分类中，说明信息时效性与信息及时性对图书馆微服务模式服务质量有一定影响。

依据《结构方程模型及其应用》中的观点，公因子负荷选择标准为 0.4 或 0.45，指标"情境感知及时性"最高载荷因子为 0.407，理应剔除，但考虑到目前国内公共图书馆情境感知服务暂时处于起步蔓延阶段的实际情况，且该指标在宽松考虑范围内高于 0.4，因此予以保留。情境感知体系服务模块为本书体系特色评价指标，由此可以看出与该指标与情境感知度模块中其他二级指标相比，及时性受重视程度较低。

7.5.3 模型修正与正式评价模型的建立

根据上文旋转矩阵模型得出的结论，载荷因子之间无相关性，因此可以根据载荷因子分类结果对模型指标进行整理与分类。据此本书对先前提出的评价体系模型进行调整，得到调整后的评价体系模型如表 7 - 7 所示。

表 7 - 7　　调整后的智慧图书馆微服务平台服务质量评价体系模型

一级指标	二级指标	三级指标
技术能力	模块功能性	平台功能齐全度，模块导航便捷性，模块设置专业性，平台运行稳定性，数据流通及时性。自助服务准确性
	平台易用性	平台检索便捷性，平台功能易操作，服务导航清晰度，帮助服务有效性
	情境服务	情境感知及时性，情境服务针对性，个性推送精准度，情境服务扩展性，平台设计人性化

续表

一级指标	二级指标	三级指标
服务能力	服务品质	服务对接及时性，服务对接专业性，服务反馈及时性，服务方式人性化，用户隐私安全性
	服务绩效	线上服务使用率，日常服务认可度，特色服务参与度，用户自发反馈率，日常平均访问量，线上平均转发率，推动平均点赞量
	信息质量	信息内容时效性，信息系内容及时性，信息内容专业性，信息内容全面性
信息价值	信息扩展性	信息内容易获取，信息内容针对度，信息内容新颖度，信息内容延伸度
	信息自适应	信息数量合理性，信息格式自适应，界面设计美观度，界面设计简洁性

新模型与前文提出的假设模型相比，更加客观精准，分类更加科学。因此根据新模型对假设模型进行重新分类与描述，见表 7-8。

表 7-8　　智慧图书馆情境感知微服务模式评价指标解释

一级指标	二级指标	三级指标	指标解释与说明
技术能力	模块功能性	平台功能齐全度	平台必备与常用功能是否在模块排版中齐全
		模块导航便捷性	模块导航在不同用户使用时是否方便操作，易于寻找
		平台运行稳定性	微信公众平台运行的稳定程度，例如出现闪退或加载失败情况
		数据流通及时性	查找书籍、借还书等服务线上线下数据对接的及时程度
		自助服务准确性	用户在使用自助服务能精准的达到使用目的的程度
	平台易用性	平台检索便捷性	通过检索功能检索信息或服务的便捷程度
		平台功能易操作	用户对平台各项功能使用过程中，是否方便操作，使用简便
		服务导航清晰度	平台各类服务使用导航是否清晰明了
		帮助服务有效性	各类帮助功能和工具便于寻找、方便使用

一级指标	二级指标	三级指标	指标解释与说明
服务能力	情境服务	情境感知及时性	公众平台通过用户使用情况进行针对性情境推送的及时程度
		情境服务目标性	微信公共平台提供基于用户使用提供定制服务的能力
		个性推送精准度	公众平台针对用户使用特点和需求提供情境分析的精准程度
		情境服务扩展性	针对用户的使用状况进行情境分析的特色推送的话题新颖度
	服务品质	平台个性化设计	平台的设计以人为中心,旨在为其提供个性化的服务
		服务对接及时性	后台人工与自助服务为用户提供服务的及时程度
		服务对接专业性	后台服务人员对图书馆情况与微信平台专业了解情况
		服务反馈及时性	后台服务对用户问题的反馈速度,反馈情况与反馈质量
		服务方式人性化	公众平台服务是否较为人性化,用户交互过程中是否轻松愉快
		用户隐私安全性	公众平台能否安全有效的保护用户隐私
	服务绩效	线上服务使用率	用户微信公众平台进行各类服务的频率与使用比例
		日常服务认可度	公众平台的日常活动能否在用户中有较高认可度
		特色服务参与度	在开展的各类特色活动中,参与者与平台关注人数的比例
		用户自发反馈率	在使用过程中,用户能够自发的为平台建设提供意见的情况
		日常平均访问量	日常情况下,微信公众平台的日均访问量
		线上平均转发量	各类通知、通告、原创推送、特色活动通知的转发量
		推送平均点赞量	各类通知、通告、原创推送、特色活动通知的点赞量
信息价值	信息质量	信息内容时效性	推送内容与事实是否相符,真实有效
		信息内容即时性	信息内容及时与图书馆同步
		信息内容专业性	信息内容是否与图书馆职能联系紧密、规范
		信息内容全面性	推送内容是否对推送话题进行了完整全面的陈述

续表

一级指标	二级指标	三级指标	指标解释与说明
信息价值	信息质量	信息内容易获取	推送内容容易获取、下载和保存程度
		信息内容针对度	推送内容对具体问题和具体利用需求的契合程度
	信息扩展性	信息内容新颖度	对推送内容话题把握角度的新颖程度与推送的原创比例
		信息内容延伸度	推送内容除图书馆本职职能之外涉及的其他相关范围大小
		信息数量合理性	每日推送消息数量是否合理，不会过多或过少
	信息自适应	信息格式自适应	信息排版能否适应手机、平板等不同屏幕的自适应要求
		界面设计美观度	平台界面页面设计、色彩搭配是否美观
		界面设计简洁性	平台界面设计是否简洁大方，常用功能排版清晰

7.5.4　智慧图书馆情境感知微服务模式评价模型指标权重确定

根据表 7 - 8 进行修正，可以进行主成分分析以确定各指标权重。由于修正模型仅删除原指标 9，因此本次权重确定方法与上文相同，由于篇幅不做列表陈述。根据新模型信度分析结果，新模型可靠性分析结果为 0.958，可靠性高。经过检验，Bartlett 为 741，P 值是 0，KMO 值为 0.911 > 0.5，因子贡献率较高，说明问卷具有一定的效度，可以继续进行因子分析。由此进行主成分提取。在提取过程中，提取载荷因子数目为 7，结果如表 7 - 9 所示。

表 7 - 9 新模型解释的总方差

成份	初始特征值			提取平方和载入			旋转平方和载入		
	合计	方差的（%）	累积（%）	合计	方差的（%）	累积（%）	合计	方差的（%）	累积的（%）
1	15.383	39.443	39.443	15.383	39.443	39.443	5.962	15.288	15.288
2	2.643	6.776	46.219	2.643	6.776	46.219	3.998	10.251	25.539
3	1.956	5.015	51.235	1.956	5.015	51.235	3.532	9.056	34.595
4	1.64	4.205	55.439	1.64	4.205	55.439	3.467	8.889	43.484
5	1.326	3.401	58.841	1.326	3.401	58.841	3.138	8.047	51.531
6	1.265	3.245	62.085	1.265	3.245	62.085	2.936	7.528	59.058
7	1.045	2.679	64.764	1.045	2.679	64.764	2.225	5.706	64.764

　　根据这些数据的结果，通过主成分分析确定权重。根据主成分方差贡献率的权重，对主成分线性组合中各系数的加权平均进行归一化处理。首先得到不同主成分线性组合的系数，然后根据主成分方差贡献率确定指标系数，最后进行总归一化。对数据进行汇总后，整理得到智慧图书馆情境感知微服务模式评价模型权重。最终结果如表 7 - 10 所示。

表 7 - 10 智慧图书馆情境感知微服务模式评价模型指标权重

一级指标	权重	二级指标	权重	三级指标	权重
技术能力	0.2619	模块功能性	0.1544	平台功能齐全度	0.0253
				模块导航便捷性	0.0175
				模块设置专业性	0.0325
				平台运行稳定性	0.0243
				数据流通及时性	0.0328
				自助服务准确性	0.0220
		平台易用性	0.1075	平台检索便捷性	0.0310
				平台功能易操作	0.0243
				服务导航清晰度	0.0344
				帮助服务有效性	0.0178

一级指标	权重	二级指标	权重	三级指标	权重
服务能力	0.4422	情境服务	0.1539	情境感知及时性	0.0322
				情境服务针对性	0.0211
				个性推送精准度	0.0314
				情境服务扩展性	0.0333
				平台设计人性化	0.0359
		服务品质	0.1081	服务对接及时性	0.0182
				服务对接专业性	0.0272
				服务反馈及时性	0.0288
				服务方式人性化	0.0221
				用户隐私安全性	0.0118
		服务绩效	0.1803	线上服务使用率	0.0143
				日常活动认可度	0.0310
				特色服务参与度	0.0182
				用户自我反馈率	0.0242
				日常平均访问量	0.0276
				线上平均转发率	0.0376
				推送平均点赞量	0.0274
信息价值	0.2956	信息质量	0.1144	信息内容时效性	0.0248
				信息内容及时性	0.0293
				信息内容专业性	0.0276
				信息内容全面性	0.0327
		信息扩展性	0.0978	信息内容易获取性	0.0302
				信息内容针对度	0.0199
				信息内容新颖度	0.0252
				信息内容延伸度	0.0225
		信息自适应	0.0834	信息格式自适应	0.0172
				信息数量合理性	0.0179
				界面设计美观度	0.0219
				界面设计简洁性	0.0264

7.6 评价结果分析

以上指标结果直观清楚地展现出本章研究的结果，从各级指标评价值可以得出现在智慧图书馆情境感知微服务模式的发展现状。服务能力一级指标权重几乎占了一半，与智慧图书馆微服务模式的功能性有很大关系，也说明现今图书馆的发展已经上升到另一层次，从不成熟时期的注重图文，到现在图文已成了标配，更多地在向服务定制化方向发展。具有代表性的是平台设计人性化、信息内容全面性、服务导航清晰度和线上转发率指标，均超过 0.03。由于本次研究采访对象数量有限，粗窥智慧图书馆情境感知微服务模式评价体系指标权重分布，可以发现，这几个指标与用户的主观感受有很大的关系，设计人性化和导航易用，首先来讲是自助服务的易用；信息内容占据着绝对重要地位；从转发量来讲，用户对内容有较强烈的认可，才会主动地去转发，转发量比对其信息服务质量的提升也有重要参考作用。因此本次分析显示，定制化和易用的自助服务有助于提高智慧图书馆情境感知微服务模式的服务水平，明确下一步工作重点，为改善智慧图书馆微信息服务提供参考。

第 8 章

智慧图书馆情境感知微服务发展建议

当前，图书馆服务正在向"三微一端"转移，智慧图书馆情境感知微服务通过移动端方式展示服务流程、服务内容，是图书馆数字化服务的创新举措之一，极大地丰富了图书馆服务内涵。本章在凝练前文调查分析基础上，对情境感知微服务的优势及其局限性进行了探讨，进一步总结归纳了在此之前研究工作中凝练出的智慧图书馆情境感知微服务普遍性问题，并对智慧图书馆开展情境感知微服务给出有针对性的发展建议。

8.1 智慧图书馆情境感知微服务优势分析

①顺应微时代人们乐于获取精简碎片化的时代发展趋势。随着生活节奏的加快，人们对时间的观念变得越来越谨慎，为了更加有效地利用空余时间，更倾向于在自己有限的碎片化时间里获取到精简版信息碎片化阅读。智慧图书馆基于微信、微博、微信小程序以及其他移动 APP 等平台开展微服务模式，利用微信和微博平台发挥碎片化信息

传播的优势，在线上给人们带来多元化服务，更加符合当下人们的生活节奏，将这种休闲放松方式与获取知识完美结合，满足人们隐性学习的需求。

②情境感知深度挖掘数据信息、准确定位用户需求，提高用户满意度。智慧图书馆在情境感知技术深度感知的基础上，获取用户信息根据大数据智能分析模型计算，将根据行为特征精准定位用户需求，通过图书馆资源供应与读者需求的对接就可以进行智能推荐，这种针对个性化用户需求推送服务，除了根据用户偏好推荐的书籍，还可以提供更多的新书、最近报纸杂志、电子资源、微博、微信消息链接等，使得智慧图书馆服务质量和效率都会更高。

③微服务突破时间、地域等条件的限制，实现平等、共享的移动图书馆服务。借助新媒体、图书馆发布知识的平台更加多样化，并且可以实现多平台共享和交互，只要有网络的地方，读者就可以随时登录使用；用户实现"需求即获取"，而不是中断自己的工作、科研或学习过程到图书馆去获取所需的资料。智能检索服务精确度更高，检索方式更加多样，实现文字、图片、视频、语音等多方式检索；实现线上与线下的"人书互联"；图书馆知识存储、组合和再生的方式也发生重大改变，在支撑微服务平台的背后还有存储海量数据的数据仓库，图书馆将电子图书资源、用户信息等数据都存储在这个图书馆系统的数据库里，实现共享服务的功能，用户可以在线上图书馆随时随地查询、检索、阅读，享受移动图书馆具有的灵活、便捷的优势。

④促进先上线下文化场馆一体化建设，推动智慧图书馆发展。智慧图书馆的微服务和智能实体服务的个性化智能化越来越受欢迎，就是因为提供给读者很好的阅读体验，激发了更多用户的阅读兴趣，例如进入智慧图书馆时的登陆方式变得多样化，实现除了账号密码，还有指纹、人像、二维码等其他方式的登录；"多馆联合"的出现可以让

读者用一个账号访问多所图书馆的资源；同时，移动图书馆的环境界面个性化、服务内容多样化、服务效率便捷化、推送信息智能化等各方面功能的提升和完善都是有效增加读者满意度的体现。正是在这样的良性循环机制中实现智慧图书馆情境感知微服务的发展和新时代背景下文化建设。

8.2　智慧图书馆情境感知微服务实践局限性探讨

8.2.1　智慧图书馆建设的局限性

智慧图书馆情境感知微服务是一种在数字图书馆的基础上，利用情境感知技术并且借助微媒体为用户提供智能化、个性化的新型服务模式。国内外学者虽然在智慧图书馆、图书馆微服务、情境感知在图书馆的应用等领域都取得了一定的理论研究成果，但是整合情境感知、图书馆、微服务于一体的新型的智慧图书馆模式的研究成果少之又少。同时，国内外各大图书馆虽然都已把情境感知、大数据、微媒体应用到图书馆当中，这些技术也在一定程度上提高了图书馆的服务质量，但是却没有发挥其最大效用，使智慧图书馆真正能够为用户提供智能化的服务。因此，本书在前人研究的基础上，结合情境感知技术和微媒体在数字图书馆中的实际应用，构建了一个面向智慧图书馆的情境感知微服务模式。以求能够整合情境感知、微媒体、数字图书馆三者为一体，从而为读者提供更加便捷的智慧服务。但是情境感知服务是一个比较复杂的系统研究，设计的方面比较多，所提及的研究内容也只是比较侧重理论的方面，深入实践的内容研究还有一些局限性。因此，本书从技术支持、服务内容准确性、用户满意度和社会重要性四个方面总结了智慧图书馆研究的局限性。

（1）获得技术支持困难

智慧图书馆研究需要多方面的技术支持，这些技术既包括物联网、大数据、人工智能等高新技术，还包括智能终端、移动互联网、传感器等硬件设备技术。智慧图书馆能够及时为用户提供个性化需求信息的原因在于上述技术的有利支持。本书对于智慧图书馆研究只是在理论上分析，智慧图书馆引入以上技术后能够为用户提供更便捷的服务。但是，服务模式在实际应用当中，由于获取相关技术支持比较困难，就会存在一定的局限性，表现为：①微服务模式构建成本较高，运营效率低下。由于图书馆在微服务模式的构建和日常维护方面缺乏掌握专业技术和图书馆知识的专业人员，就会使得无论是模式开发，还是后期技术维护，图书馆都得借助外力，运营成本自然就会增加，效率就会低下。②用户情境信息获取困难，难以实现数据的及时共享。用户情境信息的获取需要各种传感器技术的支持，但是现实当中很多图书馆构建的微服务模式基本上就不怎么支持能够获取用户内外部信息的各种传感器。另外，由于很多图书馆微服务系统基本上就没有共享机制，导致获取的用户信息不能在系统内共享。

（2）微服务内容不精准

智慧图书馆旨在为用户提供准确的信息服务，而已有的微服务模式所提供的微服务内容精准度不是很高，基本上都只是根据用户的需求，提供一个大概的服务内容，难以满足用户的需求。这样不仅降低了用户的满意度，也无法体现智慧图书馆微服务模式的智慧性。图书馆之所以提供的微服务内容精准度不高，主要有以下几点原因：①无法准确获取用户需求。很多图书馆由于各方面原因，无法准确获取用户内外部情境信息，分析出用户的真正需求。②微服务内容单一。大多数图书馆所提供的微服务内容基本上都是传统的图书馆服务内容的搬迁，既没有根据用户的需求变化引入新的服务内容，也没有对以往的服务内容进行整合，自然就无法满足当下的用户信息需求。

（3）用户满意度低

智慧图书馆的研究目的就是提高图书馆用户满意度，在留住已有的图书馆用户的基础上，吸引更多的图书馆新用户，实现图书馆馆藏资源的最大价值。但是，许多图书馆构建的微服务模式用户的满意度基本上都不高，例如移动图书馆 APP，即使对图书馆使用频率最高的用户都很少使用这款软件，有的用户甚至都不知道这款 APP，更谈不上使用。很多图书馆所提供的微服务模式用户满意度低的原因主要有以下几个方面：①微服务方式不仅功能不全，还无特色，难以吸引用户。很多图书馆的微服务模式基本上都是套用第三方服务软件，完全没有自己的设计特色，用户打开以后还不如传统的图书馆服务内容，自然就不会再继续使用。②操作界面不人性化，不符合用户的操作习惯。有些图书馆微服务界面的设计完全没有考虑用户的操作习惯，导致用户使用起来很不方便，自然满意度就会降低。③系统运行不良好，不便于用户使用。良好运转的微服务系统，能够及时给用户提供满足其需求的图书馆服务。但是现实当中，很多图书馆的微服务系统由于各种原因，经常会出现反应迟缓、卡顿、信息不准等问题，用户使用以后的满意度就会降低。

（4）得不到社会的高度重视

图书馆作为专业技术和学术资源的正规来源场所，长久以来得不到人们的重视。尤其是在技术发达的今天，人们信息的来源渠道更加多样化也更加便捷，图书馆的社会地位更加得不到重视。即使近些年来国内外很多学者致力于智慧图书馆的研究，旨在不断提高图书馆的服务质量，但关于图书馆的研究在社会上仍然得不到重视，该方面的研究甚至被认为没有多大意义。

8.2.2　微信小程序实现图书馆情境感知服务的局限性

微信小程序应用于智慧图书馆服务带来一定的便利性，但是也存在一定的局限性。本书在查阅相关文献并结合实际调查结果的基础上总结了小程序应用于智慧图书馆的局限性，主要体现在以下几个方面。

（1）在图书馆领域中尚未普及

小程序从产生到现在时间不是很长，其在各行各业的应用已经非常普及。但是通过在小程序中搜索已经开通小程序的图书馆数量的统计发现，截至2022年3月29日"双一流"高校图书馆只有25家图书馆开通了小程序，这些图书馆相较于全国高校图书馆总数的还是很少。本次调研结果发现，开通小程序服务的图书馆数量非常的少，说明小程序在国内图书馆中还没有得到有效普及。需要得到更多重视。

（2）服务类型缺乏创新

通过调查发现，大部分图书馆的微信小程序服务都是利用腾讯提供的已有的小程序开发模式，基本上没有自己开发小程序的图书馆，这使得其内容几乎相同，缺乏创新；也有图书馆开发了相应服务但都是微信公众号或者是移动APP服务的删减版，并没有和其他微服务平台形成合力。微信小程序引入智慧图书馆情境感知微服务模式的目的就是给用户提供个性化的推荐服务，但是多数图书馆统一的小程序服务内容却为用户提供个性化服务造成了很大的阻力。

（3）服务功能不完善

通过试用已经开通小程序服务的图书馆的功能发现，图书馆已经开通的服务功能存在运行缓慢、输出的资源信息不是很准确等问题。而有些功能虽然已经设置了界面，但是却点不开，即使点开也没有对应的服务内容。由此可见，已经开通微信小程序服务的图书馆服务功能不完善，使得用户体验不佳。微信小程序最大的优点是继承了移动APP 互动式功能开发，能很好地实现各种个性化服务的设计与实现，这需要图书馆在顶层设计时候确定好各个微平台的功能定位。

（4）小程序命名不规范

每个微信小程序在开发的过程中拥有设定不超过 10 个关键词的权限，这些关键词不仅能够方便用户快速搜索到小程序获得其服务，也使得整个小程序的开发过程更加规范，方便后期的改进。但是，我们通过实地调研发现，很多图书馆在小程序的开发过程中并没有遵循小程序的命名规范，而是随性命名，导致即使有些图书馆已经开通了小程序服务，但是难以搜索到。有些图书馆小程序使用全称，有些使用简称，还有些使用别称，这就导致不熟悉的用户没法找到相应的小程序。

8.3　智慧图书馆开展情境感知微服务建议

虽然智慧图书馆情境感知微服务模式可以为读者提供更智能的服务，但该模式的实施和大力推广不仅要求现有的实体图书馆做出很大的改进，还需要一定的技术支持以及相应专业的人员维护，更需要得到社会各界的重视。因此，结合研究报告前面章节的调查分析、理论研究凝练出的共性问题，本节从资金投入及基础设施建设、技术培训及内容设计、人才队伍建设、管理模式、微服务平台与资源建设等五个方面提出建议，以期能够使智慧图书馆情境感知微服务模式能够为图书馆用户提供更加满意的服务。

8.3.1 资金投入及基础设施建设方面

（1）加大建设经费投入，并合理使用资金

资金投入是图书馆发展的后盾，也是导致不同地区图书馆发展水平不同的主要原因。经济发达地区的图书馆投入的资金多，可利用资源也多，相反对于经济落后的地区而言，建设图书馆的可用资金有限，因而限制了图书馆服务水平的发展。这就要求相关政府机构对图书馆建设加以支持和保障，提高国内图书馆的建设能力。同时，必须合理规划图书馆资金的使用，避免用错、用多。加大对图书馆服务内容建设的资金投入，增加有助于提高服务水平的高科技设备，才能切实提高图书馆智慧服务的水平。

图书馆历来都是城市的名片，是一个地区文化发展及繁荣的象征。图书馆对人们精神文明需求可以提供潜移默化的熏陶作用。当前人们的生活节奏越来越快，需求也越来越个性化，图书馆理应适应时代发展和人们需要，针对性地做出调整。图书馆各项事业的调整及拓展均需要经费的支撑，况且多年以来图书馆事业一直落后于经济社会发展，为了弥补短板也需要保障经费的投入。随着人们生活水平的提高，对文化美好生活的需要与当前图书馆服务不均衡现状的确需要经费上的支持。当然，资金的合理使用也非常重要，结合图书馆的功能定位，科学规划好每一分钱的使用去向，提高资金的使用效能。

（2）加强图书馆基础设施建设，构筑智慧馆舍

作为向社会传播文明的圣地，图书馆应当有其风骨。既然是向人民群众提供服务，那么就必须充分考虑到人民群众各方各面的需求。图书馆基础建设包括信息资源建设和硬件设施建设两方面。信息资源建设是指图书馆应当经常扩充自己的图书资源，收集和整理来自全世

界的各种信息资料，任何事物的存在都必定有其价值，图书馆获取的
所有信息资源必定会对某一学科的研究有作用。硬件设施包括图书馆
环境、设备等，如图书馆入口自动感应设备、自助打印机、人脸识别
装置等。图书馆的基础建设通常也是读者最在乎的地方，其建设不足
会导致图书馆在未来无法继续发展，就好像是地基不稳的高楼，总有
一天会坍塌。

为使图书馆的服务更加智能化，我们需要打造集合环境、资源、
服务于一体的学习、交流平台。例如在该平台上，用户可以用自己的
手机自动控制其就近位置的幕窗开与关，还可以在手机上调节其附近
的灯光以及空调的温度等；另外，也可以把图书馆的每一本书的位置
都录入电子地图当中，用户直接开启服务平台的地图导航就能根据语
音路线提示快速找到想要的书本。因此，智能建筑的建设是整个智能
图书馆建设中不可或缺的重要组成部分，也是图书馆满足用户各种线
上线下服务需求的必要条件。为打造智慧馆舍，图书馆可以在以下几
个方面做出改进：①实体图书馆空间智能化。利用物联网、互联网＋、
人工智能等技术把实体图书馆连入互联网当中，实现用户只要利用一
个智能手持终端就可以对图书馆的有些物理条件进行调节，如调节图
书馆灯光、空调温度等。这种智能化的图书馆舍不仅方便图书馆用户，
也会减少图书馆员的工作量，降低图书馆的运营成本。②虚拟图书馆空
间流畅化。虚拟空间不仅可以满足图书馆用户沟通交流的需求，也会
拓宽图书馆的服务空间范围，沟通流畅的图书馆虚拟空间可以拉近用
户与图书馆之间的距离，加强读者之间的互动交流。③打造图书馆
O2O 服务模式。O2O 使得在线和离线无障碍交互，还适用于各种电商
平台，使得在线和离线的优缺点相互补充。随时随地满足平台用户的
购买需求。而图书馆引入 O2O 服务模式无疑和电商平台的目的是一样
的，为的就是满足用户的各种需求，只是图书馆的目的是吸引读者过

来使用图书馆提供的服务。④打造交互式创新空间。该种交互式空间的产生，是移动互联网和移动智能终端高速发展的产物，近些年来受到人们的热烈欢迎。图书馆引入这种方式，定能吸引更多的读者。例如平常的地方企事业单位举行的文娱活动也可以利用图书馆的直播间来进行直播或者录制，这样能够解决大型活动人多拥挤的问题，还能达到很好的宣传推广效果。

（3）融入智慧城市建设，扩大"敏感"数据获取途径

图书馆智慧馆舍建设并不是孤立的个体，而应该是智慧城市的有机组成部分，智慧馆舍的数据获取不仅仅立足于馆内，也可能是馆外其他部门的联合。用户敏感数据的获取不能指望在小小的室内就能做到完美，用户的生活轨迹把握越详细，越能对其行为偏好进行准确预测。同时，随着数字化经济的持续推进，每一个社会人都是数据人，各个职能部门都可能储存了大量的数据，这些数据的分析使用可能从宏观上对每一个群体的社会共性特征有新的认知。智慧图书馆的融合建设，不仅仅对图书馆的个性化服务有帮助，对整个社会的人性化管理也有积极的促进作用。可能某些数据在别的部门是个很平常的属性，但对图书馆来说就是个很关键的"敏感"数据；反之亦然。部门与部门之间的衔接，能够有利的促进"敏感"数据的获取方式和获取途径，对城市治理和人文关怀都能极大提升管理效率，也会一定程度上提升市民的满意度。所以智慧馆舍建设的同时，要有意识的保留和智慧城市的互动接口。

（4）建设数据分析与数据使用技术部门

当前图书馆智慧馆舍建设侧重于智能技术的应用，特别是各种先进的硬件设备的投入使用，的确给用户眼前一亮的感觉，如人脸识别、3D打印、3D影院、智能穿戴设备等，用户的反映也确实不错。但智慧馆舍的建设更多的应该是对数据的灵活使用上，所以技术部门的相

关投入及建设是必需的。只有从制度上、人力资源上投入才有可能对基础数据的开发、分析和使用，并针对历史数据的分析演化出新的服务内容。技术部门的成立仅仅是部门上的扩张，以此相关的其他辅助政策也应该进行规划，比如后台服务器设备、数据存储设备、数据挖掘软件及硬件设备、用户隐私及数据安全保障制度等都需要逐一落实。特别是用户关注的隐私问题，这是关系到智慧馆舍是否能够持续推进的核心要素；国内很多移动应用在日本很难获得推广，就是因为当地民众对自我隐私的保护意识。比如移动支付，国内已经非常普及，但在日本还是以现金和信用卡方式在进行，归结到底就是信息安全的问题。

8.3.2 技术培训及内容设计方面

①融合物联网、大数据分析等技术改善和丰富智慧图书馆情境感知微服务；同时举办技术培训，提升馆员业务技能和服务水平。情境感知微服务主要是建立在数据的分析和使用上的智能化服务，而数据的分析和使用技术主要有融入物联网、大数据分析和云计算等的高新技术。这些技术的介入往往呈现出以往实体服务不一样的各式问题，比如更依赖于网络、宽带传输速度、数据更新时效等软件方面。这些问题的诊断及排除对馆员的业务素质要求更高，如果不加以培训，遇到突发情况，往往措手不及。第 6.1 节涉及的南昌航空大学图书馆案例，出现的问题是入馆排队特别长，刚开始排查网络问题，技术人员下意识觉得是网络延迟导致人脸识别系统报错，但仔细检查发现是由于系统里的采集照片清晰度不高，导致没法识别所导致；从而出现不停的"刷脸"确认。这些问题往往是突发的，普通馆员如果没有经过培训，几乎没办法解决。除了业务技能的培训，服务水平的提升也迫

在眉睫；图书馆属于事业单位编制，没有第三方评价机制，也没有任何监督机制，即使有也是内部监控，碍于同事情面往往最后流于形式。而智慧图书馆情境感知微服务的开展很大程度上是依赖于智能化的自动服务，或者借助移动网络的云端处理，很多问题需要用户的反馈才能暴露出来并加以改进，特别是随着人们生活水平的提高，对服务质量提出了更高的要求，这就需要图书馆对馆员的服务方式、服务态度及服务质量进行培训，甚至引入客观评价机制，保质保量的提升服务水平。

②丰富情境感知服务内容，优化系统性能设计，满足用户个性化服务需求。在第七章评价指标体系中，专家访谈及调查问卷的用户反馈里可以看到用户对系统的相应时间及反应速度非常看重，特别是移动环境下影响使用体验效果，其次是系统的稳定性和正确性，这些关注人们对该系统的主观感受。图书馆情境感知服务系统需要及时更新、丰富个性化服务内容，以更新颖、多样化的情境感知服务吸引用户，而情境感知服务的开发和维护离不开新的技术，这就要求系统在时常更新的时候考虑到性能需求，保证系统的稳定性和正确性，还要兼顾反应迅速的需要，同时要考虑移动环境下的用户界面美观、人性化等诸多问题，尽可能提高用户的满意度。

智慧图书馆情境感知微服务模式虽然整合各种微媒体于一体，但是由于图书馆数据库的使用权限的问题，用户使用移动终端出了数据库的服务区基本上就不能获取数据库的内容。为解决这一问题，可以把一些创新技术引入智慧图书馆的微服务模式当中。例如在智慧图书馆情境感知微服务模式中加入 VPN 端口，一旦用户的移动终端脱离图书馆的数据库服务区，移动终端就可以根据用户所处的地理位置自动调用 VPN 窗口，用户只需要同意调用，就可继续使用数据库里的内容。同时，图书馆还可以建立自己的数据库，把满足大多数用户需求的数据放在里面，并且分门别类的上传到自己独有的云端账号，并设置一定的访问权限，这样即使不在图书馆网络区域服务范围内，用户也可以利用自己独有的账号和密码登录到云端获取数据。创新科技每天都层出不穷，在智慧图书馆情境感知微服务模式加入这些新技术，不仅能够使图书馆的服务更加智能化，也能进一步促进国内智慧图书馆的发展和进步。

③"敏感"数据的获取和使用方式可以多样化，促进情境数据资源共享，构建线上线下紧密融合的文化服务中心，改变现有情境感知乏力、服务单一格局。智慧图书馆情境感知微服务模式之所以能快速为读者提供满足其需求的智慧服务，是因为微服务系统可以准确地捕获读者需求，而用户的需求信息是系统从获取的用户大量的情境信息中分析出来的，因此微服务模式能够准确获取用户的各类情境信息是其能够为用户最后推荐满足其需求的微服务内容的基础。而获取各种情境数据，智慧图书馆情境感知微服务模式就需要配备各种传感器设备。另外，智慧图书馆情境感知微服务模式系统当中应当设立共享机制，实现用户情境信息在各个环节的快速共享，这样不仅能够提高用户的满意度，还能降低该微服务模式的运营成本。

情境感知技术建立在一系列的传感器设备上，不同的传感器可能服务于若干个信息系统，首先，智慧图书馆应该整合馆内所有信息系统，共享系统内所有情境数据，以统一的方式提供情境感知服务，从架构上实现线上线下相融合的开放式服务载体；其次，智慧图书馆应该有良好的可扩展性，许多情境感知服务可以设计并融入进智慧图书馆整体架构中，甚至是不同智慧图书馆之间、或者是图书馆与其他文化场馆之间的数据融合，共建共享丰富情境感知服务。最后智慧图书馆情境感知信息服务还受情境信息资源的有效获取与计算、用户情境需求的精确提取、情境感知推荐算法等诸多问题的困扰。所以情境数据的获取并实时更新、情境数据权重算法设计、资源匹配算法等都需要考虑清楚，只有这样，符合特殊情境的推送信息才适合用户所需；才能增强用户黏度，提升图书馆影响力。

④充分了解用户需求，优化个性化服务内容设计及原创比例，提升用户满意度。根据前文评价指标的构建可以看出用户体验中使用便利程度和个性化服务内容在服务质量评价体系中占据相当重要的位置；所以在构建智慧图书馆时也要向用户征集意见，让他们参与到图书馆的建设中。毕竟智慧图书馆情境感知服务模式最主要的功能就是向用户提供各种服务，要想提高用户对整体以及个性化服务的满意度就必须获取更多的用户信息，加强对用户的综合分析。同时为了增加用户与系统的互动可以实施用户对系统进行评价以获取相应奖励或者经验值，还可以匹配相似或互补兴趣爱好的用户进行相互推荐，在用户之间建立通畅的沟通桥梁。总之，提供用户感兴趣的个性化服务内容，同时便于用户的使用体验，在用户感知方面提供更创新的情境感知服务，增加用户的互动兴趣。

除了获取用户需求之外，情境感知服务设计应该更多考虑本地特色，凸显馆藏优势或者是结合本地人文地理特点设置个性化服务，只有原创性、个性化服务才能留住用户；在开展服务的时候适当考虑差异化，结合性别、年龄段、学历层次有针对性的开展个性化服务，这样效果更好。比如在第3章调查发现微视频建设不能一味转载，要推出本馆制作的具有地方特色的用户喜爱的微视频内容。除了原创性内容设计和制作之外，还需要关注质量，包括所提供的的服务内容质量和服务质量；只有原创性加有质量的内容，加上优质的服务，用户才会满意。所以智慧图书馆微服务内容建设需要对服务内容及服务质量特别留心，才能提高用户满意度。

8.3.3　人才队伍建设方面

（1）打造一支强有力的专业智慧馆员队伍

智慧图书馆的发展离不开人才队伍建设。专业素养好、业务素质高、服务态度好的图书馆工作人员对于智慧图书馆的建设及长远发展具有决定性作用。智慧图书馆的建设有赖于各种新技术的使用，这就要求图书馆馆员业务素质需要过硬，同时养成学习型组织的一员。从长远看，图书馆馆员及相关服务人员应该是综合性人才，最好将读者引入图书馆服务团队中来，更加贴合读者需求、更好地服务于读者。人才队伍的建设对于提高图书馆智慧性服务具有重要意义。

为此，智慧图书馆馆员的整个培养过程需要做出一定的改进。首先，传统的以事业单位招考方式招聘的方式应该转变为以专业知识考试的方式进行招考。由于事业单位考察的基本是公共课的内容，与图书馆知识基本不相关，因此该种招聘方式无法得知被招聘人员的有关图书馆的专业知识水平，这就有可能招聘不到专业的图书馆员。而利用考察专业图书馆知识考试的方式就能够知道应聘者的知识水平，该种方式招聘到的图书馆员具有较强的专业知识背景，非常有利于智慧图书馆的未来建设。其次，合理分配图书馆人力资源。由于之前招聘的图书馆员专业知识背景各不相同，因此可以根据其背景和工作特长将其合理分类到不同的岗位，让其发挥最大的价值。对于新招的具备专业智慧图书馆建设素养的，可以将其安排到重要岗位并且重点培养。最后，要培养图书馆员的学习能力，使其不断转变为学习型人才。

（2）加强相关人员的业务培训和队伍建设，确保用户信息安全

智慧图书馆情境感知微服务模式在获取用户各种情境信息的基础

上，应该确保用户信息安全。由于现在技术的不断发达，用户在访问智慧图书馆情境感知微服务模式的过程中，随时都面临个人信息被泄露的风险，信息一旦被泄露，不仅个人会受到各种推销、诈骗电话的骚扰，用户还有可能面临财产损失，这样其对图书馆的好感度自然就会降低，有可能再也不会使用该图书馆所提供的服务。因此智慧图书馆情境感知微服务模式应当设立重重防护，来确保用户的信息安全。

根据第 7 章评价指标的权重可以看到，无论是专家学者还是用户对信息安全、用户隐私数据管理都非常关注。图书馆情境感知微服务的推广是建立在数据分析的基础上的，而数据的来源包括多个系统的数据源，无缝链接及访问给智能服务带来了便利，也为用户隐私泄露带来了更大可能。系统需要尽可能多的获取用户"敏感"数据才能更精确的推荐所需信息，而用户关注的是这些"敏感"数据的存储、使用和管理；谁也不希望自己的隐私被泄露。所以智慧图书馆应该加强用户信息保护，加密用户"敏感"数据存储，提高信息系统安全防护能力等方式，切实做好信息安全工作，从源头上杜绝用户数据被滥用及泄露。

（3）加强移动图书馆情境感知微服务开发者之间的交流与合作，整合用户资源扩充人才队伍

虽然合作开发的移动图书馆情境感知微服务有着专业、规模、信息等优势，避免了独立开发的高成本和高风险，但是仅仅依靠第三方软件公司提供的技术，往往会造成开发技术与图书馆服务的脱节。所以各图书馆必须培养自己的专业情境感知微服务开发人才，这些人才不仅可以开发情境感知微服务，还可以在与第三方软件公司合作的过程中，起到前期协调和后期补充的作用。由于移动图书馆情境感知微服务的开发没有相对应的标准和规范，再加上开发者之间缺乏有效的交流与合作，最终导致各个图书馆推广使用的移动图书馆 APP 存在很

严重的重复性。鉴于此，在图书馆情境感知微服务的开发过程中，各个图书馆间、第三方软件公司之间、各个图书馆与第三方软件公司之间都需要不断地加强沟通和合作。

目前，图书馆缺少情境感知微服务专业开发人才队伍，微服务内容开发与设计作为图书馆智慧微服务体系的重要部分，需要大量的人力物力，特别需要注重技术人员队伍建设，由于公共图书馆属于公益性全额拨款事业单位，这就需要当地政府或相关机构对所管辖的公共图书馆加大资金投入，甚至是扩大图书馆编制，提高员工收入；只有这样才能吸引到各类专业人员。当然在微服务设计与开发过程中，用户需求分析是极具重要的。开发团队可以考虑用户参与到内容设计和建设中来，这样可以获取到用户的真实需求；为切实做到"从用户中来，到用户中去"，图书馆情境感知微服务内容设计与开发的全过程，包括前期调查、开发、内容建设及维护等工作都可以吸纳用户参与进来，以用户的需求为出发点和落脚点增加创新能力、贴合用户需求、提供更好的微服务内容，从而提高图书馆的服务水平。

8.3.4　管理模式方面

（1）加强馆企合作，搭建交流平台

智慧图书馆所使用的各种智能软硬件设备，由于技术要求比较高，图书馆自己独立研发几乎不太可能，所以这些设备基本上都需要从外界采购，因此智慧图书馆需要加强与这些技术研发企业间的交流与合作。智慧图书馆员由于受专业能力的限制，不能研发与图书馆不断智慧化过程中引进的各种软硬件设备，但是其对图书馆的运作确实非常的熟悉。而智能设备的研发者虽然研发能力很强，但是其缺乏专业的图书馆知识。加强图书馆与科技研发企业间的交流与合作，一方面不仅有利于图书馆员与科技研发人员进行交流，更为后期的设备维护和调整提供有效保障。另一方面，由于图书馆馆员和科技研发人员间的高度合作，双方各自发挥其优势，这样合作开发的图书馆软硬件设备会更符合用户的需求。同时，智慧图书馆情境感知微服务模式还应该在其微服务系统当中搭建以智慧图书馆的研究和建设为主题的专业学术交流平台，并且该平台不设定权限，可以对任何人开放，从而吸引对此领域有兴趣的研究人员进来发表观点。

（2）树立新的图书馆形象，同时制定长效规划保证各项资源的合理调配

由于图书馆一般都是公益性质的服务机构，再加之其与外界沟通交流得比较少，所以在大多数人的眼中图书馆都是一个比较传统、沉闷而且毫无创新可言的场所，甚至有些老年人用户，还会一直认为图书馆只是一个能够借还书，并且还能够给其提供自习室的地方。再加之现今人们获取资源的方式变得丰富多样，很多人更会觉得图书馆所提供的服务已经不能满足其需求。现今的人们之所以会对图书馆存在以上误解，是因为图书馆虽然一直在发展，并且也不断智能化，但由于图书馆的宣传推广力度不足，社会当中对图书馆的进一步了解甚少。因此，智慧图书馆情境感知微服务模式在为用户提供服务的过程中，不仅需要大力推广其服务方式，更需要重塑智慧图书馆在用户心中的形象，重获图书馆知识殿堂的地位。

图书馆除了可以适当调整传统形象之外，在日常管理中也需要针对性的做出调整。在提供新颖的服务过程中，各项规章制度、人力配置及考核激励方式都需要迎合新技术特点；特别是情境感知微服务的后台维护和技术开发人员的待遇、职称评定等制度可能和普通馆员不太一样，程序员的工作时间相对长，而且技术升级又比较快，可以做出适当倾斜；在智慧图书馆情境感知微服务建设过程中，需要考虑的

新情况有很多，这就要保证各项资源的质量和调配比例，既做到减少资源成本的支出，又要兼顾公平合理。

（3）建立良性的互动机制和服务评价制度

图书馆的服务要想进一步提升，必须加强与读者的互动，多接纳读者的意见建议。在移动图书馆或者图书馆内的电子设备上对提供的图书设置点赞、评论等功能，在读者阅读图书前也可以先看看书籍评论，再自由选择是否借阅该本书籍。书籍下的评论也是读者间进行交流互动的一种方式，可以相互交流读书后的心得、分享自己觉得优美的片段或者写下阅读这本书的原因和契机。

图书馆也应该完善读者意见反馈机制，建立电话、邮件、面对面交谈等读者意见反馈方式，安排图书馆专业工作人员，及时回答读者提出的问题，给予读者帮助，建立用户与图书馆之间良性互动渠道。可以通过赠送小礼品等方式吸引读者参与图书馆服务评价调查，从而完善图书馆现有服务的不足，提升图书馆服务水平。

（4）加强图书馆顶层设计，加大图书馆微服务内容的营销与宣传力度

图书馆微服务内容是一种新兴的服务方式，其宣传推广力度的大小直接影响微服务内容的用户数量。我们发现仅在图书馆自己网站和网络新闻上宣传图书馆微服务内容是远远不够的。图书馆微服务的宣传和推广需要加大力度，改变之前服务形式及内容都单一且被动提供的局面，积极主动扩大图书馆微服务的影响力和使用范围。智慧图书馆情境感知微服务建设应该建立在"制度创新""内容创新"的基础上，首先明确智慧图书馆定位，然后确立图书馆智慧微服务的目的及内容。需要加强顶层设计，图书馆工作人员从上而下都应该凝聚起来；制定辅助制度，完善相关资源配置，构建完整的智慧图书馆微服务体系，推送图书馆微服务内容健康、快速的发展。同时图书馆也应该改

变传统思想，积极推广、宣传创新性的服务内容，让微服务不止于实体馆内，走进社区，走进人们的日常生活；可以利用地方政府文化宣传机构，推介图书馆智慧微服务内容，让身边的人们有机会用起来；也可以在图书馆周边主要街道设置大屏幕播放图书馆微服务内容，吸引更多用户关注；还可以在移动网络上推广，比如微信、微博等网络平台宣传自身的服务内容、服务方式，在本地用户常浏览的网站设置网络连接等多种形式，总之做好图书馆微服务内容的营销与宣传，也是提高图书馆微服务内容服务建设的重要步骤。

8.3.5 微服务平台与资源建设方面

（1）加强图书馆微服务平台建设的顶层设计，避免重复建设

当前图书馆微服务平台主要通过微信、微博、微视频及移动图书馆 APP 等方式开展，各种平台的功能服务大同小异。甚至在微信 APP 应用环境下图书馆开发了微信公众平台及微信小程序 2 个服务平台，功能模块基本一致，这就属于比较明显的重复建设了。图书馆对于微服务平台的功能定位、服务目标都是模糊的，导致各个平台的功能模块差别不大，差异性的服务也没有体现出平台的定位区别。随着第 3 章的调查发现，由于微信的广泛渗透性，基于微信公众平台及微信小程序的服务具有很大的用户基础，而且属于同一个应用，所以两者具有很强的互补性；而且微信小程序实现了移动图书馆 APP 应用开发的优点，导致很多图书馆移动 APP 停用。种种情况说明当前众多微服务平台的顶层设计非常迫切。

只有清晰的规划目标，才能明确各个平台的功能区分，在开发设计和服务推广的时候也能预设明确的偏好用户，具体的资金、人力分配和配套服务制度都能有其针对性，有效避免重复建设和资金的铺张

浪费。而且平台因为其独特的定位，也能得到充分发展，用户更能从中受益。各个平台也可以通过后台服务器联通，使得"敏感"数据的获取多了许多途径，同时更能清晰把握用户兴趣偏好，方便图书馆的管理。

（2）微服务平台的功能模块应该清晰明了，突出个性化及专业化程度

通过调查发现微服务平台的功能模块设置比较混乱，特别是微信公众平台的功能设置。一般来说图书馆都设置了 2~3 个栏目，一个是个人信息服务、另一个是资源服务，第三个栏目设置就比较乱，通知通告、活动推广、云悦读或者服务大厅等。如果第三个栏目是服务大厅的就把资源服务和个人信息服务内容栏目的部分内容纳入其中；如果不设置服务大厅的，资源服务栏目的很多内容又会被扩大，通知通告、活动推广之类的可能就被囊括在里面。而对同一个栏目"资源服务"，不同图书馆的服务内容也不一样，有的仅仅是数字资源的推广、有的包括了电子杂志和数字图书馆、有的包括了图书馆自己建设的特色数据库等。功能设置显得比较随意，没有体现出图书馆在这方面的用心，自然很难获得用户的认同。图书馆在开设功能模块的时候应该有考虑个性化及其专业化，甚至是特色服务模块。用户享受传统服务的时候也会留恋于专业化服务，特色服务更是区别其他平台的标志性板块。只有特色鲜明，才能吸引和留住用户；否则没必要保留这么多的微服务平台。

（3）图书馆资源开发应该迎合用户需求，并设置在线互动功能

图书馆一般都积攒了非常多的资源，无论是图书、杂志还是电子数据库等，使得这些信息在移动端的使用几乎不适合访问，或因格式问题、版权问题、显示屏太小等各种原因；这就需要对图书馆已有资源进行重新开发。应该考虑用户实际需要，结合移动智能手机特征及

本馆特色积极探索电子资源开发。特别是移动网络的发展，用户很多信息可以通过移动网络实现查阅，这就需要对图书馆的电子资源建设进行考虑，如果仅仅是把网络资源内化那就没有什么价值，必须对图书馆特色馆藏资源进行开发才能彰显独特性。电子资源开发需要以用户喜乐见闻的方式展示，否则在移动环境下，很难赢得用户的坚持。对于已有的资源和服务更要进行推广，让用户了解并使用；特别是图书馆的移动微服务平台比较多的情况下，用户本来就无法区分各个平台之间的区别，自然更没法细分功能差异。同时开通在线互动，移动情境感知微服务更强调实时性，不同场景下用户的需求是不一样的，及时反馈对用户来说非常重要。所以图书馆微服务平台最好能够设计在线互动机制，确保用户反馈能够实时回应，这也是提升服务质量的有效方式之一。

8.4　本章小结

　　本章结合前文章节调查分析，指出了智慧图书馆情境感知微服务模式研究的局限性，进一步凝练了开展情境感知微服务存在的问题，最后对这些问题进行归纳，从资金投入及基础设施建设、技术培训及内容设计、人才队伍建设、管理模式、微服务平台与资源建设五个方面提出针对性建议，以期改进智慧图书馆情境感知微服务模式，为用户提供更加智能化的智慧服务。

第 9 章

结　　论

9.1　主要研究总结

当前，国内图书馆服务正在向"三微一端"转移，图书馆的服务呈现智能化、便捷化、高效化的特点，图书馆微服务的发展改变了图书馆信息传播的路径和方式，今后在推动图书馆服务模式和服务理念的作用会更加突出；同时在移动状态下，图书馆微服务更应该关注用户的即时偏好问题，即在不同场景可能有不同的偏好，因此智慧图书馆情境感知微服务的研究也成为当下国内外图书情报领域的研究热点之一。智慧图书馆情境感知微服务通过移动端方式获取用户"敏感"数据，并针对性地提供恰到好处的服务；通过移动终端展示服务流程、服务内容，是图书馆数字化服务的创新举措之一，极大地丰富了图书馆服务内涵。而移动微服务平台入驻图书馆的好处在于增加馆际之间信息的互通性，减轻图书管理者的负担，同时也给读者带来更多的信息分享，图书信息资源会以更加快捷及时的方式呈现在读者眼前。本

书的主要研究总结如下:

(1) 图书馆个性化服务应用调查分析

本书对高校图书馆微博、微信及 APP 客户端开展的个性化服务进行了系统研究并撰写 2 篇学术论文及专著 1 部。随着轻量级小程序与微视频应用的兴起,高校图书馆微信小程序服务与微视频服务有其独特的一面,特别是微视频通过可视化的方式展示服务流程、服务内容,是图书馆数字化服务的创新举措之一,极大地丰富了图书馆服务内涵。在此基础上,我们调查了"双一流高校"图书馆的微信小程序及微视频服务现状,并对现有高校图书馆微视频服务进行了问卷调查,凝练出目前高校图书馆微服务存在的普遍性问题,并对高校图书馆开展微服务给出有针对性的提升策略。

(2) 构建了智慧图书馆情境感知微服务模式框架

提出了智慧图书馆的设计原则,构建了由感知层、分析层、交互层组成的智慧图书馆框架;创新性的设计智慧图书馆服务方式,并以此分别建立了微服务体系和智能实体服务体系,完善了智慧图书馆情境感知微服务内容和形式,实现了满足个性化需求的智能服务;其次从服务模式建设的服务主体、服务本体、服务技术、服务受体这四大要素分析智慧图书馆情境感知微服务模式建设机理及动力;最后提出了发展建议,以期推进智慧图书馆从概念模型向实体建设的过渡。

(3) 创新性设计了智慧图书馆情境感知微服务内容

提出了智慧图书馆情境感知服务内容设计原则,并根据目前我国图书馆提供的服务内容较传统、图书馆智慧化空间建设落后、图书馆新技术应用率低等现状,为使智慧图书馆提供更好的服务项目组结合情境感知技术从位置感知(包括旅游指南、居家休闲、学习资源推送等服务),空间感知(3D/4D 体验、手势控制虚拟图书馆、智能座位预约等服务)以及用户行为感知(基于学习交流的图书馆线上朋友圈服务、线上课堂、互联互通资源共享等服务）这三个方面进行了服务内容设计研究。

（4）设计并开发了基于微信小程序的智慧图书馆情境感知微服务原型模型

首先以南昌航空大学图书馆智慧馆舍建设为例，归纳近几年国内外图书馆情境感知微服务应用现状、问题及解决方案；论证微信小程序应用到图书馆的优越性，提出一种基于微信小程序的图书馆情境感知微服务的框架结构；但是由于小程序自身的特点，基于微信小程序的情境感知微服务模式无论是在前期微服务功能的开发，还是后期的投入使用，都应该注意到其自身的局限性，并改善现有问题，为用户提供优质服务。最后设计并开发了原型系统。

（5）构造了智慧图书馆情境感知微服务评价模型

本书在前期调研的基础上，构建了智慧图书馆情境感知微服务模式评价假设模型，进一步通过专家访谈进行了修正，然后根据问卷调查收集数据并进行分析，验证了假设模型的正确性并修改了不合理的要素，最后通过主成分分析方法确定智慧图书馆情境感知微服务模式评价模型的各个指标权重。智慧图书馆情境感知微服务模式评价模型指标权重能够很好地反映出用户期望程度，对于智慧图书馆情境感知微服务建设及评价起到了积极作用。

（6）指出了智慧图书馆情境感知微服务模式研究的建设问题

本书指出了智慧图书馆情境感知微服务模式研究存在技术获取困难、微服务内容不精准、用户满意度低等局限性，并且针对这些问题从资金投入及基础设施建设、技术培训及内容设计、人才队伍建设、管理模式、微服务平台与资源建设五个方面提出了 18 条针对性发展建议；具体有：①加大建设经费投入，并合理使用资金；②加强图书馆基础设施建设，构筑智慧馆舍；③融入智慧城市建设，扩大"敏感"

数据获取途径；④建设数据分析与数据使用技术部门；⑤融合物联网、大数据分析等技术改善和丰富智慧图书馆情境感知微服务；同时举办技术培训，提升馆员业务技能和服务水平；⑥丰富情境感知服务内容，优化系统性能设计，满足用户个性化服务需求；⑦准确把握各类情境要素，促进情境数据资源共享，构建线上线下紧密融合的文化服务中心，改变现有情境感知乏力、服务单一格局；⑧充分了解用户需求，优化个性化服务内容设计及原创比例，提升用户满意度；⑨打造一支强有力的专业智慧馆员队伍；⑩加强相关人员的业务培训和队伍建设，确保用户信息安全；⑪加强移动图书馆情境感知微服务开发者之间的交流与合作，整合用户资源扩充人才队伍；⑫加强馆企合作，搭建交流平台；⑬树立新的图书馆形象，同时制定长效规划保证各项资源的合理调配；⑭建立良性的互动机制和服务评价制度；⑮加大图书馆微服务内容的营销与宣传力度；⑯加强图书馆微服务平台建设的顶层设计，避免重复建设；⑰微服务平台的功能模块应该清晰明了，突出个性化及专业化程度；⑱图书馆资源开发应该迎合用户需求，并设置在线互动功能。本书对智慧图书馆情境感知微服务模式研究的核心内容进行剖析，并且对实际应用了该微服务模式的图书馆的服务情况进行了实证分析，为的是不断完善该微服务模式，希望该模式能够为图书馆用户提供满足其需求的方便、快捷的个性化服务。

9.2 展望

　　智慧图书馆无论是理论研究还是实际应用，近些年都得到了快速发展，同时人们快速变化的信息服务方式使得图书馆新技术、新服务的建设进度不断加快。近些年学者们也在不断探究引入各种技术以及创新服务模式的智慧图书馆服务，同时很多实体图书馆也在不断尝试建设更加智能化的图书馆，为用户提供令其满意的智慧服务。本书研究的智慧图书馆情境感知微服务模式，由于融合了各种核心技术又借助现今比较受欢迎的微媒体来提供智慧服务，该微服务模式在能够为用户提供个性化微服务内容的同时，还能推动智慧图书馆的发展；同时，由于智慧图书馆情境感知微服务模式融合了当下用户使用频率比较高的社交软件，因此其具有强大的社交功能；图书馆用户不仅能够借助该微服务平台与图书馆员进行有效沟通，还能与其他用户进行互动等功能，多方面提升图书馆的服务质量。

本书旨在为用户随时随地提供个性化的智能服务，重点关注的是图书馆馆内的情境感知微服务理论及应用研究；但公共文化服务业的综合性强、关联度大，已经广泛涉及并渗透到等许多领域，形成了一个泛旅游产业群（2018 年国家成立了"文化和旅游部"），在现代信息与通信技术支持下，智慧图书馆朝着精深方向纵横发展；在具体分析过程中，有关图书馆情境感知微服务内容设计和泛旅游信息内容设计研究较少；同时有关多个场馆的融合、资源整合等工作没有进行进一步的探讨。未来我们将继续围绕上述问题的研究探讨，同时积极拓展具体的智慧场馆建设研究，从实际应用中发现并解决问题，更好实现图书馆服务转型；其次从文化旅游产业出发，使智慧图书馆情境感知微服务拓展到用户的日常生活和旅行中去，而不仅是立足于图书馆内。

附 录 1

高校图书馆微视频服务调查问卷

各位亲爱的同学：您好！

为了解您对图书馆微视频服务的评价和感知认识，请填写《高校图书馆微视频服务调查问卷》，您的填写，不仅对本校图书馆服务质量的提升具有影响，也将影响整个江西地区大学图书馆服务质量的提高以及未来的发展。

微视频（又称视频分享类短片）是指个体通过 PC、手机、摄像头、DV、DC、MP4 等多种视频终端摄录、上传互联网进而播放共享的短则 30 秒，长的一般在 20 分钟左右，涵盖小电影、纪录短片、DV 短片、视频剪辑、广告片段等的视频短片的统称。高校图书馆一般通过新浪微博、图书馆主页、微信公众号以及图书馆 APP 等渠道发布微视频。请根据您对本校图书馆微视频服务的了解与应用认真填写以下问卷！

所有资料仅供统计分析之用，不作个别分析，亦不外流，请放心填写，如有任何疑问，请联系 *** 老师。

感谢您的合作！

谨祝

吉祥如意

问卷制作者：***，***

联系电话：******

电子邮箱：******@qq.com

第一部分　个人基本资料

1. 性别：　A. 男　B. 女

2. 年级：　A. 大一　B. 大二　C. 大三　D. 大四　E. 研究生
F. 其他

3. 专业：　A. 人文　B. 理工学　C. 其他

第二部分　服务现状

下面问题请您根据使用**本校或校外图书馆中微视频服务**的经历作答

1. 请问您有关注或使用过图书馆中的微视频服务吗

A. 有　B. 没有

2. 请问您目前是通过什么渠道关注或使用到图书馆的微视频服务
（多选）

　A. 新浪微博　B. 图书馆主页　C. 图书馆微信公众平台　D. 图书
馆 APP　其他：_____

　3. 请问您认为图书馆目前所发布微视频的数量如何

　A. 很多　B. 多　C. 一般　D. 少　E. 很少

　4. 您使用观看图书馆微视频服务的次数

　A. 每天都看　B. 两三天看一次　C. 四五天看一次　D. 一周或更
长时间

　5. 您关注或使用过图书馆中的微视频服务中包含了哪些方面的内
容（多选）

　A. 学校宣传　B. 图书馆宣传　C. 学术视频或网络课程　D. 热门
视频　其他：_____

6. 您关注或使用过的图书馆微视频服务内容是否全面

A. 很全面   B. 全面   C. 一般   D. 不全面   E. 很不全面

7. 您关注或使用过的图书馆微视频服务内容是否专业

A. 很专业   B. 专业   C. 一般   D. 不专业   E. 非常没必要

8. 您认为目前学校图书馆开展的微视频服务是否满足您现阶段的使用需求

A. 很满足   B. 满足   C. 一般   D. 不满足   E. 很不满足

第三部分　态度期望

根据您对**图书馆微视频服务的期望**，回答以下问题

1. 您更偏好于在哪种渠道获取图书馆的微视频服务

A. 新浪微博   B. 图书馆主页   C. 图书馆微信公众平台   D. 图书馆 APP　其他：_____

2. 您认为图书馆是否有必要开展微视频服务

A. 很有必要   B. 有必要   C. 一般   D. 没有必要   E. 非常没必要

3. 您认为图书馆的微视频服务在图书馆服务体系中应占到什么地位

A. 很重要   B. 重要   C. 一般   D. 不重要   E. 非常不重要

4. 您认为图书馆的微视频应多久更新一次

A. 每天都更新   B. 两三天更新一次   C. 四五天更新一次   D. 一周或更长时间

5. 您认为观看图书馆的微视频时间应控制在多久

A. 15 分钟以下   B. 15～30 分钟   C. 30～60 分钟   D. 60 分钟以上

6. 您更喜欢哪种形式的图书馆微视频

A. ppt 图文播放   B. 漫画形式   C. 实景人物   D. 原创微视频   E. 随手拍

7. 您认为图书馆的微视频服务应更多的针对哪些方面的内容

A. 学校或图书馆宣传   B. 与专业相关的视频或网络课程   C. 网

络热门视频　D. 其他_____

8. 您认为图书馆微视频是否有必要拓宽延展度（即内容不局限于图书馆话题）

A. 很有必要　B. 有必要　C. 一般　D. 没有必要　E. 非常没必要

9. 您认为使用图书馆微视频服务的目的是什么

A. 拓宽阅读广度　B. 学习专业知识　C. 深入对学校和图书馆的了解　D. 觉着有趣，点开看看　E. 无聊，随便看看

10. 您认为哪些因素会影响您对图书馆微视频的使用

A. 获取难易程度　B. 内容新颖程度　C. 内容的趣味性　D. 没影响，反正我不看

11. 您觉得图书馆微视频制作的质量水平对您的使用有多大影响

A. 很大影响　B. 有影响　C. 一般　D. 没有影响　E. 没有一点影响

12. 您是否愿意转发图书馆的微视频给自己的同伴朋友

A. 非常愿意　B. 愿意　C. 一般　D. 不愿意　E. 很不愿意

13. 您是否愿意参与到图书馆微视频的制作、发布或者上传

A. 非常愿意　B. 愿意　C. 一般　D. 不愿意　E. 很不愿意

14. 您对图书馆的微视频服务还有哪些方面的意见或建议：

_____

_____

问卷到此结束！

非常感谢您的填答！

附 录 2

高校图书馆微服务服务质量的
感知差异性分析问卷调查

各位亲爱的同学：您好！

感谢抽出宝贵的时间填写这份问卷！本问卷旨在调查您使用图书馆微服务服务后的实际感受，以期评价图书馆微服务服务质量。调查取得的资料数据，仅用于学术研究，不会涉及个人隐私。请根据您的实际情况，选择最接近的选项即可。对您的参与致予我最衷心的感谢！

图书馆微服务服务是指依托于移动无线网络和物联网等技术，通过手机、平板电脑等移动客户端快速灵活地获取图书馆的馆藏信息资源、电子期刊与文献等内容。

祝您生活愉快！

问卷制作者：***　***

联系电话：*********

电子邮箱：******@qq.com

第一部分　个人基本资料

1. 性别：A. 男　B. 女

2. 年级：A. 大一　B. 大二　C. 大三　D. 大四　E. 研究生

F. 其他

3. 专业：A. 人文　B. 理工学　C. 其他

4. 请问您有关注或使用过本校或外校图书馆微服务平台（微博、微信、APP等）吗？

A. 有　B. 没有

请根据您的实际感受对以下每个问题进行判断，并在问题下方相应数字（1，2，3，4，5）处进行选择。您的回答反映您的判断，不存在对错之分。（1→5表示：很满意→很不满意）

第二部分　形式质量

1. 图书馆提供必要的移动网络基础设施帮助用户　1 2 3 4 5
获取服务

2. 图书馆微服务推送的信息所表达的形式和是新　1 2 3 4 5
颖的

3. 图书馆微服务内的界面布局合理美观　1 2 3 4 5

4. 图书馆微服务推送的信息表达的内容是能够理　1 2 3 4 5
解和接受的

第三部分　功能质量

5. 图书馆微服务提供图书、期刊、报纸等多种类　1 2 3 4 5
型的信息资源

6. 图书馆微服务提供文字、声音、视频等多种类　1 2 3 4 5
型的信息资源

7. 图书馆微服务提供图书借阅查询、讲座预告、　1 2 3 4 5
新闻公告等资讯信息

8. 图书馆微服务提供语音、拍照、二维码等多种　1 2 3 4 5
文献检索方式

9. 图书馆微服务提供文献的在线阅读服务　　　　1　2　3　4　5

10. 图书馆微服务提供文献的全文下载服务　　　　1　2　3　4　5

11. 图书馆微服务所提供的服务功能是有用的，能　1　2　3　4　5
满足用户所需

12. 图书馆微服务可以帮助我有效获取资源　　　　1　2　3　4　5

13. 图书馆微服务界面清晰易懂、操作简单　　　　1　2　3　4　5

第四部分　技术成熟质量

14. 图书馆微服务用户的信息受到很好保护　　　　1　2　3　4　5

15. 图书馆微服务出错频率较低　　　　　　　　　1　2　3　4　5

16. 图书馆微服务开通用户的反映渠道　　　　　　1　2　3　4　5

17. 图书馆微服务对用户的反馈信息响应速度快　　1　2　3　4　5

第五部分　效用质量

18. 用户与图书馆微服务互动很好　　　　　　　　1　2　3　4　5

19. 图书馆微服务关注和理解用户的个性化需求　　1　2　3　4　5

20. 图书馆微服务具备收集用户阅读和浏览习惯的　1　2　3　4　5
功能

21. 图书馆微服务能够根据用户的阅读习惯和浏览　1　2　3　4　5
状况推送用户感兴趣的内容

22. 图书馆微服务服务人员的态度是热情友好的　　1　2　3　4　5

23. 图书馆微服务服务人员能够准确理解并解决用　1　2　3　4　5
户的信息需求和问题

24. 您觉得图书馆微服务还存在哪些不足？

_____

_____

25. 您觉得情境感知对图书馆微服务质量的提高是否有益？（情境

感知：服务平台能够依靠收集到的信息对用户的行为更细致地"猜测"，推送用户感兴趣的内容）

_____

_____

问卷到此结束，感谢您的填答！

附 录 3

智慧图书馆服务质量评价体系调查问卷

各位亲爱的同学：您好！

为了解您对图书馆服务质量评价的感知认识，请填写《智慧图书馆服务质量评价体系调查问卷》，您的填写，不仅对本校图书馆服务质量的提升具有影响，也将影响整个 ** 地区大学图书馆服务质量评价体系未来的发展。所有资料仅供统计分析之用，不作个别分析，亦不外流，请放心填写，如有任何疑问，请联系 **** 老师。

感谢您的合作！

谨祝

吉祥如意

问卷制作者：***，***

联系电话：********

电子邮箱：****** @ qq. com

个人基本资料

1. 性别：A. 男　B. 女

2. 年级：A. 大一　B. 大二　C. 大三　D. 大四　E. 研究生
F. 其他

3. 专业：A. 人文　B. 理工学　C. 其他

下面问题请您根据使用**本校或外校图书馆**的经历作答

您认为以下指标对于评价智慧图书馆服务质量成功与否有怎样的影响。

请在下列问题相应选项上打钩：

A. 影响非常大　B. 影响较大　C. 影响一般　D. 有点影响　E. 没有影响

（从 A 到 E 程度依次递减）

1. 智慧图书馆的环境卫生状况让用户觉得很舒适：　A　B　C　D　E

2. 智慧图书馆的硬件设施完善程度：　A　B　C　D　E

3. 电子服务设备的数量满足用户需求程度：　A　B　C　D　E

4. 用户能在实体智慧图书馆很方便地找到用户需　A　B　C　D　E
要的保存较好的图书：

5. 用户的知识背景有助于理解用户想看的任何图　A　B　C　D　E
书内容：

6. 用户对资料内容、形式、服务过程的需求及期　A　B　C　D　E
望影响图书馆服务感知：

7. 用户对所需资料类型、利用方式等偏好与智慧　A　B　C　D　E
型图书馆服务方式相匹配：

8. 服务系统与其他机构资源是互相利用：　A　B　C　D　E

9. 文献传递方式多样化影响用户使用智慧图书馆：　A　B　C　D　E

10. 智慧图书馆资源丰富度、涵盖范围能满足用　A　B　C　D　E
户的需求：

11. 智慧图书馆资源的完整详尽程度：　A　B　C　D　E

12. 从智慧图书馆获取的信息内容是否真实可靠：　A　B　C　D　E

13. 面对用户疑难，馆员积极热情地帮助用户： 　A　B　C　D　E

14. 馆员具备足够强的知识技能来解决用户遇到　A　B　C　D　E
的问题：

15. 馆员能及时有效地解决用户问题： 　A　B　C　D　E

16. 智慧图书馆线上界面设计、色彩搭配的美观　A　B　C　D　E
程度：

17. 网络系统的各项服务功能清楚非常直观： 　A　B　C　D　E

18. 智慧图书馆的网络系统具备多种检索方式： 　A　B　C　D　E

19. 智慧图书馆能安全保护用户的个人信息： 　A　B　C　D　E

20. 智慧图书馆可以提供多样化的服务形式： 　A　B　C　D　E

21. 智慧图书馆能及时处理用户反馈的信息： 　A　B　C　D　E

22. 智慧图书馆具备良好的网络通信环境： 　A　B　C　D　E

23. 具有多种渠道的社交平台可供学习交流： 　A　B　C　D　E

24. 可以随时访问线上智慧图书馆且成功率级高： 　A　B　C　D　E

25. 网络系统运行顺畅且平稳： 　A　B　C　D　E

26. 智慧图书馆能够对用户状态进行智能感知与　A　B　C　D　E
处理：

27. 能够将各个实体部门数据无缝连接，实时共　A　B　C　D　E
享用户数据：

28. 通过数据处理分析用户需求偏好从而提供用　A　B　C　D　E
户所需服务：

29. 智慧图书馆提供的数据资源能切实解决用户　A　B　C　D　E
问题：

30. 智慧图书馆数据资源内容与用户的需求相　A　B　C　D　E
匹配：

31. 用户可以很容易的获取所需要的数据资源： A B C D E

32. 智慧图书馆提供多种类型的数字资源服务 A B C D E
（如视频、音频、电子阅读等）：

33. 智慧图书馆及时更新数据资源和信息： A B C D E

34. 智慧图书馆不会限制用户提取信息资的数量： A B C D E

35. 能够提供多种用户利用资料信息的形式（打 A B C D E
印版或扫描版）：

36. 您认为情境感知服务对提升智慧图书馆服务质量是否有益？

_____

_____

37. 您希望智慧图书馆还可以具备哪些功能？

_____

_____

问卷到此结束！

非常感谢您的填答！

附 录 4

高校图书馆微信公众平台服务
质量评价体系调查问卷

各位亲爱的同学：您好！

　　为了解您对图书馆微信公众平台评价的感知认识，请填写《高校图书馆微信公众平台服务质量评价体系调查问卷》，您的填写，不仅对本校图书馆服务质量的提升具有影响，也将影响整个 ** 地区大学图书馆服务质量评价体系未来的发展。所有资料仅供统计分析之用，不作个别分析，亦不外流，请放心填写，如有任何疑问，请联系 *** 老师。

　　感谢您的合作！

　　谨祝

吉祥如意

　　　　　　　　　　　　　　　　问卷制作者：***，**

　　　　　　　　　　　　　　　　联系电话：********

　　　　　　　　　　　　　　电子邮箱：****** @ qq. com

　　第一部分　个人基本资料

　　1. 性别：A. 男　B. 女

　　2. 年级：A. 大一　B. 大二　C. 大三　D. 大四　E. 研究生

256

F. 其他

3. 专业：A. 人文　B. 理工学　C. 其他

4. 请问您有关注或使用过本校或外校图书馆微信公众平台吗

A. 有　B. 没有

第二部分　信息质量

下面问题请您根据使用**本校或校外图书馆微信公众号**的经历作答

您认为以下指标对于评价一个图书馆微信公众号做的成功与否有怎样的影响。

请在下列问题相应选项上打钩：A. 意为影响非常大　B. 意为影响较大　C. 意为影响一般　D. 意为有点影响　E. 为没有影响

1. 微信公众平台内容真实有效　　　　　　　A B C D E

2. 微信公众平台信息发布及时　　　　　　　A B C D E

3. 推送内容是否专业　　　　　　　　　　　A B C D E

4. 推送内容是否全面　　　　　　　　　　　A B C D E

5. 推送内容获取难易度（方便下载和保存）　A B C D E

6. 推送内容针对性（与您的使用需求相契合）　A B C D E

7. 推送平台内容新颖程度（有新意）　　　　A B C D E

8. 信息内容延伸度（内容不局限于图书馆话题）　A B C D E

9. 信息形式多样性（图文并茂或单一文字格式）　A B C D E

10. 信息格式自适应（能适应手机、ipad 等不同　A B C D E
客户端）

11. 信息数量合理性（推送发的数量是否合理）　A B C D E

12. 界面设计美观度（界面是否美观）　　　　A B C D E

13. 界面设计简洁性（界面设计不烦琐）　　　A B C D E

第三部分　服务能力（情境感知能力：根据用户使用习惯、需求及用户属性为其进行个性推送与服务的能力，例如根据用户经常查询某类书籍，个性化推送该类书籍相关信息）

14. 微信公众平台功能齐全度　　　　　　　A　B　C　D　E

15. 模块导航便捷性（功能查找是否方便）　A　B　C　D　E

16. 模块设置专业性（栏目设置是否分类清晰合理）　A　B　C　D　E

17. 平台运行稳定性（没有闪退或加载失败的情况）　A　B　C　D　E

18. 数据流通及时性（微信端与图书馆数据同时流通）　A　B　C　D　E

19. 自助服务准确性（使用自助功能能准确达到目的）　A　B　C　D　E

20. 服务对接及时性（后台人工或机器人对接及时）　A　B　C　D　E

21. 服务对接专业性（后台人工或机器人对接专业）　A　B　C　D　E

22. 服务反馈及时性（后台人工或机器人反馈及时）　A　B　C　D　E

23. 服务方式人性化（服务是否人性化，使用户愉悦）　A　B　C　D　E

24. 用户隐私安全性（安全有效的保护用户隐私）　A　B　C　D　E

25. 情境感知服务及时性（情境推送的及时程度）　A　B　C　D　E

26. 情境感知服务针对性（情境推送的针对能力）　A　B　C　D　E

27. 个性化推送精准性（情境推送服务的精准程度）　A　B　C　D　E

28. 特色服务扩展性（情景推送内容的新颖程度）　A　B　C　D　E

29. 平台设计人性化（平台整体设计的人性化程度）　A　B　C　D　E

第四部分　服务绩效

30. 平台检索便捷性（检索功能的便捷程度）　A　B　C　D　E

31. 平台功能易操性（平台功能是否方便操作）　A　B　C　D　E

32. 服务导航清晰度（各类服务导航是否清晰明了）　A　B　C　D　E

33. 帮助服务有效性（使用公众号的"帮助"服务）　A　B　C　D　E

34. 线上服务使用率（使用图书馆与使用公众号　A　B　C　D　E
的比例）

35. 日常活动认可度（日常发布的各类活动认可　A　B　C　D　E
情况）

36. 特色活动参与度（特色推出的服务参与情况）　A　B　C　D　E

37. 用户自发反馈率　　　　　　　　　　　　　　A　B　C　D　E

38. 日常平均访问量　　　　　　　　　　　　　　A　B　C　D　E

39. 线上平均转发率　　　　　　　　　　　　　　A　B　C　D　E

40. 推送平均点赞量　　　　　　　　　　　　　　A　B　C　D　E

41. 您认为情境感知服务对提升高校图书馆微信公众平台服务质量
是否有益？

_____

_____

42. 您认为高校图书馆微信公众平台还有哪些线上功能值得开发？

_____

_____

问卷到此结束！

非常感谢您的填答！

附 录 5

专家访谈提纲

首先自我介绍并感谢对方抽空接受访谈，然后对开展的项目"智慧图书馆情境感知微服务"进行简要说明，同时对开展访谈的主题进行界定，最后记录下访谈者的个人信息，包括性别、年龄、职位和联系方式等。

一、图书馆领导

1. 图书馆近年的服务观念转变情况、智慧图书馆场馆建设情况、手机端移动服务人员及经费投入及配套措施。

2. 图书馆有关移动服务的定位、方向及思路。

3. 智慧图书馆的建设情况、定位及思路。

4. 现有人员、场所及资源如何迎合移动端的发展。

5. 对情境感知微服务开发的情况介绍。

6. 图书馆移动端访问情况。

7. 您认为智慧图书馆应该具有哪些功能。

8. 图书馆发展过程中存在的困难和问题。

9. 负责移动服务的员工考核及激励机制。

10. 您是如何监控工作过程的？抓哪些主要环节？试举例说明。

11. 您觉得提升服务质量的举措及思路，比如线下设施建设、资源整合与建设、服务队伍建设、线上平台建设、线上线下融合发展、数字资源开发与利用、情境感知服务内容设计等方面。

12. 结合您的分工，谈谈您所主管的工作或部门的现实情况，你认为重点应抓好哪几项工作，优先顺序如何？目前的成效如何？下一步工作思路。

二、图书馆部门负责人

1. 请谈一谈移动服务团队建设情况，馆员是否愿意从事移动服务工作（尤其一些艰苦岗位）？

2. 图书馆移动服务管理制度建设及执行情况。

3. 图书馆移动服务监督体系的建设情况及问题。

4. 如何提高馆员的服务能力？图书馆对馆员业务能力的培训情况。

5. 图书馆对部门工作的支持情况，特别是移动服务的拓展情况。

6. 对将来人事制度改革的建议。

7. 馆员在图书馆参与从事技术服务、研发、合作育人、进行社会服务等方面的情况。

8. 移动服务开发与维护需要团队，怎么考虑团队结构、业务能力培养、学历进修、激励晋升等问题？

9. 部门整合利用图书馆内外资源的思路和做法。

10. 实现本部门融入移动端业务发展的具体打算。

11. 本部门移动服务中，存在的突出问题有哪些？如何解决？你对本部门的发展有何思路？

12. 本部门在提升服务质量方面还能有哪些改进，或者是建议？

三、专家学者

首先，给专家看课题组有关微信公众平台服务质量评价假设模型，以及假设模型的参考资料、问卷调查表格和数据分析，对其中的各个指标体系中三级指标进行排序，删减；其次，咨询其中的理由。

1. 请您从专业角度谈一下对智慧图书馆及智慧图书馆情境感知微服务的理解。

2. 请您评价一下目前智慧图书馆及智慧图书馆微服务发展现状。

3. 当前图书馆能够开展的情境感知服务项目还能有哪些。

4. 您觉得现在智慧图书馆情境感知微服务的群众基础如何。

5. 您觉得图书馆在情境感知微服务发展遇到了哪些障碍。

6. 您觉得政府或相关主管部门应该如何支持智慧图书馆情境感知微服务的发展？

7. 读者在智慧图书馆情境感知微服务发展中扮演什么角色。

8. 如何让图书馆走进人们日常生活。

9. 您觉得高校图书馆在智慧图书馆情境感知微服务建设方面应该做哪些努力。

10. 能谈谈您对服务质量、服务能力、服务绩效三方面的理解吗。

四、用户

1. 谈谈你对这所图书馆的看法和意见。你希望图书馆开展什么样的服务？

2. 你通过哪些渠道关注或使用图书馆微服务，如果是多种方式的话，偏好哪一种？为什么。

3. 你更看重图书馆微服务的哪些方面，比如形式美观、服务功能、技术成熟还是具体效用？举例说明。

4. 你认为图书馆是否有必要开展情境感知服务？为什么？是否担心个人信息安全问题？

5. 你喜欢什么样内容及性质的移动端信息推送？

6. 你认为图书馆的互动渠道是否畅通？在线咨询体验如何？

7. 你认为图书馆微服务重要吗？你觉得图书馆应该在哪方面加强

微服务。比如线下设施建设、资源整合与建设、服务队伍建设、线上平台建设、线上线下融合发展、数字资源开发与利用、情境感知服务内容设计等方面。

8. 你觉得图书馆微服务还存在哪些不足？

9. 你认为情境感知对图书馆微服务质量的提高是否有益？你对图书馆情境感知微服务方面有什么意见和建议？

参 考 文 献

［1］李民. 基于智慧推荐的高效智慧图书馆服务模式研究［D］.天津：天津理工大学，2017.

［2］毕强，马卓，李洁. 数字图书馆微服务的核心特征分析［J］.图书情报工作，2016，60（21）：32－38.

［3］吴锦辉. 高校图书馆微博营销模式构建与实践探索——以闽南师范大学图书馆为例［J］. 图书情报工作，2014，58（11）：110－116.

［4］李民，王颖纯，刘燕权.“211工程”高校图书馆馆藏资源推荐系统调查探析［J］. 图书情报工作，2016，60（9）：55－60.

［5］黄令贺，朱庆华. 百科词条特征及用户贡献行为研究——以百度百科为例［J］. 中国图书馆学报，2013，39（1）：79－88.

［6］郭顺利，张向先，李中梅. 高校图书馆微信公众平台传播影响力评价体系研究［J］. 图书情报工作，2016，60（4）：29－36.

［7］郭文丽，严潮斌，吴旭. 基于Android客户端的图书馆微服务研究与实践［J］. 图书情报工作，2013，57（8）：22－26.

［8］符玉霜. 移动图书馆环境下国内APP服务研究［J］. 图书馆论坛，2014，34（4）：102－105.

［9］李冠南，孙慧明. 公共图书馆法人治理结构建设现状及思考［J］. 图书馆研究，2015，45（1）：1－5.

［10］王保成，邓玉．微信公众平台在国内图书馆服务中的应用实践研究［J］．图书情报工作，2013，57（20）：82－85.

［11］高春玲，卢小君．用户阅读图书馆电子资源意愿的影响因素分析——以辽宁师范大学师生移动阅读行为为例［J］．图书馆论坛，2014，34（2）：34－40.

［12］夏立新，白阳，李成龙．基于 SoLoMo 的智慧自助图书馆服务体系研究［J］．图书情报工作，2015（4）：32－36.

［13］曾子明，陈贝贝．融合情境的智慧图书馆个性化服务研究［J］．图书馆论坛，2016（2）：57－63.

［14］孙翌，李鲍，高春玲．微信在图书馆移动服务中的应用研究与实践［J］．图书情报工作，2014，58（5）：35－40.

［15］黎春兰，仲华，玉洁．图书馆云服务质量的影响因素研究［J］．情报理论与实践，2016，39（10）：65－73.

［16］傅钰．微信在图书馆信息服务中的应用现状研究［J］．国家图书馆学刊，2014，23（5）：41－47.

［17］刘兰．全媒体时代高校图书馆的营销策略研究［J］．图书馆建设，2013（2）：59－62.

［18］蒲筱哥，亚铭，胡亚敏．基于网络分析法的高校图书馆电子资源服务绩效评价模型及实证研究［J］．大学图书馆学报，2014，32（4）：41－49.

［19］刘健，毕强，马卓．数字图书馆微服务评价指标体系构建及实证研究［J］．现代图书情报技术，2016，32（5）：22－29.

［20］郭文丽，雅馨，严潮斌．图书馆微信息生态环境探究［J］．图书情报工作，2013，57（8）：12－16.

［21］毕达天，马卓，刘健．用户参与视角下移动社交网络互动特征及模式研究［J］．情报理论与实践，2016，39（9）：90－95.

［22］康晓丹. 构建第三代图书馆的技术思考——以上海大学图书馆为例［J］. 大学图书馆学报，2014，32（1）：78 - 82.

［23］王世伟. 未来图书馆的新模式——智慧图书馆［J］. 图书馆建设，2011（12）：1 - 5.

［24］Lee W P. Deploying personalized mobile services in an agent-based environment［J］. Expert Systems with Applications，2007，32（4）：1194 - 1207.

［25］Song I J. A study on public library with intelligent space system in ubiquitous environment［D］. Kyonggi：The Kyonggi University，2008.

［26］Hicks A，Sinkinson C. Situated questions and answers：Responding to library users with QR codes［J］. Reference & User Services Quarterly，2011，51（1）：60 - 69.

［27］Aittola M，Ryhanen，Ojala T. Smart Library：Location - Aware Mobile Library Service［EB/OL］.［2018 - 6 - 10］. http：//www. doc88. com/p - 4979734313977. html.

［28］Bilandzic M，Foth M. Libraries as co-working spaces：Understanding user motivations and perceived barriers to social learning［J］. LibraryHi Tech，2013，31（2）：254 - 273.

［29］Younghee Noh. A study on next-generation digital library using context-awareness technology［J］. Library Hi Tech，2013，31（2）：236 - 253.

［30］Shatte A，Holds worth J，Lee I. Mobile augmented reality based context-aware library management system［J］. Expert Systems with Applications，2014，41（5）：2174 - 2185.

［31］Johnson L，Adams Becker S，Cummins M etal. The NMC Horizon Report：2016 Higher Education Edition［M］. The New Media Consortium，2016.

［32］ Kristina M, De Voe Column Editor. Bursts of Information: Micro-blogging ［J］. Reference Librarian, 2009, 50 （2）: 212 - 214.

［33］ Jacobson T B. Facebook as a Library Tool: Perceived vs Actual Use ［J］. College & Research Libraries, 2010, 72 （1）: 79 - 90.

［34］ Niusha C F, Abrizah A. Acdemic librians and their social media presence: a story of motivations and deterrents ［J］. Information Development, 2014, 30 （2）: 159 - 171.

［35］ Huang J, Guo J. Providing Library Information Services through WeChat: A Study of Project 985 University Libraries in China ［J］. Lbrary Trends, 2017, 66 （1）: 12 - 16.

［36］ Evgenia V, Emmanouel G. The impact of Facebook on libraries and librarians: a review of the literature ［J］. Program Electronic Library & Information Systems, 2014, 48 （3）: 226 - 245.

［37］ Manes J M. Library 2. 0 theory: Web 2. 0 and its implications for libraries ［J］. Webology, 2006, 3 （2）: 22 - 30.

［38］ Kristina M. Bursts of Information Microblogging ［J］. Reference Librarian, 2009, 50 （2）: 212 - 214.

［39］ Walsh A. Blurring the boundaries between our physical and electronic libraries: Location-aware technologies, QR codes and RFID tags ［J］. The Electronic Library, 2011, 29 （4）: 429 - 437.

［40］ Kane D, Schneidewind J. QR codes as finding aides: Linking electronic and print library resources ［J］. Public Services Quarterly, 2011, 7 （4）: 111 - 124.

［41］ Adomavicius G, Tuzhilin A. Context - Aware recommender systems ［C］. In: Recommender Systems Handbook. Berlin: Springer. Verlag, 2011.

［42］ Sewell R R. Who is following us? Data mining a library's Twitter followers ［J］. Library HiTech, 2013, 31 (1): 160 – 170.

［43］ Yao F, Zhang C, Chen W. Smart talking robot Xiaotu: participatory library service based on artificial intelligence ［J］. Library Hi Tech, 2015, 33 (2): 13 – 18.

［44］ Damianos P, Sakas, Apostolos S, Sarlis. Library promotion methods and tools modeling and simulation on Twitter ［J］. Library Review, 2016, 65 (6): 479 – 499.

［45］ Sokoya, Abosede A. Establishing Connections and Networking: The Role of Social Media in Agricultural Research in Nigeria ［J］. Agricultural Research, 2012, 41 (2): 120 – 126.

［46］ Dickson A, Holley P. Social networking in academic libraries: the possibilities and the concerns ［J］. New Library World, 2010, 111 (12): 468 – 479.

［47］ Scale M S. Facebook as a social search engine and the implications for libraries in the twenty-first century ［J］. Library Hi Tech, 2008, 26 (4): 540 – 56.

［48］ Fasola OS. Perceptions and acceptance of librarians towards using Facebook and Twitter to promote library services in Oyo State, Nigeria ［J］. Electronic Library, 2015, 33 (5): 870 – 882.

［49］ Noa Aharony. Facebook use in libraries: an exploratory analysis ［J］. Library Proceedings: New Information Perspectives, 2012, 64 (4): 358 – 372.

［50］ 符玉霜. 移动图书馆环境下国内 APP 服务研究 ［J］. 图书馆论坛, 2014, 34 (4): 102 – 105.

［51］ Lee J M. The concept of the context-aware computing and its application to the library information services［J］. Journal of the Korean BIBLIA Society for library and Information Science，2012，23（1）：179 – 194.

［52］ Charnigo L，Barnett P. Checking Out Facebook：The Impact of a Digital Trend on Academic Libraries［J］. Information Technology and Librar- ies，2007（9）：23 – 34.

［53］ Calvi L，Cassella M，Nuijten K. Enhancing users' experience：A content analysis of 12 university libraries Facebook pro-files［C］. Interna- tional Conference on Electronic Publishing，2010.

［54］ Rendle S，Gantner Z，Freudenthaler C，Schmidt – Thieme L. Fast Context – Aware Recommendations with Factorization Machines［C］. In Proc of the SIGIR 2011. New York，2011.

［55］ Abade T，Gomes T，Silva J L，et al. Design and Evaluation of a Smart Library Using the APEX Framework［M］. Distributed，Ambient，and Pervasive Interactions. Springer International Publishing，2014：307 – 318.

［56］ Moreno E A，Colás R M，Sospedra J T. Tecnologías de Posiciona- miento en Interiores al Servicio de una Biblioteca Universitaria：Hacia la Smart Library［J］. El Profesional De La Informancion，2016（2）：295 – 302.

［57］ 胡文静，王睿. 情景感知技术在构建下一代数字图书馆中的 应用［J］. 图书馆学研究，2015（8）：24 – 28.

［58］ 袁静，陆阳平. 基于模糊综合评价法的移动图书馆可用性评 价研究［J］. 图书馆工作与研究，2016（2）：35 – 39.

［59］ 苏云. 大数据与人工智能双驱动的图书馆智慧服务研究［J］. 图书与情报，2018（5）：103 – 106.

［60］ 蔡豪源. 智慧图书馆驱动下的视障读者服务创新探究［J］. 国家图书馆学刊，2018（4）：64 – 69.

［61］ 洪亮，周莉娜，陈珑绮. 大数据驱动的图书馆智慧信息服务

体系构建研究 [J]. 图书与情报, 2018 (2): 8 – 15.

[62] 王雯霞, 刘春丽. 二维码对基于 Beacon 的智慧图书馆应用的补充研究 [J]. 图书馆学研究, 2017 (5): 20 – 23.

[63] 宋毓. SoLoMo 时代基于情境感知的图书馆智慧服务研究 [J]. 大学图书情报学刊, 2017 (4): 27 – 30.

[64] 洪亮, 钱晨, 樊星. 移动数字图书馆资源的情境感知个性化推荐方法研究 [J]. 现代图书情报技术, 2016 (7): 110 – 119.

[65] 张卫东, 陆璐. 面向用户需求的数字图书馆情境感知服务影响因素研究 [J]. 图书馆学研究, 2018 (10): 66 – 76.

[66] 刘炜, 刘圣婴. 智慧图书馆标准规范体系框架初探 [J]. 图书馆建设, 2018 (4): 91 – 95.

[67] Davies, Ericl J. Data protection management in university libraries in the UK [J]. Journal of Information Science, 1997, 23 (1): 39 – 58.

[68] Paul Sturges, Vincent Teng, Ursula Iliffe. User privacy in the digital library environment: a matter of concern for information professionals [J]. Library Management, 2001, 22 (8): 364 – 370.

[69] Paul Pedley. Relevance of privacy for corporate library and information services [J]. Business Information Review, 2017, 34 (1): 9 – 14.

[70] Pekala, Shayna. Privacy and User Experience in 21st Century Library Discovery [J]. Information Technology & Libraries, 2017, 36 (2): 48 – 58.

[71] 刘青, 黄圆圆.《个人信息保护法》对图书馆信息服务的影响及对策探讨 [J]. 大学图书馆学报, 2007, 25 (3): 86 – 92.

[72] 赵培云. 从数字图书馆建设中读者隐私权问题看个人信息保护立法 [J]. 图书馆理论与实践, 2009 (3): 17 – 21.

[73] 谢珺. 图书馆的个人信息保护义务及立法完善 [J]. 图书馆

建设，2011（8）：1－5.

［74］池媛．图书馆核心价值视野中的读者个人信息保护分析［J］.
情报资料工作，2008（6）：73－75.

［75］李国新．把读者个人信息保护提上读书馆管理日程［J］. 情
报资料工作，2010（6）：20.

［76］宛玲，马守军，霍艳花．数字信息服务中个人信息保护研究
框架［J］. 情报理论与实践，2016，9（8）：18－21.

［77］曾子明，秦思琪．去中心化的智慧图书馆移动视觉搜索管理
体系［J］. 情报科学，2018，36（1）：11－15.

［78］雷香花．信息扶贫浅谈［J］. 中国图书馆学报，2003（1）：
98－99.

［79］勾丹，崔淑贞．智慧图书馆的智慧服务模式及其实现［J］.
情报探索，2016（3）：112－115.

［80］姚宁，席彩丽等．智慧图书馆情景感知微服务模式构建研究
［J］. 图书馆学刊，2017（8）：57－60.

［81］李婴．基于互联网＋的智慧图书馆模式及特征分析［J］. 情
报探索，2016，1（3）：116－121.

［82］李静云．基于用户情境感知的移动图书馆知识推荐系统设计
［J］. 图书馆理论与实践，2013（6）：19－21.

［83］郭顺利，李秀霞．基于情境感知的移动图书馆用户信息需求
模型构建［J］. 情报理论与实践，2014，37（8）：64－68.

［84］黄传慧，李娟．我国图书馆数字资源整合研究［J］. 图书与
情报，2009（4）：66－69.

［85］徐慧，梁艳，李龙森．高校图书馆为残疾学生服务的探索与
实践［J］. 中国科技信息，2007（10）：161－162.

［86］Morse D R, Armstrong S, Dey A K. The what, who, where,

when, why and how of context-awareness [EB/OL]. [2019 - 8 - 25]. http://www - static. cc. gatech. edu/fce/contexttoolkit/pubs/CHI2000 - work- shop. pdf.

[87] Moran T, Dourish P. Introduction to This Special Issue on Con- text - Aware Computing [J]. Human - Computer Interaction, 2001, 16 (2): 87 - 95.

[88] Ryan N, Leusen P M V. Educating the Digital Fieldwork Assis- tant [EB/OL]. [2019 - 8 - 25]. https://www. rug. nl/research/portal/ files/7002330/ch7. pdf.

[89] Kolb B, Mychasiuk R, Muhammad A, et al. Experience and the developing prefrontal cortex [EB/OL]. [2019 - 8 - 25]. http://europep- mc. org/backend/ptpmcrender. fcgi? accid = PMC3477383&blobtype = pdf.

[90] Silva M J D, Julio A A, Dorigetto F C S. Solvent - Free Catalyzed Heteropolyacid - Glycerol Ketalization at Room Temperature [EB/OL]. [2019 - 8 - 25]. https://www. researchgate. net/publication/ 275280423.

[91] 翟晓娟, 聂娜. 满足用户个体需求的图书馆开放平台设计—— 基于 Open API、App、Mashup、SOA 的集成实践应用 [J]. 大学图书馆 学报, 2011, 29 (6): 26 - 33.

[92] 郭劲赤, 高红. 社交网络推进图书馆信息服务——以华东师 范大学图书馆为例 [J]. 图书馆杂志, 2013, 32 (11): 69 - 73.

[93] 邢文明, 徐建锋. "985" 高校图书馆新浪认证微博服务现 状调研与分析 [J]. 图书馆学研究, 2015 (16): 32 - 36.

[94] 张宁, 阳景, 颜盼盼. 高校图书馆微信应用现状与发展对策 研究——基于 "211" 高校图书馆的调研 [J]. 图书馆学研究, 2016 (10): 62 - 66.

[95] 栾文利, 毛贵才. 无线射频识别 (RFID) 技术的应用分析

[J].黑龙江科技信息,2012 (8):19-20.

[96] 谭燕梅.高校移动图书馆 APP 功能优化及拓展探究 [J].图书与情报,2015 (6):122-125.

[97] 田蕊,陈朝晖,杨琳.基于手持终端的图书馆 APP 移动服务研究 [J].图书馆建设,2012 (7):36-39.

[98] Lindgaard G.Usability Testing and System Evaluation:A Guide for Designing Useful Computer Systems [M].London.New York:Chapman & Hall,1994.

[99] 严浪.国内外图书馆 APP 移动服务比较分析及启示 [J].情报资料工作,2013 (6):85-88.

[100] 范跃华.基于智能手机 APP 的图书馆个性化信息推送服务 [J].图书馆学刊,2014 (6):116-118.

[101] 百度百科.微视频 [EB/OL].[2017-11-12].https://baike.baidu.com/item/微视频/10043797? fr=aladdin.

[102] 樊博.2016 微博用户发展报告 [EB/OL].[2017-11-19].http://data.weibo.com/report/reportDetail? id=346.

[103] 教育部高等学校图书情报工作指导委员会.2015 年高校图书馆基本数据排行榜 [EB/OL].[2017-11-19].http://www.scal.edu.cn/tjpg/201612080800.

[104] 尹丽英,张超.中国智慧城市理论研究综述与实践进展 [J].电子政务,2019 (1):111-121.

[105] 郑怀国,李光达,谭翠萍.图书馆数字资源采购质量及全流程解决措施 [J].图书情报工作,2012,56 (1):112-115.

[106] 刘万国,周秀霞,孙波."双一流"建设视角下高校图书馆信息资源建设热点扫描 [J].大学图书馆学报,2018 (5):33-38.

[107] 王英,杨新涯.面向图书馆扁平化服务的 B2C 资源建设模

式研究 [J]. 图书情报工作, 2018, 62 (19): 53 - 57.

[108] 李斯, 唐琼. 我国高校图书馆微博形象研究——以微博风云榜高校图书馆为例 [J]. 大学图书馆学报, 2015, 33 (1): 66 - 73.

[109] 唐琼, 袁媛, 刘钊. 我国高校图书馆微博服务现状调查研究——以新浪认证用户为例 [J]. 大学图书馆学报, 2013 (3): 97 - 103.

[110] 吴锦辉. 高校图书馆微博营销模式构建与实践探索 [J]. 图书情报工作, 2014, 58 (23): 110 - 116.

[111] 沈洋. 新矛盾视野下的高校图书馆人力资源管理路径探究 [J]. 现代情报, 2018 (9): 103 - 107.

[112] 王英, 杨新涯. 面向图书馆扁平化服务的 B2C 资源建设模式研究 [J]. 图书情报工作, 2018, 62 (19): 53 - 57.

[113] 刘炜, 陈晨, 张磊. 5G 与智慧图书馆建设 [J]. 中国图书馆学报, 2019, 19 (8): 1 - 9.

[114] Girod B, Chandrasekhsr V, Chen D M. Mobile visual search [J]. IEEE Multimedia, 2011, 18 (3): 86 - 94.

[115] 张兴旺, 黄晓斌. 国外移动视觉搜索研究述评 [J]. 中国图书馆学报, 2014, 40 (3): 114 - 128.

[116] 狄亚飞, 侯雪, 林应峻. 高校图书馆微信信息服务的评价指标体系研究——以复旦大学图书馆微信信息服务为例 [J]. 图书馆学研究, 2017 (4): 79 - 84.

[117] 周一萍, 朱兵清. 图书馆微信服务长效工作模式探析——基于移动互联网思维 [J]. 图书馆杂志, 2018 (1): 66 - 73.

[118] 宋雪雁, 张岩琛, 王小东等. 公共档案馆微信公众平台服务质量评价研究 [J]. 图书情报工作, 2016, 60 (16): 39 - 49.

[119] 郑德俊, 王硕. 移动图书馆服务质量的感知差异性分析 [J]. 图书情报工作, 2016, 60 (21): 6 - 16.

［120］杨九龙，杨雪芹. 论图书馆与社会网络的互动［J］. 情报杂志，2009（9）：27-30.

［121］安卓资讯. 谷歌公开测试 Instant Apps 网页直接运行 App［EB/OL］.［2018-05-28］. http：//news. hiapk. com/google/s5894426c2d9f. html.

［122］冀芳，张夏恒. 微信公众平台传播效果评价研究［J］. 情报理论与实践，2015（12）：77-81.

［123］陈峰，陈健. 图书馆微信公众号移动信息服务质量控制体系研究［J］. 图书馆学刊，2017（4）：60-63.

［124］Chun nian Liu, Tong Chen and Ying Wei. Research of the Trait and Quality on Emergency WeChat Platform Based on Service Framework and Quality Gap［J］. The Open Cybernetics & Systemics Journal，2015，9（1）：1002-1007.

［125］张秋，杨玲，王曼. 高校图书馆微信公众平台服务发展现状及对策［J］. 图书馆建设，2014（2）：61-67.

［126］张东华. 高校图书馆服务质量评价指标敏感程度研究［J］. 图书馆论坛，2013，3（33）：7-12.

［127］Dan J Kim, Yujong Hwang. A study of mobile internet user's service quality perceptions from a user's utilitarian and hedonic value tendency perspectives［J］. Information Systems Frontiers，2012，14（2）：409-421.

［128］Adee Athiyaman. Linking student satisfaction and service quality perceptions：the case of university education［J］. European Journal of Marketing，1997，31（7）：528-540.

［129］李宗富，张向先. 政务微信公众号服务质量评价指标体系构建及实证研究［J］. 图书情报工作，2016，60（14）：79-88.

［130］Asubonteng P，Mccleary K J，Swan J E. SERVQUAL revisited：

a critical review of service quality [J]. Journal of Services Marketing, 1996, 10 (6): 62 – 81.

[131] 曲波, 郭海强等. 结构方程模型及其应用 [J]. 中国卫生统计, 2005, 22 (6) 70 – 74.

后　　记

　　本书是在过去有关公共文化场馆服务和智慧图书馆个性化服务以及服务质量提升相关的研究基础上，结合国家社科基金项目：智慧图书馆轻量级微服务体系架构及建设路径研究（22BTQ022）；江西省社会科学规划项目：智慧图书馆微服务体系建设研究（21TQ04）；江西省文化艺术科学规划重点项目：公共文化服务高质量发展的政策研究（YG202002I）部分成果修改而成。本书融汇了研究团队中周玲元教授的系列研究成果，周老师在书中付出了大量的劳动，感恩于此；化作只言片语，且做后记。

　　（1）感谢南昌航空大学。南昌航空大学是我工作了近20年的地方，此书的出版得到了学校学术专著出版项目的大力支助，使得该书有了顺利出版的机会，令我倍感温暖。

　　（2）感谢学院领导及研究团队的同事们，感谢南昌航空大学经管学院的领导们大力支持，正是你们的鼓励让我有了出版此书的决心；谢谢周玲元、黄蕾等研究团队成员们在学术上的帮助，经多次商议从选题到框架、内容和方法，你们提供了宝贵的意见和部分研究成果，丰富了本书的内容，有了你们的支持，才有了完整的这本书。

　　（3）感谢经济科学出版社李雪编辑的鼎力支持和关爱，此书的出版得到她的关照和鞭策；本书的成稿离不开她的帮助。

　　本书的出版得到了国家社科基金项目：智慧图书馆轻量级微服务体系架构及建设路径研究（22BTQ022）、江西省社会科学规划项目：智慧图书馆微服务体系建设研究（21TQ04）、江西省文化艺术科学规划重点项目：公共文化服务高质量发展的政策研究（YG202002I）以及南昌航空大学学术专著出版资助基金的资助，在此表示感谢，全书中的资料来源参考了大量国内外文献，并尽可能做了标注，特向相关文献作者表示谢意，如有个别文献标注遗漏，在此表示歉意。

　　由于作者的学识和能力有限，书中可能存在不足与谬误，敬请各位读者批评指正！

胡剑芳　周玲元

2023 年 6 月